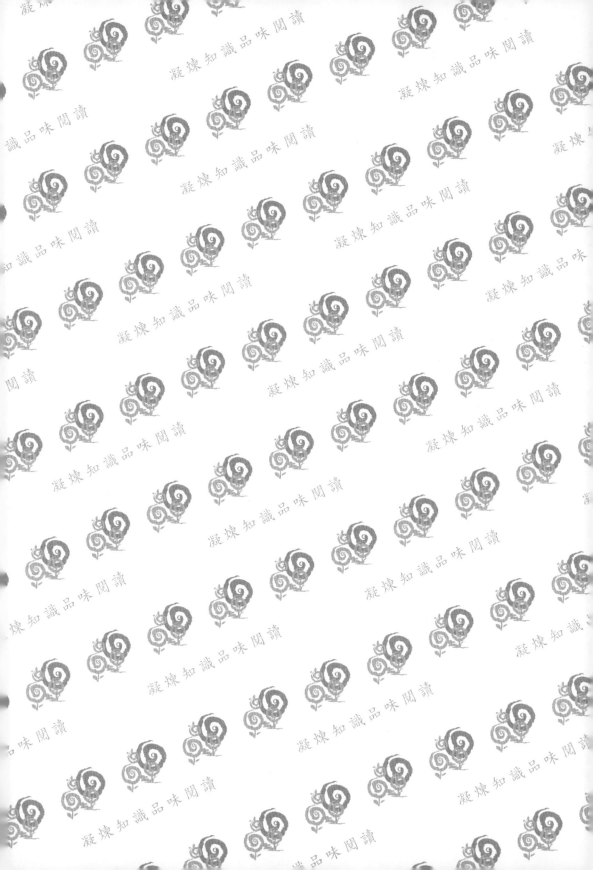

教育設施規劃新視界

湯志民　著

五南圖書出版公司 印行

序　言

　　教育設施是建構教學、學習和生活空間的校舍、庭園、運動場及其附屬建築與設備。進入 21 世紀 2020 年代，近 10 年臺灣的教育設施規劃不僅受少子女化、高齡化社會、多元文化、生態化環境、科技化發展等社會環境脈絡之影響，更涉及學校空間領導、教育設施品質與教育成效、新課程與空間規劃、新世代學習模式、AI 智慧校園建構、永續校園新策略等新議題，甚至更另類的後現代、後疫情、非標準的校園建築與設施之新思維；對新建學校的建築規劃或既有學校的校園營造，開拓繼往開來的全新視野，沁入豐厚境教哲思與啟示，再塑教育設施新風貌。

　　研究學校建築近 40 年，從學校建築與工程、教育空間與設施，到新世代學習空間，理念的起承轉合在於：當學校建築與工程結合，它是一個純然的物質空間與設施，要依照建築相關法規審議和興建；當學校建築與教育結合，則成為因應課程和教學需求的教育空間與設施，須依循教育部的課綱和設備基準來規劃與設置；當學校建築進入學生和學習的核心，為符應新一代學生學習的多元多樣需求，學校會成為學習無所不在的新世代學習空間。教師的課程教學、學生的學習對教育設施規劃是完全不同的面向，脫離了設備基準的「標準化」思維，才會看見「非標準化」學生學習的需求，會移動的學校／不像學校的學校、後現代／後疫情校園建築。運用境教影響力的空間領導，更需有這些教育設施規劃的新視界，才能使校園營造更有創意、前瞻、永續的經營與發展。

　　有鑑於此，特繼 2014 年《校園規劃新論》一書，以筆者近 8 年有關教育設施規劃研究的文章作為基礎，擇最新、最重要，也是未來的主流趨勢，以主題方式撰寫《教育設施規劃新視界》，為學術研究和實務推展提供嶄新視角，並作為大學教育院系所、師範大學／教育大學，學校行政在職專班、建築院系所和相關研究系所，以及校長培育和學分班等相關課程與研究教材。全書涵蓋十大教育設施規劃全新議題，分十章論述：第一章空間領導的理論、第二章教育設施與教育、第三章新課程空間規劃、第四章新世代學習

空間、第五章永續校園新發展、第六章後現代校園建築、第七章後疫情校園建築、第八章非標準學校設施、第九章 AI 智慧校園建構、第十章學校建築新展望。本書撰寫的方向、內涵與特色如下：

一、在撰寫原則上，冀求體例與結構完整、理論與實務並重，以兼顧學術性與實用性之價值。

二、在題材範圍上，以中小學爲主，大學爲輔，並儘量涵蓋各項校園規劃要點，以求周延，並利實務參考推展。

三、在內容架構上，以理念論述爲基礎，著重規劃要點、具體做法和設計實例，逐層分述說明。

四、在立論角度上，以嶄新議題爲單元，從教育功能和師生需求著眼，融入未來發展趨勢，使論述內涵兼具教育性、創意性與前瞻性。

五、在規劃實例上，配合各章主題重點，介紹最新且最具代表性的國內外大學或中小學案例，以資借鏡並收他山之石之效。

六、在撰寫文體上，力求結構嚴謹、標題清晰、文字順暢、圖文呼應，並依美國心理學會（APA）2020年「出版手冊」（第七版）之規定格式注解，以收易讀易解之效。

新書編撰，跨越數年，能夠順利出版，首先要感謝五南圖書出版公司發行人楊榮川和楊總編輯的大力支持，陳副總編輯和黃副總編輯一再鼓勵，臺北市青少年發展處廖文靜處長、學校建築研究學會吳珮青常務理事，協助繪圖、蒐集、整理、打印和校對資料，內心無任銘感。特別是，妻子祝英無怨尤的關愛與鼓勵，是生活和寫作的最大精神支柱，在此併申最深摯之謝忱。企盼本書的完成，能爲教育設施規劃開拓全新視野，爲校園建築拓展新里程碑和嶄新風貌。

湯志民 謹誌

2022 年 2 月

目　次

序言

表　次

圖　次

第 1 章　空間領導的理論

> 作為未來學校的領導者，我現在更注意到有關學習環境物質特性的
> 重要性研究，我也一定和教師們一起分享這些資訊。
>
> （As a future school leader, I am now more aware of the studies
> regarding the importance of these physical characteristics of the
> learning environment, and I am certain to share such information with
> teachers.）
>
> ～C. K. Tanner and J. A. Lackney, 2008

　　教育領導理論快速發展，20 世紀初領導即已成為廣泛的研究標的，秦
夢群（2010）探討五十四個教育領導理論，並綜觀 20 世紀以來教育領導理
論的發展，將之分為五個主要類型：(1) 特質論領導走向（盛行於 1940 年
代之前）；(2) 行為論領導走向（盛行於 1940-1960 年代）；(3) 權變論領導
走向（盛行於 1960-1980 年代）；(4) 整合型領導走向（興起於 1980 年代之
後）；(5) 功能型領導走向（亦為新興領導理論之一部分）。葉連祺（2011）
分析一百五十個教育領導理念，並建立理想性體系架構，其中「空間領導」
（space leadership）是最新的教育領導理論之一。

　　學校教育設施的狀況、品質、教育適切性（educational adequacy）和
學校環境營造，經研究顯示確實會影響學生健康、舒適、表現和成就、教
師的態度、教學效能和人事異動率（湯志民，2006；廖文靜，2011；Baker,
& Bernstein, 2012; Blackmore, Bateman, Loughlin, O'Mara, & Aranda, 2011;
Earthman, & Lemasters, 2011; Gibson, 2012; Vandiver, 2011）。因此，歐美先
進國家對於學校空間規劃和設施的建置與改善，藉以提升教育品質與教育成
效，莫不全力以赴。例如：美、英、德、丹麥、芬蘭、冰島、挪威、瑞典等
均投資大量經費，勠力為孩子們創造一個可以快樂學習的優質校園環境。

　　臺灣，不遑多讓，每年專案投資至少新臺幣 100 至 200 多億元改善中

小學校園環境與設施。教育部局處制定學校建築的空間規範，審議校園整體規劃與設計，推展新校園運動、開放空間、無圍牆學校、創意校園、性別空間、優質校園營造、無障礙環境、友善校園、永續校園、健康校園、空間美學、特色學校、校園活化與閒置空間再利用等革新議題，引發臺灣學校建築的創新與變革，引領新空間和新教育的發展；加以學校在校舍建築風格、校園環境特色經營上，與課程、教學和學生學習融合，力求創新與突破，促進臺灣學校空間和教育的革新與發展，成效斐然。至此「空間領導」已然成形，相關理論論述和實證研究也相繼開發，並建構系統化知識。

研究者（湯志民，2008a、2008b、2008c、2009a、2011a、2013a）首創空間領導理論論述，闡明空間領導的涵義、原則、方式、策略、模式、理論基礎與指標建構。2008 年主編教育研究月刊率先推出「空間領導」主題，並為文撰述；同年，在臺灣和澳門的學術研討會中相繼發表「空間領導」相關理念。2010 年起逐步展開實證研究，至 2022 年 1 月 7 日於「臺灣博碩士論文知識加值系統」，計有 31 篇博碩士論文，其中博士論文 8 篇，碩士論文 23 篇。研究者亦進行系列之研究，如探討創新經營學校的空間領導（湯志民、劉侑承、劉冠廷、曾雅慧，2010；湯志民，2012a），以及校長空間領導、教師組織承諾與學校效能之關係（湯志民、魏琦、施佩吟，2013）、校長空間領導、組織學習與教學效能之關係（湯志民、陳詩媛、簡宜珍，2016）、校長空間領導、教育設施品質與學生學習成效之關係（湯志民、呂思杰、楊茵茵，2020）等研究，成果豐碩。實務工作上，2013 年教育部國民及學前教育署推動「國民中小學營造空間美學與發展特色學校」計畫，將發揮空間領導，列為計畫目的之一。中小學校長協會、國家教育研究院（2021）期許校長成為空間領導者，特將「優化學習情境，構築未來學校」列為七項中小學校長專業素養之一，具體指標包括：(1) 應用校園規劃知能，建設友善美感學校；(2) 創建體驗探索場域，形塑健康永續環境；(3) 發揮科技領導能力，打造智慧創新校園。

基於空間領導理論逐漸發展並日受重視，特整理與分析空間領導的基本概念、理論基礎、原則與模式、策略與方式，以供空間領導相關研究與校園規劃實務之參考。

第一節　空間領導的基本概念

　　學校的規劃和興建需結合教育董事會、學校教育人員、家長、學生、教育局和社區代表，以及一群方案專家，Tanner 和 Lackney（2006）認為此一複雜的工作可稱之為「領導」（leadership），而展現領導功能的人，有責任設定方向、建立目標和成就測量，同時也強調長程目的和目標的發展和執行，統整規劃和設計活動。發展學校設施必須要有的一個領導觀念，即需認知將目的和目標轉化為有利於教與學的物質學習環境的重要性。空間領導的基本理念，擬就空間領導的名詞、涵義和目的，分別探究。

一、空間領導的名詞

　　「空間領導」在中文，應為「學校空間領導」或「教育空間領導」的簡稱，主要係為與「課程領導」、「教學領導」和「行政領導」，作對稱性的簡稱所致。至於英文，「空間領導」不易找到相對應的名詞，比較接近的有 1914 年成立於美國芝加哥的「學校建築行政人員協會」（The Association of Physical Plant Administrators, APPA），所建立的「教育設施領導」（Leadership in Educational Facilities）網站（https://www.appa.org/）（2007 年更名迄今），APPA 是一個國際性的協會，有美國、加拿大和其他各國 1,200 學習機構的 17,000 多名教育設施專業人士參加。會員有來自大學、中小學、學區、博物館、圖書館、其他非營利組織和各級政府的教育設施專家，APPA 的機能在提升教育設施品質，促進教育建築的革新，使教育設施具有卓越的行政、規劃、設計、建造、維護和營運，並將教育設施專業拉高到較高的執行經理和領導者層次，使之成為教育設施真正的領導者，協助他們轉化其機構成為更具吸引力和支持性的學習環境（The Association of Physical Plant Administrators, 2022）。1996 年，美國綠建築評估系統名稱採用「能源及環境設計領導」（the Leadership in Energy and Environmental Design, LEED），在能源和環境設計上加入「領導」，是世界各國各類建築環保評估、綠建築評估和永續建築評估標準中，公認為最完善、最有影響力的評估標準。Ahoy（2007）出版《教育設施行政領導》（*Leadership in Educational Facilities Administration*）專書，分享他在愛荷華州立大學

（Iowa State University）擔任助理副校長領導設施規劃和管理部（Facilities Planning and Management Department），使之成為世界級組織的 12 年的經歷智慧，該書探析領導風格、組織成員類型，以及任務和願景陳述的重要性，在空間領導上是相當新穎的相關專論。

在論述觀念上融通而英文字亦最為接近的應是 Tanner 和 Lackney（2006）《教育設施規劃：領導、建築和管理》（*Educational Facilities Planning: Leadership, Architecture, and Management*）一書，書名有統整的「空間領導」概念。Tanner 是喬治亞大學教育領導的教授（Professor of Educational leadership, the University of Georgia），並在該校設立學校設計和規劃研究室（School Design and Planning Laboratory）領導公私立學校革新教育設施規劃和學校設計。Lackney 是威斯康辛大學麥迪遜校區（University of Wisconsin, Madison）工程學院的助理教授，也是教育設施規劃設計和設施管理方面的專家。Tanner 和 Lackney 的教育設施規劃和領導的專著論述，希望提供教育領導者和學校領導者，創造革新教育設施和物質學習環境之知識，並與建築師、學生、老師和社區人士一起參與規劃、設計學校設施，以改善並確保發展適切的 21 世紀學習環境。

基本上，空間領導是學校領導者透過運用資源形成影響力，以引導組織中的成員向共同目標邁進；「領導者」是居於領導職位者（如校長、主任、組長、學科召集人或設施管理者等），運用資源在「學校營運」中主要有課程設計、教學方法、空間規劃和行政管理，其對應性的領導觀念為課程領導、教學領導、空間領導和行政領導，所形成的「影響力」包括身教（以身作則）、言教（諄諄教誨）、境教（布置情境）、制教（典章制度），課程與教學重身教、言教，空間規劃與領導形成境教，行政管理和領導形成制教，「被領導者」即受影響力的組織中成員（如教職員生等）（湯志民，2008a）。課程領導、教學領導、空間領導和行政領導的對應關係整理如表1。

簡言之，學校領導者透過空間規劃的境教情境，可與課程、教學和行政共構並引領學校的發展。「空間領導」可視為「教育設施規劃」或「學校空間規劃」與「領導理念」的統整名詞，其英文可以 "space leadership" 或 "spatial leadership" 稱之，以資與「行政領導」（administrative leadership）、「課程領導」（curriculum leadership）與「教學領導」（instructional leadership）等英文名稱相對應融通。

表 1

課程領導、教學領導、空間領導和行政領導的對應關係

領導者	學校營運	教育領導	影響力	被領導者
居於領導職位者（如校長、主任、組長、學科召集人或設施管理者等）	課程設計	課程領導	身教言教	受影響力的組織中成員（如教職員生等）
	教學方法	教學領導		
	空間規劃	空間領導	境教	
	行政管理	行政領導	制教	

資料來源：修改自「空間領導：理念與策略」，湯志民，2008a，**教育研究，174**，頁 20。

二、空間領導的涵義和目的

　　學校空間的規劃、設計、建造、管理和營運，需運用各種領導原理，使之更臻完善。Tanner 和 Lackney（2006）提出「發展教育設施的程序模式」（A procedural for developing educational facilities），強調「領導」（leadership），主要在指引出方向、願景、任務、決定和資源分配的重要；當不同的工作加入此一複雜歷程時，「領導」要在所有階段指引分享願景和責任。尤其是資料和資訊，對學校的發展和維護以促進教學和學習，甚為重要，因此資訊的品質和流程，以及它如何在投入學校設施中的許多個體之間彼此分享，對居於領導職位者和歷程中的參與者都很重要，而「領導」和規劃、方案、設計、建造、管理等五個階段之間皆有互動。

　　學校建築和校園規劃歷程繁複，牽動學校空間和教育之發展，不僅是學校教育的基礎，更是教育領導成功的利基。學校設立的目的，在使學生有所表現，Hilliard 和 Jackson（2011）認為，要使學生成功，教育領導趨勢應加入設施規劃與設計，主要係因學校設施的規劃和設計已成為學校領導者常態性投入事項，學校設施需因課程不同而提供不同設備，而規劃和設計就是學校提供適切的空間和設備之關鍵。Stack（2010）也說明設施領導的專業發展，應掌握教育的需求和變遷，運用領導使設施成為策略的夥伴，並引領變革。由此可知，教育領導應加入教育設施的規劃與設計，並運用領導使設施成為策略的夥伴，以引領變革，這不僅點出空間領導的價值和重要，更要述

空間領導的核心觀念——以空間規劃引領空間革新和教育發展。

何謂「空間領導」？就學校而言，「空間領導」係指學校領導者透過規劃、建置與運用校舍、庭園、運動場和附屬設施，以建構對學校課程、教師教學、學生學習、行政管理和社區關係，具有實質影響力的教育環境，以引領學校空間和教育發展之歷程。析言之：

(1) 空間領導的本質，是引領學校空間和教育發展的方向。

(2) 空間領導的對象，係指學校組織中的成員，包括學校空間與設施領導者（有管理權者），如校長、主任、組長、學科召集人或設施管理者（班級導師、專科教室教師）等，以及學校空間與設施被領導者（有使用權者），如教職員生等。

(3) 空間領導的行為，是朝向學校組織與成員的共同目標之各項策略與行動，這些策略與行動就是透過規劃、建置與運用校舍、庭園、運動場和附屬設施，以建構對學校課程、教師教學、學生學習、行政管理和社區關係，具有實質影響力的「點、線、面、體」之教育環境。

就校長而言，校長空間領導係校長形塑空間願景、建構教育空間、融入課程教學及使用者共同參與，建構對教育具有實質影響力之環境，以引領學校空間和教育發展之歷程（湯志民等，2013a）。亦即，校長可就整體校園建築空間或局部設施，依學校課程、教師教學、學生學習、行政管理和社區關係之需求，邀集使用者（如教職員生、家長或社區人士）共同參與，規劃和建置學校空間與設施，促進校園建築環境與設施之教育效能。

就學校主任、學科召集人或設施管理者而言，也可就其主管空間與設施，運用空間領導促進空間教育效能，如教務主任、教學組長、設備組長和學科召集人，可協助教師依課程設計、科技化教學或主動學習環境需求，規劃和建置教學空間，包括班級教室、專科教室、圖書館、特色教室、選修教室等，以促進課程發展、引領教學創新和豐富學習資源。班級導師、專科教室教師亦可運用空間領導促進權屬空間教育效能，如各班導師與學生共同進行班級教室營造，依教學和學習需求，規劃桌椅配置、學習角落、情境布置，以增進教學效能和豐富學習資源；視覺藝術教師規劃美術教室，依教學和學習需求，設置大桌面或畫架、強化教室採光和色彩、室內和用水動線、成果展示區和教室布置等，以增進美術教學和學習效能。

因此，空間領導之目的，可說是學校空間與設施領導者透過校園建築、

空間、設施和環境的規劃、建置與運用，以促進教育意境、學校課程、教師教學、學生學習、行政管理和社區關係之提升，並達到形塑學校空間特色，強化空間教育效能，增進學校教育發展之目的。

第二節　空間領導的理論基礎

空間領導是跨領域的研究，會涉及教育行政和領導，以及學校建築和校園規劃觀念整合、轉換和應用，在理論論述和建構上，會涉及學校建築規劃、教育領導、學校創新經營、學習型組織和永續發展等理論，並以資作為基礎，延伸相關觀念和研究。茲參考湯志民（2013a）之研究，分別說明如下：

一、學校建築規劃理論

學校建築規劃（the school building planning）係以教育理念、學校環境和建築條件為基礎，以人、空間、時間和經費為基本向度，使校地、校舍、校園、運動場與附屬設施的配置設計能整體連貫之歷程（湯志民，2006a）。學校建築規劃，依環境與行為理論研究和相關模式，所涉及的理論基礎，主要有教育哲學、學校建築學、美學、人體工學、心理學（包括教育心理學、發展心理學和環境心理學）（湯志民，2006a）。

學校建築興建歷程繁雜，從計畫、規劃、設計、施工和營運五階段，每一階段期程、任務、參與者皆有所不同；臺灣學校建築與規劃系統化的流程，在21世紀伊始前後10年，已然成形。基本上，學校建築與規劃以「學校設備標準」為基礎，須符應學校行政、教師教學、學校課程、學生學習和學校活動的需求；參照「校園環境政策」，如永續校園、健康校園、安全校園、人文校園、藝術校園、自然校園、科技校園、學習校園、友善校園等，據以執行設校和興建學校建築計畫，其流程包括：計畫、規劃、設計、施工、營運，並以「用後評估」（post-occupancy evaluation, POE）來檢視、改善和提升學校建築的品質和機能，最終以邁向優質校園為標的，期盼新世紀的學校建築有優良的建築品質、建築機能和使用維護，提供莘莘學子最優質的教育設施與學習環境（湯志民，2011b）。

　　尤其是，學校建築規劃有許多新興理論與研究，如學校空間革新、無障礙設施、性別與空間、生活休憩空間、班群教室與開放空間、學科型教室和教室營運模式、綠建築與節能減碳、創意校園、本土教育環境、優質校園營造、閒置空間再利用與活化校園、教育雲與未來教室、學習共同體與座位配置、公共藝術與空間美學、後現代校園建築、參與性設計、無圍牆設計等，常隨教育改革與學校革新理念之發展，在校園建築空間和環境規劃、建置與營運上，有積極而快速的回應。這些學校空間的規劃，回應、促進與帶動相關學校教育的革新與發展，並建立學校空間的特色，此即空間領導之形成，也是空間領導的意義和目的。

　　進言之，學校建築規劃是空間領導重要的理論基礎之一，有助於空間領導的具體實踐、應用與推展。例如：建立學校設備標準以確保學校教育、行政、課程和教學的順利推展，學校空間革新帶動以人為核心的思考，強調學校空間規劃與運用人人平權，無障礙設施重視行動不便者和特殊教育，性別與空間強化性別平等教育，生活休憩空間重視師生與同儕互動，班群教室注重開放教育，學科型教室利於中等教育的選修與彈性，綠建築回應環保教育，創意校園鼓勵創意設計與思考，本土教育環境重視文化教育，優質校園營造重視學校教育品質，閒置空間再利用活化校園與教育，教育雲與未來教室運用數位和雲端科技呈現先進教育，學習共同體與座位配置重視學生學習的主體性，公共藝術與空間美學強調美感教育，後現代校園建築重視校園建築的涵義、特色和獨特性，參與性設計讓使用者參與增進對學校的認同，無圍牆設計促進學校成為社區文化中心和社區學校等，這些學校建築規劃理論，都在具體回應、實踐與推展學校教育，有助於建立學校空間特色和促進學校教育發展，並成為空間領導推動、執行與落實的理論基礎。

二、教育領導理論

　　領導（leadership）一詞就字面而言，係指「引導」（to lead）或「明示工作方向」（to show the direction）的意思，也就是引導團體成員向目標的方向邁進，期能達共同的目標的行政行為（謝文全，2004）。因此，我們可說領導是領導者透過運用資源形成影響力，以引導組織中的成員向共同目標邁進之歷程（湯志民，2008a）。Lunenburg 和 Ornstein（2022）認為

領導是一種影響的歷程（an influence process），此一影響力歷程是領導者改變一些團體成員或部屬的行動或態度。就教育領導而言，Bush（2003）認為以下列領導的三層面來界定較為務實：(1) 領導是一種影響（leadership as influence）；(2) 領導和價值（leadership and values）；(3) 領導和願景（leadership and vision），顯見教育領導是一種影響、價值與願景。

教育領導的架構，Bolman 和 Deal（1991）提出多元架構（multiple frames）最為著名，以四種組織架構分析領導者的行為，包括結構性架構（structure frame）、人力資源架構（human resource frame）、政治架構（politics frame）與象徵架構（symbolic frame）；其中象徵架構著重組織文化的意義與價值，強調發展組織願景，進而建構成員之共同信仰與價值觀，偏重象徵架構的領導者利用組織文化與價值觀，透過詮釋性的儀式與典禮，賦予組織象徵與符號的意義。此外，Howard（2005）所提的領導四種風格：A 型重事實（fact based）、B 型重創造（creativity based）、C 型重情感（feelings based）、D 型重權力（control/power based），與 Bolman 和 Deal（1991）的多元架構領導類似，A 型領導風格類似結構性架構、B 型類似象徵架構、C 型類似人力資源架構、D 型類似政治架構；其中 B 型領導風格之領導者重視發展環境以促進創意和自發性（spontaneity），並以優雅的、彈性的和想像的方式解決問題（Sasnett & Ross, 2007）。

1980 年代後，新興教育領導理論發展快速，可謂百家爭鳴，秦夢群（2010）引介之教育領導理論即有五十四種之多，並整理分為傳統教育領導理論、整合型教育領導理論、與功能型教育領導理論；在領導歷程上，因教育領導所產生之模式已有一定數量與複雜度，並多半以領導者、追隨者、脈絡三者間的動態互動，與產生之成果形成基本的領導歷程，秦夢群（2010）乃將教育領導歷程相關變項，分為五類：(1) 領導者與部屬特質變項；(2) 領導中介變項；(3) 領導情境變項；(4) 領導行為變項；(5) 領導效能變項。

空間領導是教育領導的新興理論之一，與課程領導、教學領導、科技領導等屬性相近，皆依據各教育功能之需求，適時利用領導理念，以發展配套作為，參考秦夢群（2010）之分類，應同屬於功能型教育領導理論。在領導風格上，空間領導偏向 Bolman 和 Deal（1991）之象徵架構（symbolic frame），強調學校文化的意義和價值，重視學校願景，進而建構學校成員之共同信仰與價值觀，透過詮釋性的方式，賦予學校象徵與符號的意義；空

間領導偏向 Howard（2005）的 B 型（creativity based）領導風格，重視發展環境以促進創意和自發性，問題解決採彈性和想像的方式。在領導歷程上，空間領導與課程領導、教學領導、行政領導形成學校教育領導的主要構面。這些教育領導的新論、風格、歷程等相關理論，與空間領導的團隊合作、願景導向和創新經營等原則關係密切，也是空間領導策略、方式與歷程模式等理論建構的基礎概念。

　　進言之，教育領導是空間領導重要的理論基礎之一，有助於空間領導策略、方式與歷程模式的理論建構。例如：理論發展上，教育領導新論的快速發展，孕育空間領導理論建構的環境與時機，提供學術研究和理論模式建構之參照；理論立基上，課程設計、教學方法、空間規劃、行政管理是學校營運的主體，課程領導、教學領導、空間領導和行政領導乃對應形成學校教育領導的主要構面，空間領導從而獲致理念論述和理論發展之立基。理論論述上，如同 Bolman 和 Deal 的象徵架構和 Howard 的 B 型領導風格，空間領導也重視學校文化、願景與價值觀，強調規劃、發展和運用環境，透過詮釋性方式，賦予學校象徵與符號的意義，以資建構教育情境與意象，形塑境教之影響力，此為空間領導理論論述的取向。理論研究上，教育領導歷程的五類變項是空間領導理論研究、發展與建構之基礎。這些教育領導理論，促動空間領導理念建構、理論論述和學術研究之發展，也成為空間領導策略、方式與模式建構的理論基礎。

三、學校創新經營理論

　　21 世紀伊始，世界各國標竿學校、燈塔學校、藍帶學校、創新經營學校、特色學校、優質學校、卓越學校、典範學校、綠色學校、生態學校、太陽能學校、永續學校、委辦學校、另類學校林立，共同的特徵是走出傳統，另創教育新紀元，開拓教育新領域。臺灣自 1996 年起推動教育改革十二項行動方案，2003 年提出「創造教育白皮書」，推動「創造力教育 91-94 年度中程發展計畫」，2005 年提出施政主軸架構，以「創意臺灣，全球布局──培育各盡其才的新國民」的教育願景，2006 年提出高級中等學校發展創意教學環境補助，冀求有計畫的推動學校創新。尤其是，2003 年起中華創意發展協會辦理 InnoSchool 全國學校經營創新獎，已有為數不少中小

學獲得獎勵，更因為彼此經驗的分享，使臺灣中小學的學校創新經營蔚為風潮。

學校創新經營係學校依循教育理念，突破傳統觀念，運用學習型組織的團體動能，轉化行政、課程、教學和環境的劣勢，使之成為優勢，以創造獨特風格和組織文化，並發展學校特色之歷程（湯志民，2006b）。學校創新經營的目的在創造本校的獨特風格和組織文化，發展超越或與他校區隔的學校特色，使學校價值提升創新，以形塑特色學校，增進學校整體競爭力，提高學校教育品質和促進學校永續發展。其中，發展學校特色和形塑特色學校，是達成學校創新經營目的的具體概念和核心關鍵（湯志民，2006b）。學校創新經營的功能，吳清山（2004）認為可展現教育活力與創意、豐富教育內涵與活動、確保學校生存與發展、引領教育革新與進步。學校創新經營的內涵，就方式言，包括觀念創新、行政創新、課程創新、教學創新、文化創新、活動創新、環境創新以及特色創新；學校創新經營的做法，主要有六項：形塑學校願景以利創新經營、培育有創新能力的主管人才、發展創新文化的學習型組織、推動突破性的創新經營作為、提供資源營造創意工作環境、觀摩標竿學校激發創新動力（湯志民，2006c）。

學校創新經營與空間領導關係極為密切，通常善用校園建築與空間，而以之作為創新經營基礎、媒介或主體者，絕大多數是具有特色之學校。例如：創新經營學校（InnoSchool）、特色學校、優質學校、卓越學校、典範學校、綠色學校、生態學校、太陽能學校和永續學校，在行政創新、課程創新、教學創新、文化創新、活動創新、環境創新以及特色創新上，大都會以校園空間與建築的創新作為輔助和基礎，以資促進和提升其創新經營成效；甚或將校園空間與建築的創新為主，運用校園空間規劃、建置與營運作為媒介，以提升教育意境、帶動課程發展、引領教學創新、豐富學習資源、促進行政革新、拓展社區關係等，進而建立校園環境特色，促進學校教育發展；更有甚者，以校園建築為創新經營主體，以工程作課程，運用校園建築新建，規劃校本課程，讓全校親師生在校園建築新建過程中全程參與，既可瞭解所屬校舍工程平地起高樓之不易，又可學到基本的校園建築工程知識，尤其是在參與過程中，透過校園建築設施客製化的需求回應，益增親師生對校園新建建築支持與認同，並將工程施工中易造成的噪音、干擾、不便與抗議，化解於無形之中。這些學校創新經營的作為，形成空間領導的創新經營

和永續發展原則,也是空間領導方式的主要內涵。

　　進言之,學校創新經營是空間領導重要的理論基礎之一,有助於空間領導方式的建構、運作與推展。例如:課程創新上,學校本位課程、正式課程、非正式課程、潛在課程、空白課程的建構、發展與革新,會促動鄉土教室和校本課程教室、適足的教室與設備、大型集會場所和社團活動空間、教育情境布置、師生同儕的休憩和互動空間等之建置;反之,校園空間和設備的規劃與建置,也會帶動課程發展。教學創新上,協同教學、e化教學、探究教學、欣賞教學、個別教學、思考教學和有效教學之建構、發展與革新,會促動教室彈性空間和班群教室、e化教室、智慧教室和未來教室、戶外教室與社區教室、遠距教學設備、網際網路、教室的座位配置和教學情境等之建置;反之,校園空間和設備的規劃與建置,也會引領教學創新。行政創新上,學校組織改造、學校本位管理、行政運作效能之提升、發展與革新,會促動家長會辦公室、教師會辦公室及志工辦公室、校務行政數位管理系統、電子公文交換與批閱系統、自動化監控管理系統、委外營運(Operate-Transfer, OT)等之建置;反之,校園空間和設備的規劃與建置,也會促進行政革新。此外,學校創新經營的六項做法:形塑學校願景以利創新經營、培育有創新能力的主管人才、發展創新文化的學習型組織、推動突破性的創新經營作為、提供資源營造創意工作環境、觀摩標竿學校激發創新動力,也是空間領導的團隊合作、願景導向和創新經營等原則立論之依據。這些學校創新經營理論,可促動校園空間特色之規劃、建置與營運,促進學校教育發展和建立特色學校,並成為空間領導相關原則,以及空間領導方式之建構與運作的理論基礎。

四、學習型組織理論

　　學習型組織(Learning Organization)較早源起於1970年代Argyris和Schön所提出組織學習的單環學習(single-loop learning)與雙環學習(double-loop learning),單環學習涉及組織達成目標能力的改進,通常與行為學習有關聯;雙環學習涉及組織文化和典範的變革,它可以讓組織轉型以符應內外在環境的需求(Argyris & Schön, 1978; Kuo & McLean, 2006)。1980年代初期,學習型組織的研究重點在於學習類型和學習所引起的行為

改變，之後許多西方研究者提出學習型組織的定義、歷程、步驟或循環；對學習型組織界定的取向，有採系統思考、學習觀點、策略觀點或統整觀點（Yang, Watkins, & Marsick, 2004）。Senge（1990）著名的《第五項修練：學習型組織的藝術與實務》（*The Fifth Discipline: The Art and Practice of the Learning Organization*）一書，界定學習型組織是組織中的成員能不斷拓展他們的能力，創造真心嚮往的結果，培養出全新和前瞻的思維模式，全力實現共同的抱負，以及不斷學習如何共同學習（learning how to learn together）（第 3 頁），並提出五項修練的策略：自我超越（personal mastery）、改善心智模式（improving mental model）、建立共同願景（building shared vision）、團隊學習（team learning）和系統思考（system thinking）。Watkins 和 Marsick（1993）以統整觀點，說明學習型組織在個人、團隊和組織層級有七個清晰但相關的層面：不斷學習（continuous learning）、探究和深度匯談（inquiry and dialogue）、團隊學習（team learning）、彰權益能（empowerment）、植根系統（embedded system）、系統連結（system connection）和策略領導（strategic leadership），也受到研究者的重視並分析其間的影響和關聯（Nazari & Pihie, 2012; Yang et al., 2004）。

　　這些學習型組織的觀念與策略，促進與帶動學習型學校的發展，加以校園民主化風潮，專業學習社群（professional learning community, PLC）的成立，讓校園空間與環境規劃團隊的成立更受重視，此一校園發展的「先導群」，以團隊合作帶動團隊學習，透過探究和深度匯談，不斷改善心智模式，學習自我超越，融合學校願景建立共同願景，並發展空間願景與學校藍圖，形塑校園教育環境特色，提升學校教育與環境認同，此即形成空間領導的團隊合作和願景導向原則，也是空間領導歷程模式運作的核心觀念與精神。

　　進言之，學習型組織是空間領導重要的理論基礎之一，有助於空間領導歷程模式的建構、運作與推展。例如：建立共同願景和策略領導，有利於確立「領導」方向，引領空間領導之發展；校園建築「規劃、方案、設計、建造和管理」之參與、投入，以及專門知識之探究、分析與分享，需運用學習型組織的自我超越、改善心智模式、團隊學習，探究和深度匯談、彰權益能等觀念與策略；空間領導歷程模式中各階段與團體互動的關聯和循環之建

置，需有系統思考、植根系統和系統連結，透過用後評估和回饋，使之成為循環系統。這些學習型組織理論，可促進個人、團隊和組織的專業、學習和創新觀念，共創校園空間願景、建置學校空間特色和促進學校教育發展，並成為空間領導歷程模式建構與運作的理論基礎。

五、永續發展理論

1992 年 6 月，聯合國永續發展委員會（United Nations Commission on Sustainable Development, UNCSD）在巴西里約熱內盧（Rio de Janeiro）召開的「地球高峰會議」（Earth Summit），史前無例地聚集了 170 國政府代表以及 118 位國家元首，共同商討挽救地球環境危機的對策，揭示了二氧化碳大量排放嚴重破壞地球環境，造成全球溫暖化、南北極冰層融化、海平面升高、土地沙漠化及氣候異常等現象，進而簽署了「里約宣言」（Rio Declaration）〔即「地球憲章」（Earth Charter）〕、「二十一世紀議程」（Agenda 21）、「氣候變化公約」、「生物多樣性公約」（Biological Diversity Convention），同時發表了「森林原則」（Forest Principle）等五項重要公約，目的在確保地球環境不再遭受更大破壞，且仍可提供後代子孫延續享有足夠的自然資源與生存環境（王鑫，1998；林憲德，2010）。1993 年，聯合國展開全面性的地球環保運動，此後「永續發展」的浪潮在建築都市政策上，亦形成排山倒海之勢（林憲德，2010）。而地球環保不僅成為國際要事，永續發展也成為人類最重要的課題。

世界環境和發展會議（the World Commission on Environment and Development, WCED）將永續發展（sustainable development）定義為「發展係滿足現階段的需求，且不損及未來世代的福祉」（Boadi, 2002）。由於永續發展會使人類的創造和破壞二種能力產生衝突，因此永續發展有三項平衡原則（European Chemical Industry Council, 2002）：(1) 社會的需求（社會目標）；(2) 資源短缺的有效管理（經濟目標）；(3) 減輕生態系統（the eco-system）負擔以維護生命的自然基礎（the natural basis for life）之需求（環境目標）。永續發展源自地球環保觀念，建築興建與環保更是息息相關；建築會影響人類生存的環境，建築營建和大氣中二氧化碳的製造有莫大關係，事實上建築用了全球 40% 的能源，並在世界上製造出 40% 的碳足

跡（carbon footprint），且用掉了全世界 20% 可飲用的水（NSW Office of Environment and Heritage, 2013）。因此，如何使建築物成為消耗最少的地球資源，製造最少廢棄物，並具有生態、節能、減廢、健康特性的綠建築（green buildings），成為全球性的議題。就校園建築而言，善用綠建築使之成為永續校園，是政府和教育當局的重要政策。臺灣，1997 年經建會將「綠建築」列為「城鄉永續發展政策」執行重點，內政部營建署以「營建白皮書」宣示全面推動綠建築政策，環保署在「環境白皮書」納入永續綠建築的推動；1999 年起推動綠建築標章，921 震災「新校園運動」以「永續發展的綠色校園環境」作為重建的具體原則，2002 年內政部建築研究所推展「綠色廳舍暨學校改善計畫」，2003 年教育部推展永續校園局部改造計畫，2012 年內政部建築研究所再推展建設「綠色校園」，即打造校園硬體建設，使學校成為環境教育基地，以及實現地球永續、環境友善之綠色學校（林憲德，2012）。學校是教育的場所，校園建築興建歷程，應將課程教學、學生學習和管理維護作為永續經營，形成可循環的營運系統，才能使校園活化，永續經營與發展。這些永續發展的理念與作為，顯示空間領導階段參與和永續發展原則之重要，也是空間領導策略、方式與歷程模式等理論論述的核心思維。

　　進言之，永續發展是空間領導重要的理論基礎之一，有助於空間領導策略、方式與歷程模式的理論論述。例如：永續發展的環境保護和社會公義原則，促使以環保和綠建築為主體來發展學校，如澳洲的永續學校（sustainable school）、歐洲和英國的生態學校（eco-school）、美國的綠色學校（green school）、健康學校（health school）和高成效學校（high performance school）、加拿大的種子學校（seeds）、日本的綠色學校、中國的綠色學校、香港的可持續發展學校，以及臺灣的綠色學校和永續校園等，這些永續校園之空間規劃、建置與營運，運用環保和綠建築為最核心觀念，以資建構永續校園的環境特色。尤其是，永續發展的經濟發展原則，促使以營運規劃為主體來經營學校，通常將行政管理、課程設計、教學方法、學生學習、空間容量、教室配置、維護經費、資源挹注、運作模式等，納入學校環境的規劃、設計和營運系統，整體規劃考量，避免校園空間閒置或效能不彰，並使校園空間和學校教育透過縝密的規劃，形成生生不息循環的營運系統，促進校園活化和學校永續經營發展。這些永續發展理論，促動以環

保和綠建築為特色之永續校園規劃、建置與營運，以及透過縝密營運規劃，促進校園空間活化、學校教育發展和建立特色學校，並成為空間領導策略、方式與歷程模式等理論論述的基礎。

第三節　空間領導的原則與模式

空間領導歷程繁複，為因應學校教育、課程設計、教學方法、學習資源、行政管理、社區使用等教職員工生、家長與社區之不同需求，空間領導的原則與模式，亟待探究與了解。

一、空間領導的原則

空間領導應掌握六項原則：團隊合作、願景導向、整體規劃、創新經營、永續發展、階段參與，茲要述如下（湯志民，2013a）：

(一) 團隊合作

空間領導應以團隊合作為基礎，空間領導非一人能獨立為之，學校空間規劃與發展，涉及課程和教學設計、行政管理和營運模式、資源分配和經費運用、學校形象與社區關係，教職員工生、家長和社區需求，需組成空間領導團隊（如校園規劃委員會或小組、校園營造團隊等），成員包括：校長、主任、組長、教師、職員、學生和（或）家長代表為核心，徵選建築師，邀請學校建築學者專家、教育局、社區代表等，整合學校願景、空間條件、使用者需求、經費與資源、學校經營策略，以促進學校教育永續發展。

空間領導比之其他教育領導，更強調領導的團隊性，主要係因學校教育和教育設施係跨領域，如無使用者、學者專家和相關人員參與團隊並共同合作，實難以為繼。此一團隊合作，因學校空間發展不同需求與重點，有三種類型：1.以校長為主的團隊合作，由校長帶領核心團隊，通常著重在學校建築與校園的整體規劃與永續發展，如整體或單一校園建築之新建、重建、整建、改建或修建等。2.以校長為輔的團隊合作，由核心團隊帶領，校長參與協助，通常著重在校園主體式教育環境規劃與建置，如創意校園、友善校園、無障礙校園、永續校園、優質校園營造等。3.無校長參與的團隊合作，由專業或熱心的教師（或有志工）組成團隊，包括：教師專業社群、學科教

師群或跨領域教師群等，通常著重在課程或教學環境與設備之規劃、設置和運用，如班群教室、未來教室、智慧教室、教學或學習平臺、鄉土教室等之建置。

團隊合作也是團隊學習，需經常到新建學校、優質學校、標竿學校或特色學校參訪，累積更多共同經驗，以凝聚團隊合作共識，提升團隊合作效能，以增進校園認同和空間領導的校園民主參與。

(二) 願景導向

空間領導應以願景導向為指引，學校願景是學校經營的大目標、大方向，亦即學校未來的理想圖像，近10年來臺灣的大學、中小學的校務經營與發展，莫不以學校願景作為藍圖。學校空間是學校整體軟硬韌體資源環境的一部分，也是最重要的教育環境基礎。所謂身教、言教、境教、制教，建構學校教育實施體系，境教環境實不能忽視，更應善用並以學校願景為導向，以促進教育意境、學校課程、教師教學、學生學習、行政管理和社區公關之提升，引領學校建立空間特色和增進學校教育發展。

空間領導比之其他教育領導，更強調領導的方向性，主要係因空間領導以團隊合作為基礎，團隊成員涵蓋校內外不同使用者和學者專家，範疇橫跨學校經營、課程與教學設計、校園建築規劃、建築設計與施工、使用管理和維護等，加以空間規劃與建置難免涉及進度，如無學校願景為導向，實難以聚焦或導致牽延。此一願景導向，因學校空間發展不同需求與重點，有二種類型：1. 以學校願景為主的空間願景，將學校願景直接作為學校空間與教育規劃、建置與運用之發展藍圖，通常在學校建築與校園的整體新建或重建時，會以學校願景的大方向作為核心規劃理念與發展藍圖等。2. 以學校願景為輔的空間願景，將學校願景作為前提、方向，並據以發展專案空間願景，以作為學校專案空間與教育規劃、建置與運用之發展藍圖；通常在單一校園建築新建、重建、整建、改建或修建等，校園進行主題式教育環境規劃（如創意校園、友善校園、無障礙校園、永續校園、優質校園營造等），或因課程或教學環境需求之規劃與建置（如班群教室、未來教室、智慧教室、教學或學習平臺、鄉土教室等），會依實需發展各專案（單一建築或主題式教育環境）之空間領導願景。

　　願景導向是大方向，大方向以不變為原則，應具前瞻性並能掌握大局；惟學校空間大環境變遷快速，為因應人事時地物需求、資源條件、教育和環境政策之變遷，願景可適時因地制宜酌修，如大修表示起頭之願景研擬不夠嚴謹，應予避免，以維繫空間領導的穩定發展。

(三) 整體規劃

　　空間領導應以整體規劃為思考，校園空間與建築環境規劃涉及整體校園環境、課程和教學需求、教室營運模式、新舊校舍整合、校園環境意象、都市環境脈絡、經費資源與期程等，加以校地空間寸土寸金，經費資源有限，應善加運用發揮環境建置之最大功能。更重要的是，力求校園建築空間和環境規劃，得以符合教育、課程和教學需求，空間機能展現彈性和多功能，建築造形符應空間美學，物理環境舒適（兼顧採光、色彩、音響和通風等），校園建築使用、管理和維護符合經濟與安全性，校園環境的時序和季節性呈現，使學校的軟硬韌體能資源統整、空間整合、營運統合，以整體規劃促進學校空間建置、課程教學和營運效能。

　　空間領導比之其他教育領導，更強調資源運用的統整和整體規劃，主要係因空間領導以整體校園建築和環境為範疇，涉及校內與校外環境、時間與空間、建築與課程教學、團體與個人、上課與下課、正式課程與校本課程、潛在課程與空白課程、教師學生與社區需求、校地條件、經費預算、資源分配、文化脈絡、營運模式等多重因素，如無整體規劃，實難以統整運用。此一整體規劃，因學校空間發展不同需求與重點，有二種類型：1. 整合校內外資源的整體規劃，通常在學校建築與校園的整體新建或重建，校園進行主題式教育環境規劃（如創意校園、友善校園、無障礙校園、永續校園、優質校園營造等）時，會將校內外環境特質、經費資源條件、課程教學需求、校園文化脈絡、營運模式和條件等，加以統整規劃，以發揮整體資源統合和運用之效能。2. 整合校內資源的整體規劃，通常在單一校園建築新建、重建、整建、改建或修建等，或因課程或教學環境需求之規劃與建置（如班群教室、未來教室、智慧教室、教學或學習平臺、鄉土教室等），會以整合校內資源為主，依學校教育、課程設計、教學方法、師生互動方式、經費預算、維護管理等需求，結合校園整體規劃，以增進校園環境整體意象，提升空間環境

之教育效能。

　　整體規劃是資源統整與運用，應考慮資源整合、分配與運用的公平、效率和效能，並注意整體非部分之和，以及發揮 1+1>2 的效果，方能使空間領導的推展和運作成效極大化。

(四) 創新經營

　　空間領導應有創新經營的精神，學校創新經營廣義範疇含括學校教育環境、行政管理、課程設計、教學方法、學習資源、社區關係等之創新，學校可透過校園空間規劃、建置與運用，以提升教育意境、帶動課程發展、引領教學創新、豐富學習資源、促進行政革新、拓展社區關係等，進而開創校園環境特色，增進學校形象與促進教育發展。

　　空間領導比之其他教育領導，更重視創新經營，主要係因空間領導異軍突起、匠心獨具，每一思維都易引發共鳴，尤其是校園空間和環境，非無生命的「建築」物，蘊含促進教育環境、行政管理、課程設計、教學方法、學習資源、社區關係等之發展潛力，如無創新經營，實難以豐富建築生命力。此一創新經營，因學校空間發展不同需求與重點，有二種類型：1. 行政導向的創新經營，通常校園建築的新建、整建或修建，校園環境規劃和情境建置，強調教育環境意境的提升、行政管理的效能，以及社區關係的建立，如校舍牆飾彩繪學校願景或教育目標，建置虛擬校園，推展公文電子化和無紙筆化校園，以大型電子看板宣導學校教育績效，校園設施開放動線便捷，校園圍牆退縮、綠美化、矮化、透明化或採無圍牆設計等，使行政管理效能革新、創新與提升。2. 課程教學的創新經營，通常教學和教室空間的環境設計或情境布置，強調課程發展的帶動、教學創新的引領，以及學習資源的豐富，如規劃班群教室實施開放教育，設置未來教室或智慧教室推展 e 化教學和雲端科技，設置鄉土教室推展校本課程，整建圖書館或在廊道穿堂規劃學習角落益增學習資源等，使課程、教學和學習創新成效可以拓展與延伸。

　　創新經營是教育成效提升的動能，創新應有新意、新象，掌握學校條件和特質，運用優勢、轉化劣勢，形成學校特色和獨特風格，讓校園建築富含教育生命力，空間領導更有實質影響力。

(五) 永續發展

空間領導非圖一時之快，或僅注重劍及履及之效，更應重視永續發展。教育是百年大業，十年樹木，百年樹人，教育成效之建置不能速成，而應有周詳之計畫，就其學校教育方針、課程教學、經費預算、資源條件、空間設施、營運模式等，規劃設計出一套循環系統，使校園空間規劃能融合學校教育理念，永續經營與發展。

空間領導比之其他教育領導，更重視永續發展，主要係因教育環境和空間資源有限，校園環境建置效能要以教育理念為核心，學校空間規劃要回應課程與教學需求，校園空間條件需整合經費與資源，教育設施和環境經營需有營運模式，如無永續發展，實難以承繼和延伸。此一永續發展，因學校空間發展不同需求與重點，有二種類型：1. 以綠建築為核心的永續發展，通常校園建築的整體新建、重建或改建，單棟建築經費新臺幣 5,000 萬元以上者，應符合綠建築九項指標（至少四項），取得綠建築標章，使之成為永續校園環境。2. 以營運規劃為核心的永續發展，通常學校環境的規劃與設計，應將行政管理、課程設計、教學方法、學生學習、空間容量、教室配置、維護經費、資源挹注、營運方式等，納入營運和管理系統整體規劃考量，避免校園空間閒置或效能不彰，使校園空間和學校教育透過縝密的營運規劃，得以活化運用、永續發展。

永續發展的重點在「循環」，亦即學校空間規劃與教育經營，不能捉襟見肘，不能債留子孫，而應有一套系統模式，使校園建設的輸入（input）、歷程（process）、輸出（output），有回饋（feedback）支撐，讓經費資源挹注與教育理念執行能循環，方能促進校園營運的永續發展，空間領導的推展和影響力才能源源不絕。

(六) 階段參與

空間領導有其階段性任務，校園空間的規劃、設計、施工、營運到用後評估，歷程繁複，每一階段皆有不同的期程與任務，不同的使用者參與，不同的校園環境和教育相關資訊，不同的教育政策（如興建體育館或風雨操場、公共停車場共構、學校建築整體興建或分期完工），這些不同的期程、任務、資訊和政策，以及不同的參與者，交織在每一不同的階段，使空間領

導具有獨特的階段性參與機制，也更需要注意各階段參與的融合和一致，讓空間領導可以銜接貫徹。

　　空間領導比之其他教育領導，有獨特的階段參與，主要係因校園建築和空間環境興建歷程繁複，在規劃、設計、施工、營運到用後評估各階段，皆有不同的參與者，如規劃階段，以學校行政人員和團隊為主、建築師為輔；設計階段，以建築師為主、學校行政人員和團隊為輔；施工階段，以營造廠商為主、建築師為輔、學校行政人員和團隊為附；營運階段，以教職員工生和家長為主，社區和校外人士為輔；用後評估階段，以學校行政人員和團隊、教職員工和家長為主，建築師和營造廠商為輔。各階段參與者，依相關資訊，提供使用者需求和校園建築專業意見，加以興建時程長、歷程繁複、校園規劃和建築專業需求等複雜任務和條件，如無階段參與，實難以周延和貫徹。此一階段參與，因學校空間發展不同需求與重點，有二種類型：1. 全參與式的階段參與，通常校園建築的整體（或單棟）建築的新建、重建或改建，校長、學校行政或核心團隊之主要成員，對於校園興建的每一階段會全程參與，使校園規劃、教育理念、學校經營和營運模式可以貫穿每一階段並逐漸落實。2. 半參與式的階段參與，通常教育部局處主管人員、學校建築與校園規劃學者專家、設計建築師、營造廠商等教育或校園建築專業人士，會參與規劃、設計、施工、營運和用後評估等之其中一至四個階段，惟其階段參與會有交錯或重疊，以利專業意見銜接與落實。

　　階段參與重點在連貫與銜接，因各階段參與者各有不同，學校願景、使用需求、校園規劃、建築專業、營運管理和用後評估之轉銜，需有核心成員全程參與，空間領導的執行力才能推展與落實。

二、空間領導的模式

　　Tanner 和 Lackney（2006）提出「發展教育設施的程序模式」（A procedural for developing educational facilities），並先說明「發展學校設施的前提」：(1) 強有力的領導是必要的；(2) 學校系統有明確界定的方向——任務和願景；(3) 建立長期目的和目標；(4) 將目的和目標轉化為物質的教學場所和空間；(5) 將規劃和設計活動加以統整；(6) 管理是系統化的——資料導向和目的導向；(7) 資源的需求大於供應；(8) 學校和社區之間的協力和合

作是必須的。同時，提出六個假設來支持發展模式的結構：(1) 整個學區教育設施方案的規劃和管理強調教學與學習，以增進學校的任務。(2) 所有學生可在適切地學習環境中學習。(3) 學校的發展，通常發生於當地、州和聯邦管理政策的脈絡中，包括基金方法和提供學校學習環境的所有法定觀念。(4) 教育設施發展是一個持續的歷程，因此學校系統總是會形成資料和資訊，以適於此一複雜歷程的所有概念。(5) 模式的結果是發展安全、舒適和適切的學習環境，以利多元文化社會中的教學與學習。(6) 大量提供適切的資訊和資源，以利規劃和作決定。Tanner 和 Lackney 的「發展教育設施的程序模式」是一個互動模式，「領導」，主要在指引出方向、願景、任務、決定和資源分配，和五個階段（規劃、方案、設計、建造、營運）之間皆有互動，教育人員和社區的「參與」很重要，透過蒐集和分析資料，並在分擔不同的領導職務中，做出有價值的貢獻。

　　茲參考 Tanner 和 Lackney 的「發展教育設施的程序模式」，提出空間領導的模式（如圖 1）並說明如下：

(一) 領導（leadership）

　　「領導」是發展學校建築的關鍵，規劃的效能需有強有力的領導，領導主要任務在掌握教育方向、學校願景、發展任務、政策決定和資源分配，使學校建築規劃能順利而有效的落實與執行，並讓學校空間與設施成為優質教育環境。首先，學校應組成校園規劃小組，由教育人員（行政人員、教師）、家長、學生、社區人士、利害關係人及學者專家組成，以前瞻性眼光，依據學校未來發展目標、課程教學和學習、社區發展等需求，規劃學校空間與設施。「領導」要以校長為首的校園規劃小組核心成員來擔綱，校園規劃小組核心成員至少包括校長（召集人）、總務主任（及相關行政人員）、教師代表（或理事長）、家長代表（或會長）、學校建築學者專家等 5～8 人；而社區人士、教育局和相關單位（都發局、停管處、社會局、文化局等）等利害關係人代表，可以浮動委員方式邀請參與。須注意的是，「領導」與主要流程「規劃」、「設計」、「建造」和「管理」之間皆有互動，並善用「評鑑」之回饋機制，使學校空間規劃、品質與運用穩定發展並實現。

圖 1
空間領導的模式

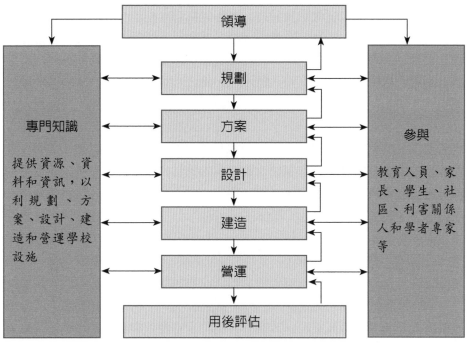

資料來源：修改自 *Educational facilities planning: Leadership, architecture, and management* (p. 52). C. K. Tanner and J. A. Lackney, 2006, Pearson Education, Inc.

(二) 規劃（planning）

「規劃」是建築計畫的實踐，規劃較重學校各項設施整體性之安置，以及課程、教學和學習之運用，較偏向教育方案之踐行。因此，學校空間規劃以學校行政人員為主責（如校長和總務主任等），先徵選建築師（或學校建築專家）進行校園整體規劃，提出學校建築整體規劃報告書，作為學校建築設計之依據。學校建築整體規劃報告書，美國加州教育廳（The California Department of Education, 2015）稱之為「教育計畫說明書」（educational specification），強調優質的教育計畫說明書是設計學校設施的關鍵，使學校設施可以成功地支持教育和社區方案的交付，並能促進有效、安全和永續

的學習環境。學校建築整體規劃報告書內容，主要包括計畫緣起、學校基本資料（學校位置、校地面積、學校方位、現有或需求班級規模、學區學生人數推估等）、校地環境說明及分析（如氣候風向、地形、地質和地勢等）、學校空間需求（校舍種類、數量和面積，運動場、體育館、球場、游泳池、遊戲場和庭園景觀設施之空間和設施量體，以及附屬設施、基礎工程等需求）、整體規劃方案分析（至少提 A、B、C 三案說明優劣）、法規檢討（建築法規、設施基準、綠建築標章、無障礙設施等）、標竿學校（以學校規模相當之新建、優質學校建築為學習標竿）、工程期程（如規劃、設計、都市計畫審議、建照申請、發包施工、驗收等各項工作期程）、經費預算等。這些學校空間與設施規劃需有學校行政人員的熱忱投入與前瞻思維，方能使學校建築成為優質的教育設施與學習空間。

(三) 方案（programming）

「方案」是建築規劃的核心，方案較重課程、教學和學習之需求，以及學校空間與設施之教育運用效能。因此，學校空間規劃與運用以學校教師為主責，通常會有學生和家長之參與。通常，教育空間（或教室）的種類和課程內容有關，教育空間（或教室）的數量和課程時數或班級上課時數有關，教育空間大小（面積、容量）和教學人數、教學方法（活動）有關，教育空間形狀（長方形、正方形、扇形、圓形）和教學方法（活動）有關，教育空間（或教室）的配置和設備與學生學習方式、動線、需求、動機和時間有關，教育空間的多元變化（多樣空間）和學生生活、探索有關（湯志民，2014）。就此，校本課程、特色課程、選修課程，以及多樣教學和學習的空間和設備需求，學校新舊空間的轉換、多功能設計，教學空間和設備的運用與管理等，這些學校空間與設施方案，需有學校教師的熱心參與，方能使教育設施與學習空間符應課程、教學與學習之需求。

(四) 設計（design）

「設計」是建築規劃的實踐，設計涉及造形、尺規、數量與金額，較偏向建築專業技術層面。因此，學校建築設計以建築師為主責，依學校建築整體規劃報告書，進行學校建築設計並提出設計書。學校建築設計書內容，

主要包括學校基本資料〔學校位置、校地面積、學校方位、現有（或需求）班級規模、學區學生人數推估等〕、建築設計需求（如規劃報告書之學校空間需求）、法規檢討（建築法規、耐震設計、綠建築標章、無障礙設施、公共藝術等符合情形）、建築設計圖說（如總平面圖、各樓層平面圖、鳥瞰圖、立面圖、剖面圖等）、物理環境說明（如日照、通風模擬）、工程期程（如規劃、設計、都市計畫審議、建照申請、發包施工、驗收等各項工作期程）、經費預算、學校建築模型及動畫等。「設計」階段含都市計畫審議及細部設計，細部設計有些縣市交由工務局新建工程處督導（如臺北市），繼續審議建築師所提細部設計圖說（包括所有校舍建築地板、牆面、天花板、無障礙設施等各工程細項之結構、圖面、建材，以及機電、水電、消防、汙水、基礎工程等）。這些學校空間與設施設計（含都審和細部設計）需有優質建築師擔綱，方能使校園建築有造形、風格獨特並具美感。

(五) 建造（construction）

「建造」是學校建築設計的踐行，工程發包後，由營建廠商主責興建。建造過程，應依招標和合約內容（含細部設計圖說）執行，並由建築師負責監工，主辦學校以及主管機關（如教育局或新建工程處）督導，且要定期開會檢討工程進度、工程品質、建材選擇、變更設計、物價指數調整、驗收等事宜；尤其是，施工期間，工地圍籬和安全管理一定要嚴格落實。這些學校空間與設施建造需有優質營建廠商擔綱，方能使校園建築具有安全與工程品質。

(六) 營運（management）

「營運」是學校建築完工後之管理、維護與使用，由學校教職員、學生和家長主責。「管理」在確保學校建築設施的安全與效率，「維護」在維持學校建築運作的機能與品質，「使用」在發揮學校建築環境的教育、課程、教學與學習功能。管理與維護是學校建築安全、效率、機能和品質的基礎，使用是學校建築教育功能發揮的動能。這些學校空間與設施營運需有使用者費心校園營造，方能使校園建築具有教育品質和效能。

(七) 用後評估（post-occupancy evaluation[POE]）

「用後評估」（POE）是常用的系統性回饋機制，對改善教育設施是一項有價值的工具，以及時和適當的方法，探析設計和興建環境的滿意度和重要性，以改進教育建築的環境品質（Preiser, 2002; Watson, 2003）。POE是正式的評估歷程，應有清晰和特定之目的，用之確認成功和不足並提供標竿方案，以增進良好的教育成果（The Office of the Victorian Government Architect, 2020）。用後評估是控制與提升學校建築品質最有效的方法，用以了解校舍空間量體和配置是否適切？學校建築是否符合課程、教學與學習需求？學校建築造形是否具有美感？建築造價和經費預算是否合理？營造商是否按圖施工？施工過程是否發現設計不當情形？變更設計是否需要？完工後是否做好管理與維護工作？用後評估應在規劃、方案、設計、建造和營運等每一個階段，以及時和適當的方法（如結構性觀察、焦點訪談、問卷調查、模擬等）探究，方能使學校建築施作品質有所改善與提升。

(八) 專門知識（expertise）和參與（involvement）

「專門知識」提供資源、資料和資訊，以利規劃、方案、設計、建造和營運學校設施。「參與」是教育人員、家長、學生、社區、利害關係人和學者專家等之投入。在規劃、方案、設計、建造和營運各階段，參與者既要提出使用需求，也會提供不同的發展學校設施觀念之專門知識。Tanner和Lackney（2006）強調，要增進不同參與者之「參與領導」（participatory leadership），在規劃、教育方案、設計、建造和營運的互動歷程中要保持和諧，並提供發展未來設施的方向，以增進問題的革新改造。例如：教育人員提供學校基本資料、課程和教學需求，社區說明在地歷史文化，學者專家提供校園環境政策、設施設備基準、建築法規等資源、資料和資訊。這些專門知識有利於參與者對學校空間與設施之規劃設計、教育方案和校園營運的投入與互動。

簡言之，空間領導模式是一個動態的互動模式，以「領導」為上位概念，並貫穿「規劃」、「方案」、「設計」、「建造」和「營運」等階段，「領導」要融合資源、資料和資訊之「專門知識」，以及教育人員、家長、學生、社區、利害關係人和學者專家等之「參與」，更要善用「用後評估」，使學校空間與設施具有教育效能。

第四節 空間領導的策略與方式

　　空間領導的落實與推展，在教育主管機關的政策推動和學術研究上有其實施策略，在學校空間的營造、運用與影響上有其實施方式。以下就空間領導的策略與方式，分別探究。

一、空間領導的策略

　　如何使「空間領導」產生更大的效果，以帶領學校空間和教育的革新發展，需有許多有效的實施策略。空間領導的策略，可從教育主管的政策推動和學術研究之理論推展著手。參考湯志民（2008a）之研究，空間領導的策略可就規範空間基準、主導空間規劃、辦理空間比賽、推展空間政策、發展空間特色、推廣空間理論、建置空間情境等七項，分別說明之。

(一) 規範空間基準

　　「空間領導」的第一個策略是「規範空間標準」，亦即教育行政主管單位透過國家標準的制定，以引領學校空間的革新和教育發展，同時也能保障學校空間能保持一定的水平，以維護師生的教學權益。例如：教育部 2002 年公布《國民中小學設備基準》，2005 年和 2009 年為配合 95 和 98 課綱，修訂《普通高級中學設備標準」》，2019 年配合 108 課綱，修訂公布《國民小學及國民中學設施設備基準》、《普通型高級中等學校設備基準》，對校舍、庭園、運動場和附屬設施，都有因應課程和教學之需，規範數量、面積、設計原則，並因應教育和時代趨勢新增空間、設施與面積。例如：新增的「演藝廳」，規範：(1) 面積為 $700m^2$ 以上。(2) 置舞臺供儀典、節慶、藝文表演、專題演講、大團體教學之使用。(3) 基於使用頻率與效能，空間規劃以 300 人為原則或以可以容納一個年級學生為基本考量。(4) 內部空間可包括準備室（排練室）、更衣室、廁所、視聽音響控制室、器材存放室及其他。「學校設備」應依課程教學、行政運作及生活機能加以規劃，包括普通教室設備、行政處室單元設備、教師辦公室單元設備、視聽教室設備、資訊教室設備、教材製作室設備、各領域教學設備。此一空間基準規範，有助於中小學學校空間與設施之規劃、設計和營運，使之達到一定之基準，並使空

間與設備符應課程、教學、行政和生活機能之需。

(二) 主導空間規劃

　　「空間領導」的第二個策略是「主導空間規劃」，亦即透過整體校園規劃與設計的審議，使學校校園規劃能符合都市設計和學校未來發展需求。例如：宜蘭縣政府教育局 1989 年起審查全縣中小學校園整體規劃，使宜蘭的學校建築成為臺灣的新典範（湯志民，2006d）；各縣市政府教育局處也分別成立校園規劃委員會，或委託學者專家審議（如基隆市教育處的創意校園和優質校園規劃，包括規劃觀念研習、規劃設計指導和經費需求審查）；還有，教育部 921 震災學校校園重建，包括徵選建築師、整體規劃與設計、發包與施工，以及「整建國民中小學教育設施計畫」、「整建國民中小學老舊危險校舍計畫」及「教育優先區計畫」等經費，大量挹注縣市更新校園，讓過去的舊校舍，如獲甘霖般的大量新建或更新（湯志民，2006d）。此一主導空間規劃，透過學校建築專業審議，有助於學校空間與設施之規劃、設計，達到一定之品質，以提高教育設施效能。

(三) 辦理空間比賽

　　「空間領導」的第三個策略是「辦理空間比賽」，亦即透過獎勵金的激勵，鼓勵學校規劃與經營校園創意空間，促進校園營造動能，使學校成為優質校園環境。例如：教育部（2003）《創造力教育白皮書》提出「創意學校總體營造」行動方案，各縣市政府隨之積極辦理校園創意空間與設計，如新北市政府（原臺北縣政府，2005）辦理校園創意空間經營暨環境教育融入課程；基隆市政府教育局（2005）推動創意校園；彰化縣政府教育局（2005）實施永續校園創意空間規劃；臺南縣政府（2006）推動創造力教育校園創意空間規劃；臺南市政府教育局（2007）推展創意校園營造──創意學習步道計畫。這些校園創意空間與設計之目的，主要在於營造各校形塑創意校園，尋求學校本位特色，建立多元主題特色學校，建構有利於師生創造力之生活空間、學校經營和校園文化。其次，全國學校經營創新獎 2003 年開始舉辦，獎勵校園環境美化創新，現擴增為「全國學校經營與教學創新 KDP 獎」，2021 年「校園營造與資源運用」為競賽方案主題之一（臺北市立大

學，2021）。臺北市政府教育局 2006 年開始辦理的優質學校「校園營造」
評選，迄今 16 年，每 4 年修正一次指標，每年都辦理研習和優質校園營造
獲獎學校之標竿學習，有效提升校園環境規劃、布置與運用。此一空間比賽
之辦理，促進學校校園營造之積極推展，讓空間領導具體落實於校園環境之
創造，以及教育設施品質之提升。

(四) 推展空間政策

　　「空間領導」的第四個策略是「推展空間政策」，亦即透過經費補助或
引進新觀念，鼓勵學校規劃與經營校園新空間，創造學校特色，或提升學校
建築使用效能。例如：1968 年，實施九年義務教育，大量新建標準型波浪
式設計之校舍，象徵三民主義，倫理、民主、科學及九年國教；1986 年，
推動教學革新，倡導開放空間和班群教室規劃；1999 年，921 地震校園重
建，教育部推展「新校園運動」；1995 年，臺北市政府教育局率先依法編
列預算設置行動不便者設施，推廣無障礙校園，引介空間人權；2002 年，
因應全球暖化，倡導綠建築，推展永續校園。2006 年起，教育部推展優質
高中和高中職優質化，補助高中職改善環境設備；2007 年，教育部因應少
子化之發展，倡議閒置空間活化與再利用，發展特色學校；2013 年，教育
部國民及學前教育署，推動空間領導、營造空間美學與發展特色學校。教
育部師資培育及藝術教育司（2019）推動「學美・美學——校園美感設計
實踐計畫」，與財團法人臺灣設計創意中心合作，將「設計思考（design
thinking）」理念帶入校園，協助中小學改造裝置藝術、圖書館，以及創意
設計走廊、指標系統、營養午餐餐具等，讓「美學」融入校園生活情境中。
2020 年推動「高級中等以下學校校園美感環境再造計畫」，協助中小學推
展校園空間美學、校園生態美學、校園美感教育課程、校園與社區美學。此
外，臺北市教育局補助中小學優質化經費，每校 1,500-3,000 萬元，整修建
老舊校舍，讓舊校舍風華再現。新北市政府教育局（2021）推展中等學校教
育加速器，因應新課綱和跨域資源整合，並帶動學校新空間的發展。還有，
各縣市政府補助專案經費，更新教室 e 化設備，整修圖書館、專科教室、廁
所或設置小田園等，皆帶動學校設施之革新。此一空間政策之推展，透過經
費補助或引進新觀念，促進學校規劃與經營新空間，有助於學校空間特色創
發。

(五) 發展空間特色

　　「空間領導」的第五個策略是「發展空間特色」，亦即透過學校 SWOT 分析（分析學校優勢、劣勢、機會和威脅），運用各項資源和學校條件，規劃與經營學校特色，形塑校園建築風格，以利學校永續經營與發展。例如：臺北市麗山高中、臺南市南科實驗高中「學科型教室」設計，臺北市健康、新生、永安國小班群開放空間規劃，基隆市國中小的創意校園空間（基隆市政府編印，2008），屏東縣彭厝國小和後庄國小的永續校園環境，宜蘭縣中小學無圍牆之開放建築風格，南澳中學（泰雅族）、花蓮縣太巴塱（阿美族）和谷風國小（布農族），南投縣德化國小（邵族）、蘭嶼朗島國小（達悟族）、屏東縣望嘉和三地國小（排灣族）、高雄市多納國小（魯凱族）等，深具原住民文化校園環境。通常，創建新校，易整體規劃、發展理念並利學校經營（如臺北市政大附中、天母、敦化和龍門國中，潭美、永建和延平國小，新北市北大高中、佳林國中、桃子腳國中小、龍埔、北大、新市、頭湖國小，臺中市大墩、長安和東海國小，臺南市南科實中、新港藝術高中，億載和紅瓦厝國小，高雄市鳳林國中、鳳翔和紅毛港國小，屏東縣泰武國小，臺東縣豐源國小），老舊校舍則可從情境布置和裝修上著手，使校園環境更具教育文化內涵，並突顯其學校風格與特色。此一發展空間特色，有助於形塑校園環境的教育意象，提升教育意境，促進學校之認同感和歸屬感。

(六) 推廣空間理論

　　「空間領導」的第六個策略是「推廣空間理論」，亦即透過學術研究，運用大學和研究所課程、各項出版品，將學校建築和校園規劃理論與實務，加以推廣，一則為學校空間與建築發展留下發展軌跡，同時讓學校的校園建築規劃，有文字資料可以參酌，更有利於學校空間理念的大量推廣。例如：學校建築研究學會自 1986 年創會起，每年出版一本年刊；各教育大學、院系所，以及建築院系所開設學校建築與設備或教育設施規劃等相關課程；國內許多期刊，如《教育研究》、《教師天地》、《建築學報》、《建築師雜誌》等，都會定期出版學校建築專題；各教育研究所或建築研究所碩博士生，撰寫學校建築、校園規劃、校園空間、空間領導等相關論文；還有，許

多專書的出版（包括《學校文化》、《隱藏的空間》、《空間就是權力》、《環境心理學》、學校建築專書等）；近十多年，教育行政和學校行政專書（如秦夢群，2007；謝文全，2006）也都將學校建築或教育設施規劃納入，顯示其對行政領導的重要性不容忽視；學者專家以網站，提供資料與資訊，推廣學校建築與校園規劃理念；此外，校長學分班和儲訓班、校長主任研習班，「學校建築與校園規劃」通常都會列入必修課程，也顯示行政領導者和校長應具有此方面之專業知識，以利學校空間規劃和境教環境之營造。此一空間理論之推廣，奠定空間領導學理依據，讓學校空間規劃和校園營造之實務推展，更為有效。

(七) 建置空間情境

　　「空間領導」的第七個策略是「建置空間情境」，亦即透過學校情境「大、多、精、巧、中」顯示其重要性，運用符號、標誌，強調所重視的學校空間，同時經由空間獨特與重要性的加強，讓學校建築的境教空間和情境布置，產生潛移默化之效。例如：空間的「大、多、精、巧、中」──圖書館的面積「大」，代表學校鼓勵讀書和閱讀；學校休憩空間、社團辦公室等數量「多」，表示重視學生的學習資源；教室設備和環境、教學研究室（教師辦公室）布置「精緻」，表示重視教師的教學資源；校園處處有創意，建築、設備和庭園規劃「巧」妙，可引領創意思維，也表示該設施受到重視並強化其功能；建築設施規劃位置居「中」，不偏居一隅，表示其空間的領導位階較為重要。其次，空間運用符號、標誌，表達所重視的學校空間，如1-2 個籃球架和桌球桌貼上「女生優先」，顯示重視性別空間；張貼無障礙標誌，表示重視身心障礙者的無障礙校園環境設計；學校願景以圖像設計或將 Logo 拼貼、彩繪於主要出入口、穿堂或校舍牆面醒目之處，則有意將辦學理念和教育訊息透過點線面體的布置，隨時影響居於其間之人。此一空間情境之建置，突顯學校空間和設施的重要性，並加強空間意涵和「境教」的影響力。

二、空間領導的方式

　　學校空間與課程、教學、學習、行政、社區關係密切，學校課程、教師教學、學生學習、行政管理和社區關係，皆需空間與設備支援，以資營

運。空間領導的方式，可從學校空間的營造、運用與影響著手。根據湯志民（2008a、2008b、2008c、2009a、2011a、2012a）之研究，空間領導的方式可分為：以空間規劃提升教育意境、帶動課程發展、引領教學創新、豐富學習資源、促進行政革新、拓展社區關係等六種方式，茲分述如下：

(一) 以空間規劃提升教育意境

學校是教育的環境，學校的教育理念、發展願景、組織文化，都需要運用學校建築與空間設備支持與建構，以提升整體教育意境。相對的，學校的建築風格、空間配置與設備建置，會因教育願景與發展理念而有不同的造形、格局與風貌（湯志民，2009b）。通常宏偉壯闊、設備新穎、造形優雅，具有文化氣息的學校空間與建築設施，會強化師生的人格氣質、學習動機、意願、態度與成就。因此，以學校環境提升教育意境，是空間領導的方式之一。

例如：美國大學校園在美國建築史中占有一席獨特的地位，Chapman（2006）即言，空間是一個文化的力量（space as a cultural force），最好的校園在物質環境上形成機構文化的重要觀念，同時也反映出大學的任務、歷史和傳統，並喚起一個機構所要培養的學習性質和學術成就特徵，校園也表達與周遭社區及超越世界的關係；正由於校園是成長中的有機體，每個大學都會以思索所有上述事項的方式，因時變遷。尤其是，教育行政主管單位透過設備標準的制定，以引領學校空間的革新和教育發展，同時保障學校建築與設備保持一定的水平；透過整體校園規劃與設計的審議，使學校環境規劃能符合都市設計和學校未來發展需求；運用獎補助金的激勵，鼓勵學校規劃與經營校園創意空間，促進優質校園營造動能，創造學校特色。此外，學校情境以「大、多、精、巧、中」顯示其教育意境與重要性，運用符號、標誌，突顯學校願景與組織文化，經由空間獨特與概念化的加強，讓學校建築的境教空間和情境布置，產生潛移默化之效。這些案例，皆顯示學校環境規劃，能有效支持、促進與帶動學校願景、教育理念、組織文化的建構、發展與革新。

(二) 以空間規劃帶動課程發展

學校是教育的空間，學校設備標準會因課程而改，如臺灣《普通高級中學設備標準》，2005 年甫修正公布，因應 98 課綱新課程實施，2009 年再行修正，2019 年配合 108 課綱，再修訂公布《國民小學及國民中學設施設備基準》、《普通型高級中等學校設備基準》。此一情況反映出，有課程有教室（或空間）、有教室（或空間）有課程，亦即課程會改變教室（或空間）需求，改變教室（或空間）也會影響課程實施。因此，以空間規劃帶動課程發展，是空間領導的方式之一。

例如：學校綠建築與永續校園規劃，帶動環保教育課程發展；開放教育空間，如開架式籃球場（場邊有籃球）、開架式失物招領架，有助品格教育實踐；生活休憩空間設置，有助師生人際交流，豐富空白課程和潛在課程；無障礙環境設計，促進對弱勢與特殊教育的重視；性別空間規劃，增置更衣室、淋浴室、性別友善廁所、女生優先運動設施、哺（集）乳室，有助深化性別教育課程內容；公共藝術設置，透過美感與教育隱喻的無聲語言，提升人文與藝術課程的價值。其次，運用大學空間與設備，開設大學預修課程；規劃鄉土教室、潔牙教室，或設置精緻的星象館和天文臺、探索體驗教學園區，並發展學校本位課程；或將教學場域延伸至社區，以社區家長為師，以及結合社區文化發展遊學課程，或超越社區發展特色課程等。Lackney（2007）也鼓勵讓學習直接在社區中進行，強調善用都市、郊區和鄉下的教育資源，而博物館、動物園、圖書館、其他公共機構，以及當地的企業場所等情境，都是正式教育課程的夥伴。校園空間規劃，能有效支持、促進與帶動學校本位課程、正式課程、非正式課程、潛在課程、空白課程的建構、發展與革新。

(三) 以空間規劃引領教學創新

學校是提供教學的場所，教學目標、方法與歷程之實踐，教學品質和教學效能的提升，與教學空間與設備的新穎、精緻與多樣，有密切的關係。現代教學強調「學習者中心」、「教學研究發展」、「提供學習資源」、「應用資訊科技」，教學空間的革新可從規劃彈性的教室空間、建構融合的學習社區、設置充裕的研究空間和提供豐富的學習資源著手（湯志民和廖文靜，

2000）。通常，空間大小與設備的多寡會影響教學人數的容量，空間的形狀和設備的布置會影響教學的品質，空間的配置與設備的機能會影響教學的效能。因此，以空間規劃引領教學創新，是空間領導的方式之一。

　　例如：臺灣的中小學傳統教室的面積為 $67.5m^2$，班級學生人數平均國小約 30 人、國中 35 人、高中 39 人，比之美國中小學教室面積約 32 英尺×28 英尺（約 $83.2m^2$），班級學生人數平均 24 人，臺灣中小學每生教室平均面積明顯偏低，也會影響座位排列、學習區劃、教學設備與情境布置效能（湯志民，2006a）。Abramson（2003）建議每間教室設計最少要有 900 平方英尺（$83.6m^2$），並盡可能大些，因大腦的研究告訴我們，要有較佳的運作，空間要容納得下 22 位學生、必要的成人數，以及各樣的學習活動，因此近 10 年臺灣許多新建教室空間逐漸調增至 $80\sim90m^2$ 實有其道理，如以班群空間規劃，運用彈性隔板，可引領協同教學的發展。其次，改變傳統教室空間，豐富教學設備，布置學習區，也可活化教室的教學功能；改變教室營運模式，採學科型教室設計，比照英美中學，利於教師教學情境布置和運用，有助於推展選修課程，增進學習興趣與效能；運用學校建築、空間與設施規劃學習步道，善用庭園、水池、花草樹木、體驗營地、運動場和其他自然室外環境，讓教學走出教室，創新教學情境和場域；教室裝置 e 化設備，運用電子白板、平版電腦或即時回饋系統（IRS），裝置液晶電視或 86 吋以上互動式觸控螢幕、無線上網環境、3D 印表機、360 度攝影機、VR 虛擬實境設備、AR 擴增實境設備，以及規劃設置智慧教室或未來教室，大大提升教學效能；運用遠距教學設備可促進教學創新，規劃教學研究室（或辦公室）可促進教師專業社群成立與互動，設置教學平臺可分享教學計畫。Lackney（2007）也認為在工廠式學校（factory-model school）的老師較像勞工，而提供教師分享的辦公室和設施，會促進教師溝通理念及省思，提升教師教學專業。此外，教室的座位配置，有利於學習共同體之推展，教學情境布置和學生作品展等，也會增強學生的學習動機。校園空間規劃，尤其是空間革新，能有效支持、促進與引領協同教學、e 化教學、探究教學、合作教學、個別教學、思考教學和有效教學之建構、發展與革新。

(四) 以空間規劃豐富學習資源

　　學校是教育的場所，教育的對象是學生，學校的空間與設施的規劃，應以最多的使用者——學生，作為核心思考，滿足學生學習和生活休憩之生理與心理需求。學習資源的需求會影響學校空間的規劃，學校空間的規劃也會影響學生生活休憩、同儕互動。學習資源豐富，學生活動自然多樣，可讓學校生活更具色彩，學習資源過於簡陋，會遲滯學生的學習與互動。因此，以空間規劃豐富學習資源，是空間領導的方式之一。

　　例如：規劃自足式教室（self-contained classroom），教室內設置電腦、網路、視聽媒體、教材教具、情境布置等（如美國的中小學教室），以提供學生各項學習資源。近 10 年臺灣中小學的教室，也開始強化提供各項學習資源（如圖書區、電腦區、益智或休憩區），也有將教室地板抬高，設計可調降方桌，中午可在教室躺下午睡，甚至有飲茶和棋藝休憩空間。其次，圖書館設置於教學中心，有豐富的館藏，規劃小團體、個人視聽研究座位、小會議室，提供輔助學習之 CD、DVD 等視聽媒材，或與大學光纖連線引進大學圖書館豐沛資源；豐富學生學習設備，益增實作和體驗學習機會；規劃攝影棚，將教學和學習成果錄製分享；或於校舍廊道、梯廳或轉角處設置閱讀角落，建置電腦或電視提供視訊服務，裝置觸控式電子平臺提供線上學習，讓學生處處可學。Lackney（2007）也強調提供資源豐富和分享學習資源的空間，並設計多樣的學習團體與空間，有大、有小，有開放、有封閉的空間，利於不同大小的學生團體或個人使用、互動與學習。特別是，基於 21世紀學生多樣學習需求，新世代學習空間之規劃，提供豐富的學習資源，更利於促進主動學習（湯志民，2019a）。此外，強化生活休憩空間，增置庭園和休憩座椅，規劃多樣運動設施，利於學生休憩互動；規劃社團辦公室和活動區，讓學生多元智慧和同儕互動，更有空間醞釀、分享、學習和發展。這些事例，皆顯示校園空間規劃，尤其是豐富學習資源，更能有效支持、促進與引領學生學求知、學做事、學相處、學做人、學改變之建構、成長與發展。

(五) 以空間規劃促進行政革新

　　學校行政、管理和營運，與學校空間和設備有密切之關係，如各處室辦公或與師生公務互動方式，校園開放時間與方式，也會影響校園空間規劃和

設備運用模式。有效能的行政，需有效能的空間予以支持，學校建築空間與設施的良好規劃和營運，可以最少的經費、人力、物力和資源運用，產生最大的行政效能；亦即，學校空間規劃與設施營運，會影響學校行政的運作績效。因此，以空間規劃促進行政革新，是空間領導的方式之一。

　　例如：學校空間規劃，傳統上以行政中心的規劃模式，改以教學中心的思考（如政大附中、麗山高中），藉以強調教學才是主體，學校行政是提供教學服務之行政服務新思維。Lackney（2007）也認為透過去中心化行政空間（decentralizing administrative space），可增進教育領導；教育鬆綁，校園民主化興盛，中小學紛紛設置家長會辦公室、教師會辦公室及志工辦公室，甚至設置校友會辦公室等，以擴大學校民主參與，因應學校本位管理的趨勢與發展。其次，建構校務行政管理系統，學校行政業務全面數位化，建置專科教室借用管理系統，設置升學國外電子作業系統，實施電子公文交換與批閱系統，運用電腦監控系統租借學校停車場，提供優質行政服務；辦公室設置接待空間，提供溫馨行政服務；校舍建築設置自動化系統，如自動排煙窗、電捲門裝置障礙感知器、自動照明系統等，裝置保全、水電、照明、空調自動監控，發展學校智慧卡，提供門禁讀取及回傳機制，確保學生安全，以提升行政效能。還有，校舍建築高層設施裝置電動窗戶、電動窗簾，器材室系統整理器材，電腦教室設置殺菌除臭鞋櫃等，增進學校行政管理、服務與使用效能。此外，學校員額有限，資源不足，學校運用委外營運（OT），藉以提升行政管理和學校設施使用安全與效能；以政大附中為例，2005 年創校之際伊始，人力不足，運用 OT 經營優質餐廳、專業游泳池，更以創新的分期付款方式設置冷氣空調，另向政大預支下一年度補助款裝設體育館冷氣，再創行政經營新猷。影響所及，臺北市有體育館或活動中心委外、游泳池委外、熱食部委外等，成效良好。這些事例，皆顯示校園空間規劃，尤其是創新經營，更能有效支持、促進與引領學校組織改造、學校本位管理、行政運作效能之提升、發展與革新。

(六) 以空間規劃拓展社區關係

　　「學校社區化，社區學校化」，學校是社區的文化中心，也是社區重要的文教據點與生活空間，學校社區化的概念，強化了學校與社區一體的關聯

性、重要性與價值性,學校與社區結合更是學校建築規劃發展的必然趨勢。學校與社區良好的空間規劃,會引領學校和社區有良性的互動與發展,彼此共生共榮。因此,以空間規劃拓展社區關係,是空間領導的方式之一。

　　例如:美國科羅拉多州福特柯林斯高中(Fort Collins High School)占地92英畝(約37.3公頃)即為社區學校典範,學校、學區教育委員會和公園委員會共同達成協議,願意創造一所社區學校並成為社區中心;這所學校於1995年竣工,社區公園與學校之間沒有任何圍牆或者圍籬,學校(包括學科教育、表演藝術教育、音樂教育,以及體育教育)、公園和商業中心(包含超級市場、藥房、洗衣店,以及兩三間速食餐廳的大型社區購物中心)沿著一條蜿蜒的主要街道而立,這條街道是社交的熱門場所(Brubaker,1998)。臺灣的發展,以宜蘭縣中小學為典範,30年前系列性逐年整修和新建中小學校舍與校園,大多數都採無圍牆的設計,讓學校與社區完全融合,也為臺灣921震災重建及新校園運動立下新標竿;2005年新成立的政大附中,無圍牆設計,校區與毗連公園整體規劃,爭取臺北市議會支持以抵費地經費興建二座社區與校園聯絡橋梁,並爭取重劃區支持以抵費地經費挹注校園夜間照明經費,以利校園全面且安全的開放供社區使用,也為無圍牆設計樹立新典範。2008年成立的新北市桃子腳國中小,其社區「參與式設計」,讓社區不老英雄參與造校工程,更為學校空間規劃樹立新範式。此外,也有學校提供校地作為社區道路系統,設置舒適的通學步道,或將學校圍牆透明化、矮化、綠美化,讓學校與社區結合;或將社區停車場與學校共構,並辦理媽媽教室、社區學苑或社區大學、社區美術館,以利社區社會教育和成人教育的推展,Lackney(2007)也強調要規劃學校使之成為社區的學習中心,並提供成人和社區教育之機會。還有,西湖和古亭國中、成德國小與市立圖書館合作,將校園閒置空間設置圖書分館或智慧圖書館,另立公部門合作,與社區資源共享新例。總之,學校建築與社區空間資源共享應具有「整體的」、「複合的」、「易近的」、「共享的」和「互惠的」的特性(湯志民、王馨敏,2000),讓學校成為與社區融合的社區學校(community schools)。這些事例,皆顯示校園空間規劃,尤其是校園開放,更能有效支持、促進與引領學校社區化、社區參與、社區學校之建構、發展與革新。

　　35 年前，第一次接觸「潛在課程」、第一次看到 Hall（1966）的《隱藏的空間》（*The Hidden Dimension*）、第一次聽到「環境心理學」、第一次走進「無圍牆學校」，心中有很大的震撼，最重要的是發現學校建築的空間、設備、情境和配置，不只是硬體的架構，還有許多軟體的內涵，觸動人性、引發互動、促進教學、引領革新、建構願景、象徵文化等，也在不斷的探索中，發現此領域的浩瀚與重要。

　　空間所建置的環境，具有境教的實質影響力，教育領導者的教育和辦學理念，可透過校園建築環境的規劃設計與布置，引領學校空間和教育革新與發展。惟，學校建築是跨領域的學科，既會涉及學校教育，也會涉及建築規劃，校園建築和空間規劃如偏向建築領域，則屬建築設計，建築營造則為土木工程；如偏向學校教育領域，則為教育設施、學習空間，屬教育行政或學校行政，而此跨領域觀念的融合、轉換和運用，相當困難。尤其是，空間領導又涉及教育行政和領導，將之與學校建築和校園規劃觀念整合，難度更高；難能可貴的是，空間領導歷經十多年的探究與發展，在空間領導理論、實證研究和實務推展上，已有相當豐碩的成果。更期待有志之士共同努力、持續開拓，以開創優質又具創意的教育、領導和環境。

第 2 章　教育設施與教育

適足的學校設施對於獲得教育機會的公平至為重要。

（Adequate and appropriate school facilities are essential to equitable access to educational opportunities.）

～M. Filardo and J. M. Vincent, 2017

美國州法院同意：學校設施影響教育品質和教育公平。

（state courts agree: school facilities impact education quality and equity）

～M. Filardo, J. M. Vincent and K. Sullivan, 2018

　　教育設施（educational facilities）是學校建築研究與實務推展常用的名詞，其雷同名詞有學校建築、學校設施、教育空間等。教育設施是指建構教學、學習和生活空間的校舍、庭園、運動場及其附屬建築與設備。廣義範疇，包括學校設施和校外教育資源與設施；狹義範疇，則與學校設施同義。本書論述以學校設施為主要範疇。教育設施品質（the quality of educational facilities）則為校舍、庭園、運動場和附屬設施所建構的教育環境，能符應或超越使用者的課程、教學、學習和生活需求之歷程。

　　過去教育設施不受重視，古雅典時代，通常一位教師和幾位學習者在開放的古神殿階梯上一起討論，即是學校之所在。隨著教學方法學、教育心理學、和學習心理學的推展，對現代教育思考「教育設施」有深度影響。今日學校建築在設計和功能上高度發展，不再只是使用者的庇護所，學校是一個完整的教育工具，用以支持廣泛多樣的學習經驗（Bauscher & Poe, 2018）。教育設施不僅影響教師的教學，也會影響學生的學業成就，以及師生的健康、態度、行為、留職和輟學等。因此，有效能的學校設施要能因應教育變革，更應以學習者為中心，提供健康、舒適、美觀、安全、方便、彈性、

無障礙、適齡、適當和公平的物質環境（Filardo & Vincent, 2017; Lackney & Picus, 2005）。值得思考的是，教師和學生不一定有機會處於教育設施品質優良之環境，甚至彼此之間有很大的落差，這會不會形成教育公平的問題？

Field、Kuczera 和 Pont（2007）指出教育上的公平（equity），包含公正（fairness）和包容（inclusion）兩個層面，公正指的是個人與社會環境，如性別、社經地位和種族來源，不應成為教育成就的障礙；包容指的是對所有人的均等，都可以達到最低標準的教育。Edley Jr 和 Kimner（2018）認為，公平包含了管道、機會和需求的理念，對教育公平（education equity）的承諾，首先要關注在重要的投入或結果之群體差距。根據郭丁熒（2010）之分析，學校教育的不公平存在於教育投入、過程和結果上，而「學校設備」是在教育投入中存在的教育不公平之一。

美加等先進國家對教育設施不公平問題甚為關注。以美國為例，K-12 公立學校設施經費主要由地方學區負擔，聯邦（平均支付 1%）和州（平均支出 18%，有 12 州不補助）補助很少。1973 年起，平權倡導者向 45 個州的法院控訴，有 17 個州法院審理了學校設施不公平（school facility inequity）投訴，認知到不良品質學校設施的不利影響，而學校設施的差距侵犯了學生的權利，因此美國州法院同意：學校設施影響教育品質和公平，同時也確定學校設施品質是不可或缺的基本教育經驗，故須改變州的學校設施資金公式，以減緩使設施不公平現象長期存在的機制（Filardo, Vincent, & Sullivan, 2018）。類此，加拿大英屬哥倫比亞省普羅維登斯（the British Columbia Providence）的法語學校管理委員會（Counceil Scholaire Francophone, CSF）和法語家長，為法語學生都在租賃的學校設施中，或在過時廢棄英語學校建築或設施中就學，控訴教育部應依《權利和自由憲章》第 23 條規定，提供獨立的法語學校，並比照英語學校給予相同的教育機會。2016 年，英屬哥倫比亞省最高法院判決教育部無理違反憲章第 23 條，要求教育部為 CSF 提供一個長期的、滾動的、安全的資金，以滿足其對全省資本項目的需求，並積極參與和解決 CSF 對空間需求（Earthman, 2017a）。

在臺灣，因少子女化學校整併，或因災害、環境汙染，學生被迫遷校，或因校舍老舊產生安全疑慮，時有爭議甚或抗爭，也都顯示大家都了解教育設施的重要，更要為孩子爭取優良的學習環境。各級教育機關對於教育設

施的維護、營運和新設施之建置，也多所努力，例如：行之多年的教育優先區計畫，協助離島、偏鄉、原住民或弱勢國中小充實學校基本教學設備、學校社區化活動場所、師生宿舍和學校交通車等；補助有災損或教學設施設備明顯不足之國中小，以及推展校園空間美學營造和中小學耐震補強等（教育部國民及學前教育署，2017、2018、2019a、2019b），以期提供健康、安全、舒適、公平的優質校園環境。教育設施與教育公平議題，雖受重視，學術論述卻難得一見。以下擬就教育設施品質與教育成效的關係、教育設施現代化與維護問題、教育設施公平的具體做法，分別探析，供教育主管機關和各級學校建置優質教育設施之參考。

第一節 教育設施品質與教育成效

學校的設施應該代表其教職員、價值觀和理念，如果學校領導者認為學生學習是重中之重，他們就不能低估整體物質環境的價值（SitelogiQ, 2020）。Ali、Khan 和 Ahmad（2020）即指出，學校建築的重要性從古至今都公認是人類的基本建築區塊，正因教師和學生在學習時間大多停留在學校建築中，沒有適當的校舍建築，教與學的過程是不完整的；因此，學校建築與學生學業成就有密切關係，具體要素包括建築年代、通風、採光、溫度、油漆時間表、牆壁色彩、天花板、園地、家具狀況、噪音的心理效應、過度擁擠的建築（學生數超過設計容量）等。這些學校建築具體要素，都是學校建築狀況或教育設施品質研究之重點。

1970 年代後期以來，許多研究探討中小學教育設施品質與師生教學、學習、成就、態度、行為等教育成效之關係。國外有 Chan（1979）、Cotterell（1984）、Edward（1991）、Berner（1993）、Earthman、Cash 和 Van Berkum（1996）、Hines（1996）、Lemasters（1997）、Lanham（1999）、O'Neill（2000）、Lewis（2000）、Yarbrough（2001）、Al-Enezi（2002）、Tanner 和 Langford（2003）、Branham（2004）、Buckley、Schneider 和 Shang（2004）、Bullock（2007）、Dura'n-Narucki（2008）、Bailey（2009）、Uline、Wolsey、Tschannen-Moran 和 Lin（2010）、Leigh（2012）、Ariani 和 Mirdad（2016）、Ford（2016）、Maxwell（2016）、Ahmodu、Adaramaja 和 Adeyemi（2018）、Ramli 和 Zain（2018）、

Lafortune 和 Schönholzer（2018）、Ali 等（2020）、Zakaria、Harapan 和 Puspita（2020）、Maisnam 和 Singh（2021）等一系列之實證研究，國內亦有湯志民（1991）、黃玉英（2004）、廖文靜（2011）、湯志民、呂思杰和楊茵茵（2020）、呂賢玲（2019）等之實證研究，以及 Weinstein（1979）、Tanner 和 Lackney（2006）、Earthman（2017b）、湯志民（2006a）之綜合文獻分析，Gunter 和 Shao（2016）的後設分析，都顯示教育設施品質與教育成效之間有正相關，亦即教育設施品質會影響學生的成就，也會影響到師生的態度和行為、師生的健康和社區教育公平之推展。

一、教育設施品質影響學生成就

國內外許多實證研究發現，教育設施品質影響學生成就。Bailey（2009）從五十四項學校建築狀況與學生成就的研究進行分析，研究支持 Lemasters（1997）之發現，學校設施狀況對學生表現有直接影響，亦即較新、維護良好的學校會有正向的影響，而較老舊、維護不良和非現代化學校對學生表現則會有不利的影響。

Uline 等（2010）探討學校設施狀況對學生和教師態度、行為之影響。該研究採用學校領導營造設計模式（school leadership-building design model），探索設施品質的六個特徵——動線、美學、光線、彈性和反映靈敏的教室、活動空間（elbow room）和安全—與學校氣氛（學業壓力、社區參與、教師專業化和同僚領導）的交互作用。研究證實，學校設施品質與學校氣氛之間存在中度到強度的關係，學校設施品質透過學校氣氛形塑，影響使用者的學習和表現。該研究更深入地了解學校的物質和社會環境之間的相互作用，以及這些動態如何影響學生的態度、行為和結果。

康乃爾大學（Cornell University）環境心理學家 Maxwell（2016）對 236 所紐約市中學進行研究發現，學校建築狀況與學校社會氣氛和學生出勤率有關。整體而言，以學生社經地位作為控制變項，學校物質環境透過學校社會氣氛和學生出勤率的中介作用，會影響學生學業成就，此一模式可以解釋 70% 的變異量。

Ford（2016）研究學校科學環境（教學設備、演示設備和物質設施）與學生科學態度（科學喜好、花在科學時間的重要性和科學的厭倦）之間的關

係。結果顯示科學教室狀況與學生態度之間有顯著相關。演示設備和物質設施對學生態度最有預測力。

Gunter 和 Shao（2016）的後設分析，以 ERIC、ProQuest 和論文摘要等七個資料庫和國家教育設施資訊交換所（National Clearinghouse for Educational Facilities, NCEF）網站，用建築狀況、建築品質或學校設施和學業成就或學業表現作關鍵詞，檢索 623 篇論文，經統計分析，學校建築狀況與學生表現之偏相關（rsp = 0.10）和二元相關（r = 0.12）很小，但達顯著，表示學校建築狀況與學生表現，確實存在一個小但總體上正相關的關係，支持了學校建築狀況與學生表現有相關之主張。

Ramli 和 Zain（2018）對馬來西亞吉蘭丹大學（The Universiti Malaysia Kelantan, UMK）城市校區 500 名學生進行研究發現，UMK 城市校區「系統管理」中的 e 化學習，「學習環境」中的教具和圖書館，以及「基礎設施」中的宿舍、體育設施、停車場和交通都對學生的學業成績有顯著影響。希望 UMK 了解對學生在教學、學習和校園生活中最重要的設施，並能提供城市校區與主校區一樣的設施。

Ali 等（2020）探究巴基斯坦開伯爾普赫圖赫瓦省（Khyber Pakhtunkhwa）南部地區 12 所公立中學（男女校各半）學校建築對學生學業成績的影響，研究發現學生的學業成績與學校建築有極顯著之關係。學校有更好和令人滿意的建築，為學生配備了所有設施則會有更好的學業成績，而學校建築陳舊過時會損及學生的學習表現和學業成績。因此，學校建築應列為更優先之等級，讓學生可在優良建築中有機會獲得更好的學業成就。

Zakaria 等（2020）探討印尼 1 所私立學校（SMA PGRI 2 Palembang）學習設施對學生成績之影響，以該校 10-12 年級 90 名學生為研究對象，學習設施包括教學工具、學習媒體、研究室和圖書館。研究發現，學習設施可以提高學生的成績。

Maisnam 和 Singh（2021）探析印度東北部曼尼普爾邦英帕爾東區（Imphal east district, Manipur state）17 所中學（5 所公立、12 所私立）物質設施對學生學業成績之影響。物質設施，如教師桌的適當安排、課桌椅、彩繪牆壁、白板、模型、圖表、投影機、適當的照明和通風、房間散熱器、定期供電、飲用水、櫥櫃等。公立中學物質設施不足，私立中學物質設施充足，2020 年期末考公立中學學生通過率為 12%，私立中學學生為 61%，亦

即物質設施對學生的學業成績有很深的影響。因此，應建立一個有效、管理良好、充滿活力和有利的課堂環境，以便教學過程可以成功和有效地進行。

廖文靜（2011）探討臺灣區公立普通高級中學學校設施品質與教育成果之關係，研究發現：(1) 學校設施品質與學生的學習態度呈中度正相關。「舒適的教室環境」、「良好的設施維護」和「完善的建築機能」等學校設施品質因素，能有效預測學生的學習態度。(2) 學校設施品質與學生偏差行為呈低度負相關。學校在「完善的建築機能」表現愈好，學生偏差行為就愈少。(3) 學校設施品質與學生學業成就呈低度正相關，「多元的學習空間」能有效預測學生學業成就。(4) 在學生學業成就上，學校設施品質對於基礎學力低的學校比基礎學力高者，有更大的正面影響力。(5) 學校設施品質對於學生學業成就的影響來自間接效果，由「教師態度」、「學生態度」和「學生偏差行為」扮演中介的角色。(6) 學校設施品質與教育成果關係的實證模式經驗證確立，學校背景變項影響學校設施品質，學校設施品質直接影響教師態度和學生態度，並以間接方式影響學生行為和學生學業成就。

湯志民等（2020）探討臺北市國民小學校長空間領導、教育設施品質與學生學習成效之關係。研究發現：(1) 校長空間領導與教育設施品質有中度正相關。(2) 教育設施品質中「良好的設施維護」能預測學生學習成效（數學和英語成績）。(3) 以基礎學力和學生社經地位為控制變項之路徑分析，校長空間領導對教育設施品質有直接影響，教育設施品質對學生學習成效（數學和英語成績）有間接影響。

雖然，有一些研究無法證實教育設施品質與學生成就有相關，但大多數的研究顯示教育設施品質會影響學生成就。

二、教育設施品質影響師生態度和行為

教育設施品質不僅影響學生的成就和出勤率，也會影響教師的教學、態度、行為和表現。Uline 等（2008）指出，如果學校建築物破舊且不適用，教師不太可能表現出對工作的熱情，當他們認為在品質不良的建築中教學時，也很難要他們更加努力地支持學生的學習。

Dura'n-Narucki（2008）探討紐約市曼哈頓區（Manhattan）95 所小學學校建築狀況、學生出勤率和學業成績之影響關係，以「學生出勤率」（學生

在一年中就讀的天數的平均百分比）為中介變項，以種族、社經地位、教師素質和學校規模作為控制變項。研究發現，學校建築狀況可以預測學生出勤率和學業成績，學生出勤率在學校建築狀況和學業成績之間具有中介作用，對英語語言藝術是完全中介，對數學成績為部分中介。

Leigh（2012）探討維吉尼亞州 2 所小學學校設施狀況與教師態度的關係，以「聯邦物質環境評估」（the Commonwealth Assessment of Physical Environment, CAPE）和「我的教室評估協議」（My Classroom Assessment Protocol, MCAP）作為研究工具。研究結果顯示，較新建築狀況優於較舊建築，在較新建築的教師對教室狀況、教室感受和教室狀況對學生學習的影響上，有更好的態度。總言之，教師的態度直接受到建築物內部狀況的影響。

在美國，教師離職對學校和學校行政人員來說是一個巨大的挑戰，特別是在大都市學區。Buckley 等（2004）以華盛頓特區（Washington, D.C.）K-12 教師 835 名為對象，研究學校設施品質對教師留職／離職之影響。研究發現，學校設施品質是教師對當前職位決定留職／離職（retention/attrition）的重要預測因素。Buckley 等人特別說明，許多因素會影響教師的留職，但教師大多數教學都是在特定的學校建築中進行，因此學校品質會影響教師的教學能力、教師的士氣，以及教師的健康和安全。最直接影響教師生活品質和教育成果的因素，包括室內空氣品質（IAQ）、溫度控制、教室自然採光、噪音水平和聲學。對此，華盛頓特區三分之二的教師表示學校的室內空氣品質不良；超過 20% 的教師表示無法透過教室窗戶看到日光，超過 21% 的教師說學校照明不足；近 70% 的教師表示他們的教室和走廊非常嘈雜，影響了他們的教學能力。研究建議，改善學校設施品質的經費雖然昂貴，此一教師留職策略可能比中長期增加教師的永久性工資，更具成本效益。

與教師留職有關的是組織承諾，廖文靜（2011）的研究也發現：學校設施品質直接影響教師態度，學校設施品質與教師的組織承諾呈中度正相關，「舒適的教室環境」、「充足的 e 化設備」和「完善的建築機能」等學校設施品質因素能有效預測教師的組織承諾。

顯見，提高教育設施品質是強化教師教學能力、留校服務、學生出勤等之有效條件。

三、教育設施品質影響師生健康

教師和學生在校期間，長時間待在校舍或教室中，室內環境的品質，對師生健康會有很大的影響。Bailey（2009）的研究顯示，學校設施狀況與師生的健康、行為、態度和缺勤有直接影響。

Fisk、Paulson、Kolbe 和 Barnett（2016）分析許多研究文獻指出，學校室內環境品質（如教室微生物汙染、通風率、溫度、噪音等）會影響師生健康、缺勤、認知、對話和學業成就。研究建議：(1) 保持通風率等於或高於適用標準的最低率；(2) 實施學校建築維護和防止潮濕和黴菌問題，以及發生問題快速補救；(3) 學校遠離主要道路和工業汙染源；(4) 儘量減少室內空氣汙染源，特別是燃燒汙染物和甲醛；(5) 將溫度保持在舒適區域內；(6) 避免嘈雜的加熱和冷卻系統，以及學校座落強噪聲源附近。

Filardo 等（2018）研究表示，不良或低於標準的學校建築和場地會對學校兒童和成人的健康產生負面影響，從而對學業成績產生負面影響；潮濕和黴菌在學校建築物中加劇了兒童和教師的哮喘症狀並導致缺勤；兒童和教師在新鮮空氣的環境中表現更佳；妥善規劃、設計和維護學校設施，可促進學校兒童和成人的健康、幸福和表現，甚至激勵兒童想要上學。

尤其是，室內空氣品質不良會對使用者的健康，產生不利的影響。根據美國環境保護署（The Environmental Protection Agency, EPA）網訊：室內空氣的汙染程度比室外空氣高 2-5 倍，大多數的孩子可能比一般人更容易受到室內空氣汙染物的影響；美國環保署說，在 K-12 學校（和其他封閉的室內空間），空氣品質差可能導致咳嗽、眼睛發炎、頭痛，甚至與哮喘和過敏有關的呼吸窘迫。這些問題會造成在校學生嚴重的學習障礙；此外，教師和教學者也會患病，並降低工作效能（Fickes, 2019）。

從上述的研究發現，教育設施品質——尤其是室內環境的溫度、通風、噪音、空氣品質等，對師生健康有顯著的影響。

四、教育設施品質促進社區教育公平

公立學校設施通常作為社區的中心，充當眾多社會服務計畫的「公平樞紐」（equity hubs）。聯邦政府資助的免費和優惠午餐計畫，2017 年在公立學校為家庭收入低於貧困 130% 的兒童提供膳食，這些計畫在預防肥胖和幫

助提高全國學業成就和整體兒童健康方面，有著良好的成果。以學校為基礎的健康診所有助於克服高貧困社區的健康不公平現象，學校課後照顧可以確保孩子安全，並讓父母繼續工作。安全、現代和健康的學校設施，對於這些和其他社會服務計畫的成功，極為重要（Filardo et al., 2018）。

Neilson 和 Zimmerman（2014）探討中小學興建方案對房價、學業成就和入學率的影響。以貧困都市學區的綜合學校興建執行方案為對象，研究發現，在建築入住後 6 年比建築入住前 1 年，學校興建增進閱讀分數 15% 標準差。此外，學校興建提高社區房價約 10%，並促進公立學校入學人數增加。

Filardo 等（2018）更進而強調，良好的學校設施可以激勵社區自豪感，幫助經濟困難的社區恢復財產價值。設計和建造新一代的學校建築，在面對自然災害時更安全、更健康、更環保、更具彈性。這些學校建築物可設計用於整個社區以及各年齡層的人，從日托照護幼兒到支持老年人的長照計畫；智慧社區可以透過建築共用來整合經費，將公立學校與公共圖書館、健康診所和基督教青年會（YMCA）鏈結起來。

可見，高品質的教育設施可以促進社區的教育公平，以美國為例：(1) 公立學校廚房和自助餐廳，每天提供 1,460 萬份學校早餐和 3,040 萬份午餐。每年提供 73 億份餐食；(2) 超過 200 萬名兒童在 49 個州的 2,134 所校本健康診所接受醫療保健；(3)740 萬名學齡兒童參加課後照顧計畫；(4) 超過 300 萬人在公立學校學習成人識字和針對英語非母語人士的英語課程（ESOL）；全國數以千計的學校被指定為自然災害的緊急疏散中心（Filardo et al., 2018）。由此顯見，學校教育設施在供餐、醫療保健、成人教育、防災避難上，對社區的教育公平扮演至為重要的角色。

總之，教育設施品質與教育成效之間有正相關，既會影響學生學業成績、教師教學、師生健康、社區教育公平，也會影響學生的行為、教師的留職和滿意度。Baker（2019）根據相關研究繪製概念模式，詳如圖 2 所示，並以此說明學校設施如何影響教職員（特別是教師）的態度和行為、學生的學業成果（包括身心健康和學業成績），以及對當地社區房產和整體生活品質之影響關係。Lafortune 和 Schönholzer（2018）之研究也發現，學校設施投資對學生和社區成果有影響，以美國洛杉磯聯合學區（Los Angeles Unified School District, LAUSD）為例，自 1997 年起興建和翻新了數百所學

校，並證明新的學校設施可以適度、逐步地提高學生的考試成績（數學、英語語言藝術），立即大幅提高學生出勤率，並顯著提高學生的努力程度，同時也使社區房價上漲。由此可知，教育設施的投資可促進教育成效、學校品質和社區發展，也是教育公平和教育機會均等的保障，實應重視，不可怠忽。

圖 2
學校設施影響師生態度、行為、健康、學業成果和社區房產之概念模式

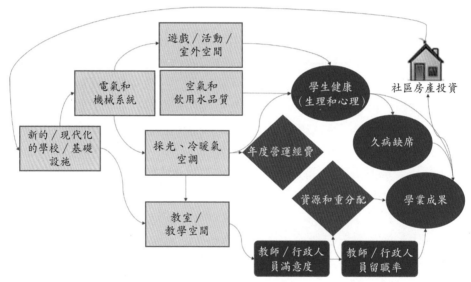

資料來源：*School finance 101: School facilities matter! In so many ways* (*How could they not?*), by B. D. Baker, 2019, August 27, National Education Policy Center. https://nepc.colorado.edu/blog/school-facilities-matter

第二節 教育設施現代化與維護問題

　　教育設施品質與教育設施現代化、維護有關。以下擬就教育設施現代化之問題、教育設施新建與維護費之問題，提供美國的經驗，再就臺灣教育設施維護之預算，說明臺灣面臨的問題。

一、美國的經驗

(一) 教育設施現代化之問題

　　教育設施的裝修、維護和更新，常見的用語有修建、改建和現代化，這些術語有不同的含義。Bauscher 和 Poe（2018）認為，修建（rehabilitation）是一種延期維護，學校建築簡單地恢復到建造時的狀態，更換舊設備和磨損部件，室內牆壁、地板和天花板經過重新粉刷和翻新，建築物的外部在需要的地方進行噴漆和重建，使其再次防風雨。這些變化基本上是裝修性質。改建（remodeling）比修復更進一步，還包括建築內任何空間的面積和形狀的增建，改建後的學校設施可以改善其功能和適用性。現代化（modernization）是指使現有學校設施在結構、技術、教育和環境方面，能與時俱進之歷程。在此歷程中，學校建築內的特定空間可能會被重新整修，以適應現代教育實務；磨損或過時的機械設備、結構的風化部分，以及難看／不安全的內裝，可以恢復到其原始狀態。現代化還包括安裝新技術設備、高效機械設備、電氣設備，以及在外牆和屋頂上添加節能材料。最後，現代化可以提供前瞻性的教育計畫，增進學生使用建築的健康和安全，並提供特殊教育服務。湯志民（2006a）指出，學校建築規劃的現代化，受新觀念（如無障礙環境、永續校園／綠建築、智慧建築、耐震設計等）不斷的延伸，以及新建材、新科技運用的影響。因此，教育設施現代化，就是要提供因應時代需求、與時精進，並能提高教學和學習效能的優質學校環境與設備。

　　當然，並非所有學生都會處於適當且公平的教育設施之中，Cheng、English 和 Filardo（2011）在對美國教育部卓越和公平委員會（U.S. Department of Education Excellence & Equity Commission）所提的「設施：公正和效果」（Facilities: Fairness & Effects）報告書中，開宗明義即言：

> 公立學校學生獲得適當設施方面的急劇差距，加上令人信服的證據顯示學校設施品質不良與學生成就有關，因此對美國教育不公平性質的任何調查，都必須包括了解公立學校設施的狀況、設計、使用和位置。（P. 1）

　　美國公立學校建築平均大約建於 1968 年，大部分的設計僅能滿足過時的建築規範和標準。美國土木工程師協會（The American Society of Civil Engineers）在其「2017 年基礎設施報告卡」（2017 Infrastructure Report Card）中，將美國公立 K-12 學校基礎設施評為「D +」等級（Filardo, Vincent, & Sullivan, 2019），其中 24% 評為普通至不良狀況（Enderle, 2019）。尤其是，有最嚴重設施需求的最貧困學區，過時和不健康的學校建築物耗盡了地區預算，並影響到學校氣氛和學生成就；還有，舊學校和維護較差的校舍建築也容易受到自然災害的影響，例如：2005 年卡崔娜颶風侵襲，導致路易斯安那州有 372,000 名學生流離失所（Filardo et al., 2019）。

　　Alexander 和 Lewis（2014）提出全美公立學校設施狀況的報告，研究調查全美 50 個州和哥倫比亞特區約 1,800 所公立學校的學區，研究結果：(1) 在公立學校永久性建築物，許多建築系統／特徵處於普通或不良狀況，如窗戶（32%）、管道／廁所（31%）、供暖系統、空調系統和通風／過濾系統（各 30%）、能源管理系統、安全系統和外部照明（各 29%）、屋頂、室內裝修／裝飾和內部通信系統（各 25%）、電氣系統（22%）、技術基礎設施（21%）；室內照明和生命安全功能（各 19%）、外牆／飾面（18%）和框架、地板和基礎（14%）。(2) 戶外功能的狀況在處於普通或不良狀況，如學校停車場和道路（36%）、公車道和下車區（31%）、戶外運動設施（31%）、有蓋走道（28%）、學校人行道和步道（27%）和室外遊戲區／遊戲場（27%）。(3) 60% 的公立學校有書面的長期教育設施計畫，17% 的公立學校目前正在進行大規模的修繕、更新或現代化工作，39% 的公立學校計畫在未來 2 年內進行主要的修繕／更新／現代化工作。(4) 主要教學大樓平均屋齡為 44 年，主要教學大樓更新平均發生在 12 年前，主要建築翻修或增建平均發生在 16 年前，主要教學大樓的平均功能年數（functional age）為 19 年。

　　從 Alexander 和 Lewis 的調查可知，教學大樓的平均功能為 19 年，但更新、更換或增建，都在 28-32 年之後，教育設施現代化延遲了 9-13 年之久，難怪美國土木工程師協會將公立 K-12 學校基礎設施評為「D +」等級，導致期盼改進教育設施品質，促進教育公平之呼籲，甚受重視，並積極尋求聯邦和州政府資金的挹注，以協助地方學區提升教育設施品質。

(二) 教育設施新建與維護費之問題

　　教育設施新建、修建、改建、更新與維護需要龐大的資金，資金需求評估、籌措、分擔和運用，甚為複雜。

　　Alexander 和 Lewis（2014）對全美公立學校設施狀況的調查，53% 的公立學校需要花錢進行修繕、更新和現代化，使學校的現場建築物達到良好的整體狀態；所需資金總額估計約為 1,970 億美元，需要花錢的學校平均每所學校 450 萬美元。

　　Filardo（2016）對全美 K-12 學校設施狀況研究報告指出，1994 年到 2013 年，為滿足公立幼兒園到高中入學率的成長，美國各地方學區努力營運、維護和現代化 K-12 學校設施。在這 20 年的時間裡，由於提高健康和安全標準、更多的無障礙需求、更多的科技使用和校內的增建計畫，使得學校設施的變革比任何時候都快。2014 年，美國全國、州和學區在維護和營運（養護）方面共花費 9,250 億美元，包含每日清潔、場地保養、維護、公用事業和設施安全。在這 20 年中，這一數額相當於每年平均養護近 460 億美元。從 2011-2013 年，每年增加支出至年平均 500 億美元。除了養護支出，各州和學區從 2014 年投資了 9,730 億美元（每年平均 490 億美元），用於新建學校設施和基建項目的資本預算，以改善現有學校。在過去 3 年（2011-2013 年），每年的總支出和投資總額接近 990 億美元（Filardo, 2016）。

　　根據適用於公立幼兒園到高中學校設施的標準，Filardo（2016）估計美國每年應花費約 1,450 億美元維護、營運和更新設施，以為所有兒童提供健康和安全的 21 世紀學習環境；其中，養護費按照 3% 的當前替換價值（current replacement value, CRV）標準，2014 年度地方學區每年需要花費 580 億美元來維護和營運公立學校設施，使其保持清潔和良好的運作；其次，在資本方面，每年需要花費約 770 億美元（占 CRV 的 4%），在其達到預期壽命期限時，定期升級現有設施系統、組件、固定裝置、設備和裝修；系統地減少積累的延期維護，並變通現有設施以因應不斷變化的教育要求；此外，每年至少需要 100 億美元用於新設施，以適應未來 10 年的入學人數，總計學校設施達現代化標準每年需要 1,450 億美元。Filardo（2016）將歷年支出與現代化標準進行比較，估計在設備養護方面短缺約 80 億美元，而基本建設則為 380 億美元。總的來說，美國在學校設施方面的支出每年不足 460 億美元，達 32%（參見表 2）。

表 2
美國對公立學校設施投資不足

		歷年支出	現代化標準	預計年度差距
幼兒園到高中學校設施	養護	500 億元	580 億元	80 億元
	資本建設	490 億元	770 億元	280 億元
	新設施		100 億元	100 億元
	合計	990 億元	1,450 億元	460 億元

資料來源：*State of our schools: America's K-12 facilities 2016* (p. 4), by M. Filardo, 2016, 21st Century School Fund.

鑑此，Filardo 等（2018）與其他人合作，對美國公立學校設施長期存在的結構性不公平現象，推出了「重建美國學校基礎設施聯盟」（[Re] Build America's School Infrastructure Coalition, BASIC）。BASIC 是一個由公民、政府和行業組織組成的無黨派聯盟，倡議聯邦資金幫助公立學區，實現現代化和建設公立學校設施，並強調所有師生都應處於健康、安全和適合教育的現代化學校設施中，這是最基本的（BASIC）。Filardo 等（2019）指出，美國人強烈支持更多聯邦基礎設施支出，「政治／哈佛」（Politico / Harvard）2019 年的一項民意調查發現，66% 的美國人，都認為聯邦在公立學校建築上投資「極為重要」。2019 年，美國 116 屆國會提出法案，在未來 10 年內投入 1,000 億美元的聯邦資金，供各州用於資助最窮困的地區和最需要的學校設施。

二、臺灣面臨的問題

根據 Filardo（2016）之研究，美國在 1994-2013 年這 20 年期間，全美各州的 K-12 教育設施維護和營運支出大都呈現增加狀態。若以每名學生、總面積每平方英尺所分到的金額做比較，各州年度平均維護和營運支出差距極大。2013 年，每名學生分到維護和營運金額最高的是阿拉斯加州（$2,096）、紐澤西州（$1,923）、紐約州（$1,759）；相對最低的是猶他州（$614）、愛達荷州（$639）、北卡羅萊納州（$733）。2014 年，總面積每平方英尺所分到的維護和營運金額，最高的是紐澤西州（$13.25）、紐

約州（$10.68），最低的是愛達荷州（$3.66）、猶他州（$3.85）。

　　就臺灣而言，根據教育部（2019a）教育統計資料，106 學年度（2017-2018）資本門（含養護、基本建設、新設施）年平均，國民中小學每生新臺幣 6,725 元，高級中等學校每生新臺幣 18,693 元，與美國 K-12 學校設施僅「養護費」（維護和營運）一項，年平均每生高達 1,038 美元（新臺幣 32,552 元），兩相比較相去甚遠。其次，就校舍總延面積（即校舍各層樓面積之總和）年平均經費，以資本門（含養護、基本建設、新設施）年平均核計，國民中小學校舍建築面積每平方公尺（m^2）新臺幣 398 元，高級中等學校校舍建築面積每平方公尺（m^2）新臺幣 786 元，與美國 K-12 學校設施僅「養護費」（維護和營運）一項，年平均每平方英尺高達 6.64 美元（新臺幣 2,241 元），兩相比較落差極大。由此可知，臺灣中小學教育設施維護預算明顯短絀，根據實務經驗，各縣市囿限維護預算，現有中小學教育設施仍以個別設施安全維護和維持基本功能為優先，能提升到全校設施美化、優化或現代化者，相當有限。

　　須提的是，當居於世界領導地位的美國，都一再檢討 K-12 學校設施處於不適當和公平的狀況下，臺灣對於中小學學校設施的維護、營運、興建，使之現代化，讓學生和教師能在健康、安全、適合教育的現代化優質教育設施中教育、生活和學習，尤其是去除城鄉中小學設施的差距，以建立公平優質的教育環境是值得大家關切與努力的。

第三節　教育設施公平的具體做法

　　Schneider（2002）說得好，我們已經知道需要什麼：清新的空氣、良好的光線，以及安靜、舒適和安全的學習環境；這在現有有限的知識、技術和材料即可實現，它只需要足夠的資金和合格的設計、施工和維護。Earthman（2017b）的研究指出，處於良好或不良狀況的建築中的學生成就分數差異在 5-10% 之間，與學生學習的總體差異相比可能看起來很小，但 Berliner（2014）認為學校變量只占學生成績差異的 20% 左右，而父母、社區和其他校外因素占總差異的 60% 以上。Earthman（2017b）強調，與可歸因於學校的 20% 差異（包括學校建築、教師品質和流動、學校系統的財務穩定性，以及學校課程和服務等），那麼建築狀況所占的 5-10% 的變異量看起來比

最初想像的重要得多，而且學校建設狀況是學校當局負責並可以改善的。

正因如此，教育設施的重要、品質，掌握教育主管機關和學校的認知和作為，應當下立斷，即知即行。為增進教育設施品質，以促進教育公平，以下提出五項教育設施公平的具體做法（湯志民，2019b），以供教育有關人員參考。

一、規劃平權校園空間，需以人為中心設計

學校是育人場所，也是「人─境」互動的生活空間，更是師生、同儕教學和學習互動的重要環境。教育設施之公平，要從「人」的需求去思考，才能創造教育平權的校園環境。

「人」有幾種？將焦點轉移至學校生活空間中，在熱鬧的校慶活動中，可以看到許許多多「人」，有「在校師生」、有「校友」，有「教師」、有「學生」，有「男生」、有「女生」，有「同儕團體」、有「私密友伴」，有「行動不便者」、有「行動無礙者」，有「教職員生」、有「社區人士」……，大家齊聚一堂，一起歡慶，共同憶往，校園環境老樹舊舍，甚至一石一木，都能成為彼此心靈共鳴契合的交錯點。學校空間規劃設計應以「人」為中心，細思使用者（User, U）的時間（Time, T）、空間（Space, S）和行為（Behavior, B）之關係，自有不同的「人─境」互動需求（湯志民，2000）。

例如：學校有「教師」和「學生」，有教學和學習環境需求，要能兼顧平衡設計，避免失之偏廢；學校有「男性」和「女性」，會有不同的性別需求，自應依《性別平等教育法》規劃及建立性別平等之安全校園和學習環境。學校有「同儕團體」和「私密友伴」，需要彼此交流，要設計人性化生活空間，增進師生與同儕的互動。學校有「行動無礙者」和「行動不便者」，需有無障礙校園環境，自應依建築法規設置無障礙校園設施，建置有愛無礙校園環境。學校有「教職員生」和「社區人士」，需要資源共享，應推展學校與社區融合，讓學校成為社區中心，彼此共存共榮。學校有「單一族群」和「多元族群」，需有多元文化環境，增進文化交流，促進族群融合。過去，「學生」、「女性」、「私密友伴」、「行動不便者」、「社區人士」、「多元族群」的校園空間和設施，較易被忽視，現在仍需努力，以建置校園平權空間，促進教育設施公平。

二、調查教育設施狀況，建立長期發展資訊

　　教育設施從計畫、規劃、設計、興建、營運，歷程漫長而繁複，橫跨教育、文化、建築、工程、環保、財政、都市計畫等領域，不論是維護、營運、修建、改建、更新或新建設施，都涉及到學校建築生命週期、財政計畫和經費預算，需依教育設施狀況研訂教育設施中長程發展計畫，以逐步落實和執行，以確保教育設施品質和教育成效。就臺灣而言，學校建築耐震補強，縝密的調查鑑定、逐年編列預算執行，提供教育設施安全的教育環境。無障礙設施，透過立法，逐年列預算，系統改善，甚受重視；性別平等空間，礙於性別平等和教育空間的專業性，要有效推展，尚需時日。

　　根據研究，學校建築狀況有分為不良（poor）、普通（fair）和優良（excellent）（Edward, 1991），低於標準、符合標準和高於標準（Bullock, 2007; Earthman et al., 1995），適當和不適當（Lemasters, 1997），較新、較老舊，維護良好、維護不良，現代化和非現代化（Bailey, 2009），非現代化與現代化和更新建築（Maxwell, 1999）。學校具體建築特性，包括建築年代、溫度控制、室內空氣品質、採光、色彩、噪音和聲學控制、教室密度、彈性的教室配置、教學社群、科學實驗室、大型會議室、活動空間（elbow room）、安全、裝修、美學和整體印象，以及更換儲物櫃和教室家具、便捷的動線、積極的戶外空間、充足的出口和視野等。

　　這些對學生的學業成就，教師的教學，師生的健康、態度和行為有影響的教育設施狀況和具體建築特徵，實值調查。特別是，臺灣中小學學校建築，有不少是日治時代興建，光復之後迄今七十多年歷史，鋼筋混凝土（RC）造的校舍建築，耐用年限 55 年，目前有不少教育設施亟待維護、修建和改建。教育主管當局應積極進行全國性或縣市級中小學教育設施狀況調查，建立資料庫，以供研訂教育設施中長程發展計畫，以及維護、修建和改建實務推動和教育設施研究之參考。

三、配合課綱規劃空間，重視設施教育效能

　　課程、教學、學習為教育空間最核心的功能，學校建築不僅是「建築」與「工程」，而要使之更像「學校」與「教育空間」，強化其「課程」、「教學」和「學習」功能，才能使之成為真正 21 世紀的教育設施。108 新課綱

於 2019 年正式上路，本於全人教育的精神，以「自發」、「互動」及「共好」為理念，強調學生是自發主動的學習者，並以「核心素養」作為課程發展之主軸，以裨益各教育階段間的連貫，以及各領域／科目間的統整（教育部，2014）。

108 課綱對學校空間影響最大的是高中的校訂課程（包括校訂必修課程、選修課程、團體活動、彈性學習時間）、國中小的彈性學習課程等，相應的主題／專題／議題探究教室、跨班或跨領域／科目專題教室、實作（實驗）教室、探索體驗教室、社團活動教室、學生自治活動（如班聯會、畢聯會）教室、學校特色活動空間，以及因應多元教學模式與活動、學生主動學習、教師專業發展等的多元教學和學習空間、教師專業發展社群教室、觀課教室等，可參考湯志民（2017）之研究建議規劃設置。

近幾年，許多中小學因應新課綱之發展如火如荼，克盡心力，限於對教育設施空間影響之認識，鮮少觸及教育設施之規劃和運用。廖文靜（2011）的研究發現「在學生學業成就上，學校設施品質對於基礎學力低的學校比基礎學力高者，有更大的正面影響力」；亦即，學校設施品質對於社區高中的學生學業成就影響，更大於對明星高中學生的影響。這表示，社區高中學校設施品質的提升，對學生的學習更有價值，值得關注。此外，「學校設施品質直接影響教師態度和學生態度」、「學校設施品質對於學生學業成就的影響來自間接效果」，由「教師態度」、「學生態度」和「學生偏差行為」扮演「中介的角色」（廖文靜，2011），也都顯示教育設施因應課綱規劃與運用，提升教育效能的重要。

四、設備標準與時俱進，循序漸進因應未來

教育設施規劃與興建，需有標準參照，各國皆然，一則以確保教育設施設置的公平性，更重要的是能符應課程、教學與時代進展之需求。教育設施品質與學校建築狀況會影響教育成效，相關研究提出的分類，如低於標準、符合標準和高於標準，或現代化和非現代化，基本上都會涉及學校建築與設備標準或基準的參照。因此，學校建築與設備標準或基準的研訂，自會成為教育設施公平與適當的基礎和保證。

　　基本上，學校建築與設備標準或基準的研訂和修正，應與時俱進，才能使教育設施現代化立基。以臺灣而言，因應 108 課綱於 2019 年推動，《國民小學及國民中學設施設備基準》、《普通型高級中等學校設備基準》，分別於 2019 年 7、8 月修正公布，以回應新課綱之需求。例如：國中小普通教室室內面積由 67.5m^2 調高為 72m^2；桌面照度由 350 勒克斯（Lux）調高為 500 勒克斯（Lux），黑板照度由 500 勒克斯（Lux）調高為 750 勒克斯（Lux）；國中小專科教室，依課程列名（增加多目的空間和特色教室），教室數量大致量增並增加設置彈性（如 0-1 間、1-2 間或 2-3 間）；演藝廳空間規劃以 300 人或容納一個年級學生為原則；體育館面積 800-1,600m^2（簡易體育館面積 800m^2）；高中增列多用途專科教室，面積 45、90、135 或 180m^2 可彈性規劃。這些教室空間變大、視覺環境優化、新課程彈性空間和增加大型活動空間，皆有助於師生的健康、舒適，以及教學和學習效能。惟，國中小教師辦公室每間容納 15 人，較為擁擠；Lackney 和 Picus（2005）即提及，為教師提供專業空間的趨勢也已出現，教師辦公空間（含桌面和儲藏、電話／傳真和資訊科技）是教師專業發展的必要條件，可供參考。

　　此外，學校建築與設備標準或基準的研訂，除依新課程需求之外，仍有許多考量，如數位科技、工程技術、綠建築、複合經營之進展，特別是教育革新理念，如自主學習、體驗學習、主題課程、智慧教育、融合教育、性別友善、環保觀念等，都會帶來很多空間與設施的新觀念。因此，學校建築與設備標準或基準應定期研修，與時俱進，以因應時代進展和未來發展之需求。

五、建置現代化的設施，促進學校設施品質

　　Taylor 和 Enggass（2009）將教育空間和學習環境稱之為「三度空間的教科書」（the three-dimensional textbook），並強調建築師和教育人員應以「慧眼」（knowing eye）作整體創意的設計。教育設施現代化正是力求整體性創意設計，使現有學校設施在結構、技術、教育和環境上能與時俱進。例如：美國，21 世紀學校基金、加州大學伯克利分校城市＋學校中心、全國學校設施委員會及美國綠色學校中心，於 2016 年共同啟動了「PK-12 基礎設施初步規劃」（Planning for PK-12 Infrastructure Initiative, P4si

Initiative），P4si 計畫的目標：加快改革和改進 PK-12 基礎設施系統的努力，為所有孩子提供健康、安全、教育適宜、環境永續，以及社區共享的公立學校建築和場地（Filardo & Vincent, 2017）。

就臺灣而言，如何借鏡？除了新設校之外，如何現代化以促進教育設施品質？運用使用者參與和學校氣氛，是很好的策略。例如：臺北市 2005 年起推動優質化工程，每校 1,500-5,000 萬元，整體改善高中職和國中小學校園環境，並透過校園營造之歷程（湯志民，2018a），讓親師生和社區參與，共同營造具有安全健康、人文藝術、自然科技和學習資源的現代化優質校園；還有，教育部 2006 年起推動國中小營造空間美學與發展特色學校，與臺北市優質學校校園營造有異曲同工之妙。這種透過使用者參與，營造利於課程、教學與學習環境氛圍，有助於教育設施品質之提升，實值學習。

教育設施與教育公平，涉及十分龐雜的問題。從上述探討可知，教育設施品質或學校建築狀況，影響學生學業成就、教師教學、師生健康和社區教育公平，教育設施的價值和重要性，以及對教育的影響，實值重視。

尤其是，教育設施品質的提升與教育設施現代化、維護有關，而教育設施新建、修建、改建、更新與維護更需要龐大的資金，資金需求評估、籌措、分擔和運用，甚為繁雜，借鏡美國的務實檢討，並爭取國會議員之支持，在未來 10 年內投入 1,000 億美元用於 K-12 公立學校設施建設和現代化，值得學習。

為增進教育設施品質，以促進教育公平，有五項教育設施公平的具體做法：(1) 規劃平權校園空間，需以人為中心設計；(2) 調查教育設施狀況，建立長期發展資訊；(3) 配合課綱規劃空間，重視設施教育效能；(4) 與時俱進修訂標準，循序漸進因應未來；(5) 建置現代化的設施，促進學校設施品質。這些可供教育有關人員參考。

最後，我想說的是，「事在人為，人定勝天」，只有關愛教育的大人們，認知教育設施和環境的重要，重視教育設施品質對教育的影響，並戮力創建品質優良的校園環境與設施，促進教育公平，這會是令人引頸期待的教育園地！

第3章 新課程空間規劃

我們今日面臨的挑戰是，教育的世界已經全然改變，惟我們還大量地使用著支持工業革命學習模式的設施，而這些設施無法符合今日或明日的教育需求。

（Our challenge today is the world of education has completely changed and we are hindered by a tremendously large stock of facilities that supportan industrial revolution learning model that does not meet today's or tomorrow's educational needs.）

～ T. Jimenez-Eliaeson, 2016

工業革命時代，實施大眾教育的中小學，學生的學習皆建基於教師教學模式，學校設計所建置的走廊和盒子（教室），對此教學模式更是推波助瀾，每個盒子都有一排排的課桌椅，教室前有一張老師辦公桌；而今，先前採用的「黑板和講述」（chalk and talk）方式，已延伸修正為學生進入多樣的場地和空間，探究手上有的議題，讓學生花些時間離開學校環境——確實在「真實生活」（real life）情境中學習，大量的主題式學習，學生團隊通常是跨學科（如科學、數學、英語），這些活動需要更彈性的空間。學習空間超越標準教室，而有不同的型態。有團體集會的大空間、有用以非正式學習和對話的小型親密空間（smaller intimate spaces），同時也注意到室外環境——可提供豐富的學習機會，尤其是關於環境和自然，不再只是「牆對牆」（wall to wall）的思考，所有的這些發展都已牽動學校的設計（Architectus, 2017）。Blake（2014）指出，美國有很多地方的教育建設仍是設置單一規格通用學校（one-size-fits-all schools），新的模式是設置較小、更多種多樣的學習環境，讓家長、老師和學生對何時、何地和如何產生學習有更多選擇；這樣的改變，一則因認知學生有不同的學習，也需要批判思考和創造力之能力，才能成功於 21 世紀，另一則是在教學上更重視跨科

的合作，讓學校的學習更生活化。

　　近十幾年，少子女化、高齡化、多元文化、國際化、生態化、數位化等社會環境新脈絡，不僅影響教育的創新發展和課程改革，也影響到教育空間的規劃與發展。2014年，臺灣正式推動十二年國民基本教育，並公布《十二年國民基本教育課程綱要—總綱》於108學年度起自國民小學、國民中學及高級中等學校一年級開始實施（簡稱108新課綱）（教育部，2017年4月28日）。同年，教育部制定實驗三法並於2018年修正公布，包括《學校型態實驗教育實施條例》、《高級中等以下教育階段非學校型態實驗教育實施條例》、《公立高級中等以下學校委託私人辦理實驗教育條例》，落實《教育基本法》鼓勵政府及民間辦理教育實驗。臺灣的教育和課程改革，往前大步邁進，未來也將促動教育空間新規劃的發展。

　　新教育、新課程會促動教育新空間的規劃與發展。芬蘭2016年全面推出新的中小學課綱，未來學校教學重心，會從數學、歷史等傳統科目，轉移到更廣泛的、跨領域主題上，新課綱的總目標在培養孩子跨領域的能力（吳怡靜，2016），很明顯的，會逐漸取消傳統科目教室和實驗室的設置，增加跨領域主題教室的規劃，以及學生個別學習和小團體協作、研討空間。歐洲，華德福學校是著名的學校改革實驗之一，重視學生身心靈全方位成長，教育依四季的節奏採四學期制，推展週期課程（主課程、主題課程）、副課程、節慶活動等，並要求家長投入與關照學生（宜蘭縣立慈心華德福教育實驗高級中等學校，2022），教育空間上依循教育理念發展有機校園，對臺灣的另類教育、實驗與創新教育、非學校型態教育等，有很大的影響。另一個與華德福學校齊名，但臺灣較陌生的是耶拿實驗學校（Jena-Plan School），採混齡和主題教學，對話、戲劇、工作和慶典是教學四種基本形式，教育空間希望營造像一個家一般溫馨，學校活動與家庭、社區緊密結合。美國瑟谷學校（Sudbury Valley School）在教育形式上自由開放，沒有課程、沒有老師、有學生、有學習，有美國的夏山學校之稱，學生混齡自治、自由探索、自主學習，校園環境與設施清幽雅致，值得一探。

　　新課程空間規劃擬就十二年國教課程新發展、課程與教育空間規劃、108新課綱與空間規劃等三方面加以論述。

第一節　十二年國教課程新發展

　　十二年國民基本教育之課程發展本於全人教育的精神，以「自發」、「互動」及「共好」為理念，強調學生是自發主動的學習者，學校教育應善誘學生的學習動機與熱情，引導學生妥善開展與自我、與他人、與社會、與自然的各種互動能力，協助學生應用及實踐所學、體驗生命意義，願意致力社會、自然與文化的永續發展，共同謀求彼此的互惠與共好。依此，108 新課綱以「成就每一個孩子──適性揚才、終身學習」為願景，兼顧個別特殊需求、尊重多元文化與族群差異、關懷弱勢群體，以開展生命主體為起點，透過適性教育，激發學生生命的喜悅與生活的自信，提升學生學習的渴望與創新的勇氣，善盡國民責任並展現共生智慧，成為具有社會適應力與應變力的終身學習者，期使個體與群體的生活和生命更為美好（教育部，2014a）。

　　為落實十二年國民基本教育課程的理念與目標，108 新課綱以「核心素養」作為課程發展之主軸，以裨益各教育階段間的連貫以及各領域／科目間的統整。「核心素養」是指一個人為適應現在生活及面對未來挑戰，所應具備的知識、能力與態度。「核心素養」強調學習不宜以學科知識及技能為限，而應關注學習與生活的結合，透過實踐力行而彰顯學習者的全人發展。十二年國民基本教育之核心素養，強調培養以人為本的「終身學習者」，分為三大面向：「自主行動」、「溝通互動」、「社會參與」，三大面向再細分為九大項目：「身心素質與自我精進」、「系統思考與解決問題」、「規劃執行與創新應變」、「符號運用與溝通表達」、「科技資訊與媒體素養」、「藝術涵養與美感素養」、「道德實踐與公民意識」、「人際關係與團隊合作」、「多元文化與國際理解」（教育部，2014a）。以下就 108 新課綱的課程類型、校訂課程、教學實施和教師專業發展，分別說明之。

一、課程類型

　　十二年國民基本教育課程類型區分為二大類：「部定課程」與「校訂課程」（如表 3 所示），茲說明如下（教育部，2021a）：

(一) 部定課程

部定課程由國家統一規劃,以養成學生的基本學力,並奠定適性發展的基礎。在國小及國中為培養學生基本知能與均衡發展的「領域學習課程」。在高級中等學校為部定必修課程,其可包含達成各領域基礎學習的「一般科目」,以及讓學生獲得職業性向發展的「專業科目」及「實習科目」。

(二) 校訂課程

校訂課程由學校安排,以形塑學校教育願景及強化學生適性發展。在國小及國中為「彈性學習課程」,包含跨領域統整性主題／專題／議題探究課程,社團活動與技藝課程,特殊需求領域課程,以及服務學習、戶外教育、班際或校際交流、自治活動、班級輔導、學生自主學習、領域補救教學等其他類課程。在高級中等學校則為「校訂必修課程」、「選修課程」、「團體活動時間」(包括班級活動、社團活動、學生自治活動、學生服務學習活動、週會或講座等)及「彈性學習時間」(包含學生自主學習、選手培訓、充實(增廣)／補強性課程及學校特色活動)。其中,部分選修課程綱要由領域課程綱要研修小組研訂,作為學校課程開設的參據。

表 3
各教育階段課程類型

教育階段 \ 課程類型		部定課程	校訂課程
國民小學		領域學習課程	彈性學習課程
國民中學			
高級中等學校	普通型高級中等學校	一般科目 專業科目 實習科目	校訂必修課程 選修課程 團體活動時間 彈性學習時間
	技術型高級中等學校		
	綜合型高級中等學校		
	單科型高級中等學校		

資料來源:十二年國民基本教育課程綱要—總綱(頁 9),教育部,2021a,**國家教育研究院**。https://www.naer.edu.tw/upload/1/16/doc/288 /(111 學年度實施)十二年國教課程綱要總綱 .pdf

　　十二年國民基本教育課程依據全人教育之理念，配合知識結構與屬性、社會變遷與知識創新及學習心理之連續發展原則，將學習範疇劃分為八大領域，提供學生基礎、寬廣且關聯的學習內涵，獲得較為統整的學習經驗，以培養具備現代公民所需之核心素養與終身學習的能力。部分領域依其知識內涵與屬性包含若干科目，惟仍需重視領域學習內涵。國民小學階段，以領域教學為原則；國民中學階段，在領域課程架構下，得依學校實際條件，彈性採取分科或領域教學，並透過適當的課程設計與教學安排，強化領域課程統整與學生學習應用；高級中等學校教育階段，在領域課程架構下，以分科教學為原則，並透過跨領域／科目專題、實作／實驗課程或探索體驗等課程，強化跨領域或跨科的課程統整與應用。十二年國民基本教育各教育階段共同課程之領域課程架構，如表 4 所示。

二、校訂課程

　　就國中小而言，領域課程綱要可以規劃跨科統整型、探究型或實作型之學習內容，發展學生整合所學運用於真實情境的素養。國中小的校訂課程即「彈性學習課程」，國小每週有 2-7 節，國中每週有 3-6 節，由學校自行規劃辦理全校性、全年級或班群學習活動，提升學生學習興趣並鼓勵適性發展，落實學校本位及特色課程。依照學校及各學習階段的學生特性，可選擇統整性主題／專題／議題探究、社團活動、技藝課程（可設作物栽種、創意設計與製作課程）、特殊需求領域課程或是其他類課程（包括本土語文／臺灣手語／新住民語文、服務學習、戶外教育、自治活動、學生自主學習等）進行規劃。本土語文／新住民語文課程，應依學生實際需求，選擇閩南語文、客語文、原住民族語文、閩東語文或新住民語文（以東南亞地區的新住民語文為主）其中一項進行學習。

　　高級中等學校的校訂課程包括「校訂必修課程」、「選修課程」、「團體活動時間」、「彈性學習時間」，茲以高中為例說明之（教育部，2021a）：

(一) 校訂必修課程

　　校訂必修課程，高中 4-8 學分，由學校課程發展委員會依據學校願景與特色發展自主規劃開設之校本特色課程，以通識、知識應用或校本特色課程

表 4

各教育階段領域課程架構

教育階段		國民小學			國民中學	高級中等學校
階段年級		第一學習階段	第二學習階段	第三學習階段	第四學習階段	第五學習階段（一般科目）
領域		一　二	三　四	五　六	七　八　九	十　十一　十二
部定課程	語文	國語文	國語文	國語文	國語文	國語文
		本土語文 臺灣手語 新住民語文	本土語文 臺灣手語 新住民語文	本土語文 臺灣手語 新住民語文	本土語文 臺灣手語	本土語文 臺灣手語
			英語文	英語文	英語文	英語文
						第二外國語文（選修）
	數學	數學	數學	數學	數學	數學
	社會	生活課程	社會	社會	社會	社會
	自然科學	生活課程	自然科學	自然科學	自然科學	自然科學
	藝術	生活課程	藝術	藝術	藝術	藝術
	綜合活動	生活課程	綜合活動	綜合活動	綜合活動	綜合活動
	科技				科技	科技
	健康與體育	健康與體育	健康與體育	健康與體育	健康與體育	健康與體育
						全民國防教育
校訂課程		彈性學習必修／選修／團體活動	彈性學習課程			校訂必修課程 選修課程 團體活動時間 彈性學習時間

資料來源：十二年國民基本教育課程綱要—總綱（頁 10），教育部，2021a，**國家教育研究院**。https://www.naer.edu.tw/upload/1/16/doc/288 /（111 學年度實施）十二年國教課程綱要總綱 .pdf

為原則，不得為部定必修課程之重複或加強。校訂必修課程係延伸各領域／科目之學習，以專題、跨領域／科目統整、實作（實驗）、探索體驗或為特殊需求者設計等課程類型為主，用以強化學生知能整合與生活應用之能力。例如：英語文寫作專題、第二外國語文、自然科學實驗、社區服務學習、戶外教育體驗課程、公民實踐、學習策略、小論文研究、本土語文／臺灣手語、議題探索或特殊需求領域課程等。

(二) 選修課程

選修課程，高中 54-58 學分，選修包括加深加廣、補強性及多元選修課程，由學生自主選修。其中，多元選修由各校依照學生興趣、性向、能力與需求開設，至少 6 學分，可包括本土語文／臺灣手語、第二外國語文（含新住民語文）、全民國防教育、通識性課程、跨領域／科目專題、實作（實驗）及探索體驗、大學預修課程或職涯試探等各類課程。學校提供學生跨班自由選修課程，開設之選修總學分數，應達學生應修習選修學分數之 1.2-1.5 倍；選修科目每班開班人數最低以 12 人為原則，情形特殊或各校經費足以支應者，得降低下限至 10 人，並得辦理跨校選修。

(三) 團體活動時間

團體活動時間，高中每週 2-3 節，包括班級活動、社團活動、學生自治活動（如班聯會、畢聯會等）、學生服務學習活動、週會或講座等。

(四) 彈性學習時間

彈性學習時間，高中每週 1-3 節，依學生需求與學校條件，可安排學生自主學習、選手培訓、充實（增廣）／補強性教學或學校特色活動等。其中，學校特色活動依據學生興趣與身心發展階段、學校背景與現況、家長期望、社區資源辦理的例行性或獨創性活動，如教學參觀、媒體識讀、學習成果發表、節日慶祝、健康體適能、國內外交流、聯誼活動、校際活動、始（畢）業活動、親職活動及其他創意活動。

高級中等學校教育階段各類型學校課程規劃，如表 5 所示。

表 5

高級中等學校教育階段各類型學校課程規劃

課程類別 / 學校類型		普通型高級中等學校	技術型高級中等學校	綜合型高級中等學校	單科型高級中等學校
部定必修	一般科目（包含高級中等學校共同核心34學分）	120 學分	68-78 學分	50 學分	50 學分
	專業科目 實習科目	—	45-60 學分	—	—
	學分數	120 學分	113-138 學分	50 學分	50 學分
校訂必修及選修	一般科目 專精科目 專業科目 實習科目	校訂必修 4-8 學分	42-79 學分（各校須訂定2-6學分專題實作爲校訂必修科目）	校訂必修 4-12 學分 一般科目	校訂必修 45-60 學分 核心科目
		選修 54-58 學分		校訂選修 120-128 學分	選修 72-87 學分
	學分數	62 學分	42-79 學分	132 學分	132 學分
應修習學分數（每週節數）		182 學分（30-32 節）	180-192 學分（30-32 節）	182 學分（30-32 節）	182 學分（30-32 節）
每週團體活動時間（六學期每週單位合計）		2-3 節（12-17 節）	2-3 節（12-18 節）	2-3 節（12-17 節）	2-3 節（12-17 節）
每週彈性學習時間（六學期每週單位合計）		1-3 節（11-16 節）	0-2 節（4-12 節）	1-3 節（11-16 節）	1-3 節（11-16 節）
每週總上課節數		35 節	35 節	35 節	35 節

資料來源：十二年國民基本教育課程綱要—總綱（頁 14），教育部，2021a，**國家教育研究院**。https://www.naer.edu.tw/upload/1/16/doc/288 /（111 學年度實施）十二年國教課程綱要總綱 .pdf

三、教學實施

　　為實踐自發、互動和共好的理念,教學實施要能轉變傳統以來偏重教師講述、學生被動聽講的單向教學模式,轉而根據核心素養、學習內容、學習表現與學生差異性需求,選用多元且適合的教學模式與策略,以激發學生學習動機,學習與同儕合作並成為主動的學習者。教師教學實施重點說明如下(教育部,2021a):

(一) 教學準備與支援

　　教師應分析學生學習經驗、族群文化特性、教材性質與教學目標,提供符合學生需求的學習內容,並規劃多元適性之教學活動,提供學生學習、觀察、探索、提問、反思、討論、創作與問題解決的機會,以增強學習的理解、連貫和運用。

(二) 教學模式與策略

　　1. 教師應依據核心素養、教學目標或學生學習表現,選用適合的教學模式,並就不同領域／群科／學程／科目的特性,採用經實踐檢驗有效的教學方法或教學策略,或針對不同性質的學習內容,如事實、概念、原則、技能和態度等,設計有效的教學活動,並適時融入數位學習資源與方法。

　　2. 為促進本土語文／臺灣手語／新住民語文課程之學習,其教學語言應以本土語言／臺灣手語／新住民語言的單語為主,雙語為輔,並注重目標語的互動式、溝通式教學,以營造完全沉浸式或部分沉浸式教學。

　　3. 教師應依據學生多方面的差異,包括年齡、性別、學習程度、學習興趣、多元智能、身心特質、族群文化與社經背景等,規劃適性分組、採用多元教學模式。

　　4. 教師宜適切規劃戶外教育、產業實習、服務學習等實地情境學習,以引導學生實際體驗、實踐品德、深化省思與提升視野。

　　5. 為增進學生學習成效,具備自主學習和終身學習能力,教師應引導學生學習如何學習,包括動機策略、一般性學習策略、領域／群科／學程／科目特定的學習策略、思考策略,以及後設認知策略等。

四、教師專業發展

　　教師是專業工作者，需持續專業發展以支持學生學習。教師專業發展內涵包括學科專業知識、教學實務能力與教育專業態度等。教師應自發組成專業學習社群，共同探究與分享交流教學實務；積極參加校內外進修與研習，不斷與時俱進；充分利用社會資源，精進課程設計、教學策略與學習評量，進而提升學生學習成效。教師專業發展實施重點如下（教育部，2021a）：

(一) 教師可透過領域／群科／學程／科目（含特殊需求領域課程）教學研究會、年級或年段會議，或是自發組成的校內、跨校或跨領域的專業學習社群，進行共同備課、教學觀察與回饋、研發課程與教材、參加工作坊、安排專題講座、實地參訪、線上學習、行動研究、課堂教學研究、公開分享與交流等多元專業發展活動方式，以不斷提升自身專業知能與學生學習成效。

(二) 為持續提升教學品質與學生學習成效，形塑同儕共學的教學文化，校長及每位教師每學年應在學校或社群整體規劃下，至少公開授課一次，並進行專業回饋。

(三) 教育主管機關與學校應支持並提供教師專業發展之相關資源，如安排教學研究會或教師專業學習社群的共同時間、支持新進教師與有需求教師的專業發展，提供並協助爭取相關設備與經費等資源。

(四) 教育主管機關與學校應鼓勵並支持教師進行跨領域／群科／學程／科目的課程統整、教師間或業師間之協同教學，以及協助教師整合與運用教育系統外部的資源，例如：社區、非營利組織、產業、大學院校、研究機構等資源，支持學生多元適性的學習。

(五) 學校應鼓勵家長會成立家長學習社群或親師共學社群，定期邀請家長參與教師公開授課或其他課程與教學相關活動，建立親師生共學的學校文化。

第二節　課程與教育空間規劃

　　課程與教育空間的關係密切，以下就課程的結構與類型、課程與教育空間規劃的關係、課程新發展與學校新教育，分別說明之。

一、課程的結構與類型

課程是實現教育目標所設計的重要活動，學校課程結構可分為「實有課程」（being curriculum）和「虛無課程」（null curriculum），「實有課程」含括「顯著課程」（explicit curriculum）和「潛在課程」（hidden curriculum），「顯著課程」包含「正式課程」（formal curriculum）和「非正式課程」（informal curriculum），以及對應此兩者之學校本位課程（school-based curriculum）和空白課程（blank curriculum）。

學校課程的類型，林本和李祖壽（1970）將之分為六種：科目本位課程、相關課程、融合課程、廣域課程、核心課程、經驗本位課程（詳見圖3）。黃光雄和蔡清田（2015）將之歸納為三種：科目課程、核心課程和活動課程。黃政傑（1991）認為課程組織的型態很多，但最基本的可分為二種（詳見圖4）：

(一) 以知識為中心

以知識為中心的組織為了吸引學生的興趣，並促進知識之利用，常要以興趣、需求（含個人及社會）和問題來輔助。亦即，興趣、需求及問題本身不是目的，而是引導學生追求知識的手段。以知識為中心的課程類型，由左到右為統合的知識、廣域課程、融合課程、相關課程、科目課程、專門的知識，代表知識領域的界線愈來愈清楚。中學以上課程可採知識中心。

(二) 以人類事務為中心

以興趣、需求及問題為中心的基本型態，往往要借用各領域的知識，以滿足需求和興趣，解決遭遇的問題，因此知識本身不是目的，而是人類事務的手段。以人類事務為中心的課程類型，由左到右為個別兒童、設計教學法、興趣中心、需求中心、社會功能中心、社會問題中心、社會。小學課程可採人類事務中心。

十二年國民基本教育的 108 新課綱，由核心素養出發，希望透過學校本位課程發展（school-based curriculum development），鼓勵學校進行課程發展，期望教師進行教學創新與課程設計（黃光雄、蔡清田，2015）。國中小在領域學習課程之外，也重視彈性學習課程；高中職在部定課程（包括一般

科目、專業科目、實習科目）之外，更重視校訂課程（包括校訂必修課程、選修課程、團體活動時間、彈性學習時間），希冀由過去過度重視知識中心的課程與教學，能從九年一貫課程，高中 95 暫綱、99 課綱，到 108 新課綱，逐漸轉型並重視學生的經驗、活動和自主學習。

圖 3
學校課程六種類型

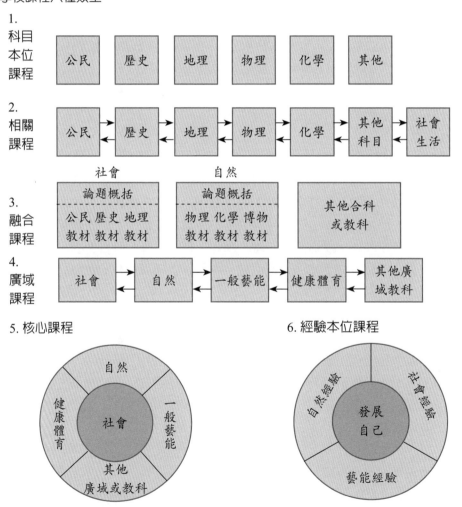

資料來源：課程類型，林本和李祖壽，1970。載於王雲五主編（1970），**雲五社**
會科學大辭典（第八冊）：教育學（頁 134），商務印書館。

圖 4
學制與課程組織型態

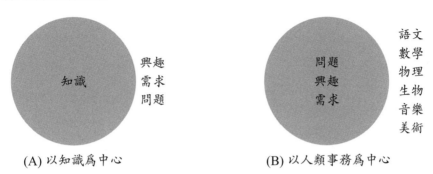

(A) 以知識為中心　　　　　(B) 以人類事務為中心

基本的課程組織型態

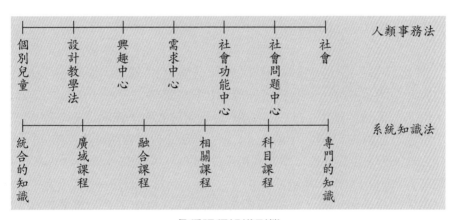

各種課程組織型態

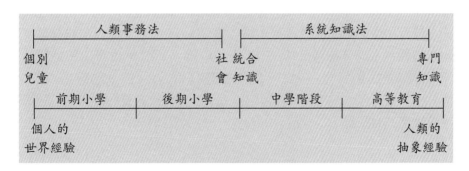

學制與課程組織型態

資料來源：**課程設計**（頁 302），黃政傑，1991，東華書局。

二、課程與教育空間規劃的關係

教育空間（或教室）的種類和課程內容有關，教育空間（或教室）的數量和課程時數或班級上課時數有關，茲說明如下（湯志民，2014）：

(一) 課程內容和教育空間（或教室）的種類有關

學校為何會要有自科實驗室、音樂教室、美術教室、電腦教室？答案似乎很簡單：「因為有自然（或物理、化學、地科、生物）、音樂（聽覺藝術）、美術（視覺藝術）、資訊課程。」有課程就需有相應之教室（或空間），當然有些課程所需教室（或空間）與設備接近，則可用同一教室——如國、英、數都在普通教室上課，或共用專科教室——如數學、社會運用多功能教室（如臺北市南湖國小的未來教室）。因此，課程內容會影響和決定教育空間（或教室）的種類。

(二) 課程時數或班級上課時數和教育空間（或教室）的數量有關

教育空間（或教室）的數量計算要以課程時數或班級上課時數作為依據，例如：48 班的國中：(1) 資訊課，要到電腦教室上課，每班時數 1 節／週，每週總節數計 48 節（1 節 ×48 班），每間教室每週可排節數 25 節／週（每週 5 天，每天 5 節；空間利用率 71.43%，空間轉換率 28.57%），所需電腦教室間數 2 間（48 節／25 節≒ 2 間）。(2) 英語課，每班英語時數 3 節／週，如果其中 1 節要到英語情境教室上課，則英語教室需求數為 2 間（同電腦教室之計算）；如其中 2 節要到英語情境教室上課，每週需求總節數計 96 節（2 節 ×48 班），每間教室每週可排節數 25 節／週（每週 5 天，每天 5 節），所需英語教室數為 4 間（96 節／25 節≒ 4 間）；如全都要到英語情境教室上課，每週需求總節數計 144 節（3 節 ×48 班），每間教室每週可排節數 25 節／週，所需英語教室間數 6 間（144 節／25 節≒ 6 間）。其他各科，以此類推。因此，課程時數或班級上課時數會影響和決定教育空間（或教室）的數量。

湯志民（2014）更進而說明教育空間大小（面積、容量）和教學人數、教學方法（活動）有關，教育空間形狀（長方形、正方形、扇形、圓形）和

教學方法（活動）有關，教育空間（或教室）的配置與設備和學生學習方式、動線、需求、動機和時間有關，教育空間的多元變化（多樣空間）和學生生活、探索有關。至於，教育空間營運模式（配置、運用、關係）和課程分科與選修、教室和教學資源的運用關係、學習者和環境之主被動關係有關。課程、教學、學習與教育空間規劃之關係，如表6所示。

表6
課程、教學、學習與教育空間規劃之關係

教育空間規劃	課程、教學、營運
空間種類（性質、功能）	課程內容
空間數量（間數）	班級上課時數
空間大小（面積、容量）	教學人數、教學活動
空間形狀 （長方形、正方形、扇形、圓形）	教學方法（活動）
空間（或教室）的配置和設備	學生學習方式、動線、需求、動機和時間
空間的多元變化（多樣空間）	學生生活、探索
空間營運模式（配置、運用、關係）	課程分科和選修 教室和教學資源的運用關係 學習者和環境之主被動關係

資料來源：**校園規劃新論**（頁38），湯志民，2014，五南圖書公司。

　　正因為教育空間規劃和營運，與課程、教學、學習之間有密切的關係，因此 Taylor（2009）將教育空間和學習環境稱之為「三度空間的教科書」（the three-dimensional textbook）（參見圖5），其中教育空間和學習環境設計要素（指標），包括基本需求、發展需求、當地文化、課程和教學（含內容、教學策略、評量標準）、學習歷程和多元智慧、學習的分類（學習的經驗系統）、用後評估；而學習環境反映基本需求，然後成為一個環境的教學／學習工具，學習環境和設計要素（指標）之間，則彼此互動成為一個循環系統。

圖 5
三度空間的教科書

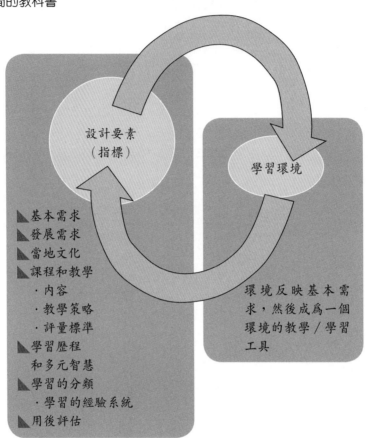

設計要素
（指標）

學習環境

▲ 基本需求
▲ 發展需求
▲ 當地文化
▲ 課程和教學
　・內容
　・教學策略
　・評量標準
▲ 學習歷程
　和多元智慧
▲ 學習的分類
　・學習的經驗系統
▲ 用後評估

環境反映基本需
求，然後成為一個
環境的教學／學習
工具

資料來源：From *Linking architecture and education: Sustainable design for learning environments* (p. 136), by A. Taylor and K. Enggass, 2009, University of Mexico Press.

三、課程新發展與學校新教育

　　學校教育對照課程結構，在實有課程之下，主要為正式課程、非正式課程和空白課程（如上課時間的自習課、或下課的自由活動）。正式課程、非正式課程的課程類型──可概分為科目本位課程、相關課程、融合課程、廣域課程、核心課程、經驗本位課程。

　　國中小 108 新課綱，領域學習課程（部定課程）、彈性學習課程（校訂課程）在課程類型上各有偏重，前者偏向科目知識，後者較重活動和經驗；高中職 108 新課綱的部定課程（包括一般科目、專業科目、實習科目）屬科目課程，校訂課程（包括校訂必修課程、選修課程、團體活動時間、彈性學習時間）偏向跨領域／主題的相關課程、融合課程、廣域課程、核心課程、經驗本位課程，重視學生的經驗、活動和自主學習。

　　在課程組織型態上，普通中小學大都以知識為中心來發展與設計課程；而芬蘭中小學、耶拿實驗學校、華德福學校等課程組織型態，都是以人類事務為中心（兒童中心或學生中心），採主題和經驗或活動課程，重視學生興趣、社會問題解決；美國瑟谷學校則完全以學生為中心，善用空白課程，由學生自治、自主學習。不論是必修或選修，在選課、排課上，普通中小學大都以班級為中心（即以班級為單位），而中學課程改革，導致以班級為中心的選課、排課，改為以課程為中心的選課、排課，學生自由選課，每人一張課表，而有學科型教室之規劃與設置。

　　108 新課綱將促動臺灣中小學新課程和新教育的發展，類此新課程和學校新教育，如芬蘭中小學、耶拿實驗學校、華德福學校、瑟谷學校、芬蘭無年級制、韓國學科教室制、日本教科教室型、中國走班制等，有許多課程新觀念和教育成效值得參考與學習。茲將課程結構、課程類型、108 新課綱、普通中小學和學校新教育，在課程組織以知識中心或學生中心，在選課／排課以班級中心或課程中心之關係，整理如表 7 所示。

第三節　108 新課綱與空間規劃

　　學校空間的種類和數量，需因應課程內容、課程時數（或班級上課時數）加以計算，相當複雜，教育主管當局才會制定設備標準或基準，以供學校規劃與興建校園建築之參考，如《國民中小學設備基準》2002 年公布、《普通高級中學設備標準》1999 年公布，因應 95 暫綱和 98 課綱新課程實施，於 2005、2009 年分別修正公布，此即反映，課程會改變教室（或空間）需求；反之，改變教室（或空間）也會影響課程實施，此即空間領導，亦即校園空間規劃，能有效支持、促進與帶動學校本位課程、正式課程、非正式課程、潛在課程、空白課程的建構、發展與革新（湯志民，2008a）。

表7
課程新發展與學校新教育之關係

課程結構	實有課程							空白課程
	正式課程／非正式課程							空白課程
課程類型	科目課程	相關課程	融合課程	廣域課程	核心課程	經驗課程	上課（自習）／下課	
國中小108課綱	領域學習課程／彈性學習課程							學生自治活動 學生自主學習
高中職108課綱	一般科目／專業科目／實習科目	校訂必修課程 選修課程 團體活動時間 彈性學習時間						
知識中心	普通中小學			芬蘭中小學 耶拿實驗學校 華德福學校			學生中心	美國瑟谷學校
班級中心	普通中小學			芬蘭無年級制 韓國學科教室制 日本教科教室型 中國走班制			課程中心	

資料來源：課程新發展與教育空間規劃，湯志民，2017a。載於中華民國學校建築研究學會（主編），**學校建築與課程發展**（頁20-21）。作者。

　　108新課綱以「核心素養」作為課程發展之主軸，強調學習不宜以學科知識及技能為限，而應關注學習與生活的結合，透過「自主行動」、「溝通互動」、「社會參與」，踐行學習者的全人發展，培養以人為本的「終身學習者」因應108新課綱所需教育空間應如何妥適規劃，以發揮108新課綱課程、教學和學習效果，值得關切。尤其是，新課綱的國中小「彈性學習課程」、高中「校訂必修課程」、「選修課程」、「團體活動」和「彈性學習時間」的空間規劃如何相應？還有，提供多元適性之教學活動，營造完全沉

浸式或部分沉浸式教學，以激發學生學習動機，學習與同儕合作並成為主動的學習者，空間規劃又應如何因應？教師專業發展社群教室、觀課教室等，應如何規劃設置？以下分就國中小彈性學習課程、高中校訂課程與空間規劃，以及教師專業發展空間規劃舉例說明之，以供中小學規劃與設置 108 新課綱所需教育空間之參考。

一、國中小「彈性學習課程」與空間規劃

108 新課綱國中小校訂課程即「彈性學習課程」，包括跨領域統整性主題／專題／議題探究課程、社團活動、技藝課程（可設作物栽種、創意設計與製作課程）、特殊需求領域課程，以及本土語文／新住民語文、服務學習、戶外教育、班際或校際交流、自治活動、班級輔導、學生自主學習、領域補救教學等其他類課程，學校空間應如何規劃設置？

以本土語文／新住民語文課程為例，國小各年級列為部定課程每週各 1 節課，可結合其他領域，實施跨領域主題統整課程教學，如與「彈性學習課程」的跨領域統整性主題／專題／議題探究課程結合加 1 節，則每年級每週有 2 節課之需求，本土語文／新住民語文結合多元文化主題探索，可稱「多元文化與語言探索課程」，空間可稱為「多元文化教室」（或語文情境教室、鄉土語文教室、母語教室等）。在教室數量上，以 48 班國小為例，每班「多元文化與語言探索課程」時數 2 節／週，如果其中 1 節要到「多元文化教室」上課，則「多元文化教室」需求數為 2 間，計算方式：每班時數 1 節／週，每週總節數計 48 節（1 節 ×48 班），每間教室每週可排節數 25 節／週（每週 5 天，每天 5 節；空間利用率 71.43%，空間轉換率 28.57%），所需教室間數 2 間（48 節／25 節≒2 間）。如其中 2 節要到「多元文化教室」上課，每週需求總節數計 96 節（2 節 ×48 班），每間教室每週可排節數 25 節／週（每週 5 天，每天 5 節），所需「多元文化教室」數為 4 間（96 節／25 節≒4 間）。其他班級數，以此類推。多元文化教室數量需求推估，參見表 8。須注意的是，教室設置受校地、預算之限制，多元文化教室如有不足，可視實需增減該教室使用節數，並以普通教室調節。在空間和設備上，多元文化探索教室 1 間的面積，比照專科教室面積，為普通教室的 1.5-2 倍（約 $105m^2$-$140m^2$），學生在內上課應有適足座位，座位形

式可以彈性設計,並提供至少1個小組討論區,展示櫃以開放型為原則,重點物件可有專屬燈,但不宜過度設置,學生的研究成果可成為該教室豐富和更新的學習內容,增加學生的參與、激勵成就和認同感。

再以技藝課程(可設作物栽種)為例,如臺北市推動田園城市,學校依政策和課程需要設置小田園,並運用校舍屋頂或學校畸零地規劃設置小田園。如國中小列入108新課綱「彈性學習課程」的技藝課程,國小以3年級為對象,國中以7年級為對象,可融入綜合活動(國小每週2節,國中每週3節)或自然科學課程(國中小每週3節),從中抽取部分課程時間,前幾週集中課時(如1節或2節課),之後可用下課前10分鐘,學生也可運用課餘時間照顧和學習。在空間和設備上,小田園空間用1-4間教室面積(約70m²-270m²),園地分班分組管理,應請專業人員或老師指導設置,搭配志工(退休老師、家長或社區熱心人士)定期指導或協助照顧,考慮周邊設備(如工具間、休息棚等),水源結合雨水回收的雨撲滿更佳,小田園採收的蔬菜瓜果,可義賣增添弱勢生急難救助基金,或為營養午餐加菜,讓小朋友嘗鮮增添趣味和成就感。

表8
多元文化教室數量需求推估

項目	每週	6班	12班	18班	24班	30班	36班	42班	48班
多元文化探索教室	1節	1間	1間	1間	1間	1-2間	2間	2間	2間
	2節	1間	1間	1-2間	2間	2-3間	3間	3-4間	4間

註:每間教室每週可排節數25節/週。教室不足,可視實需增減使用節數,並以普通教室調節。

二、高中「校訂課程」與空間規劃

高中校訂課程時數比國中小高很多,校訂必修課程4-8學分,選修課程54-58學分,團體活動每週2-3節,彈性學習時間每週2-3節,課程內容有許多可融通,如專題探究或跨領域／科目專題、實作(實驗)、探索體驗,以及跨班、跨領域／科目專題、社團活動、學校特色活動等。以下就高中校

訂必修課程、選修課程、團體活動、彈性學習時間與空間規劃，分別舉例說明之。

(一) 校訂必修課程與空間規劃

高中 108 新課綱「校訂必修課程」4-8 學分，包括專題探究或跨領域／科目專題、實作（實驗）、探索體驗等，學校空間應如何規劃設置？

以專題探究為例，屬跨領域／科目專題性質，可與跨班、跨領域／科目專題、實作（實驗）、社團活動、學校特色活動等結合，如以高一、高二學生為對象，專題探究 1 學分（每週 1 節），結合跨班、跨領域／科目專題 1 學分（每週 1 節）、社團活動每週 1 節（隔週排課，當週 2 節）、學校特色活動每週 1 節，在高一、高二開設「創客專題探索課程」，空間可稱為「創客探索教室」（或創客主題教室、專題探索教室、專題探索實驗室等）。

在教室數量上，以 48 班高中為例，高一、高二計 36 班，校訂必修專題探究 1 學分（每週 1 節）計 36 節空間需求，高一、高二計有 2 班選修跨班、跨領域／科目專題 1 學分（每週 1 節）計 2 節空間需求，高一、高二計有 2 班社團活動（創客社團）每週 1 節（隔週排課，當週 2 節）計 4 節空間需求，高一、高二有 6 班參與創客特色活動每週 1 節計 6 節空間需求，每週總節數計 48 節，都要到「創客探索教室」上課，則「創客探索教室」需求數為 2 間。計算方式：每週總節數計 48 節〔1 節 × 36 班（高一、高二必修）+1 節 × 2 班（高一、高二選修）＋ 2 節 × 2 班（高一、高二社團，隔週排課）＋ 1 節 × 6 班（高一、高二學校特色活動）〕，每間教室每週可排節數 25 節／週（每週 5 天，每天 5 節；空間利用率 71.43%，空間轉換率 28.57%），所需教室間數 2 間（48 節／25 節≒ 2 間）。其他班級數和校訂課程需求，以此類推。創客探索實驗室數量需求推估，參見表 9。須注意的是，教室設置受校地、預算之限制，創客探索實驗室如有不足，可視實需增減該教室使用節數，並以普通教室調節。在空間和設備上，創客探索教室 1 間的面積，比照專科教室面積，為普通教室的 1.5-2 倍（約 105m^2-140m^2），學生在內上課應有適足座位，座位形式可以彈性設計，並以小團體實作和討論需求為主，教學和學習設備以數位科技設備和可操作實作（實驗）設備為主，包括電腦、3D 列印、機器人、程式設計、擴增或虛擬實境

（AR、VR），並注意設置電源插座、水槽等配套設施，展示櫃以開放型為原則，重點物件可有專屬燈，但不宜過度設置，學生的研究成果屬較優成品可成為該教室展示品，以增加學生的學習興趣和成就感。

表9
創客探索教室數量需求推估

項目	每週	高一高二修課班數	12-18 班	21-30 班	33-45 班	48-72 班
創客探索實驗室	校訂必修1節	全部	1 間	1-2 間	2 間	2-3 間
	選修1節	2 班				
	社團活動1節	2 班				
	學校特色活動1節	6 班				

註：每間教室每週可排節數 25 節／週。教室不足，可視實需增減使用節數，並以普通教室調節。

(二) 選修課程與空間規劃

高中 108 新課綱「選修課程」54-58 學分（高一合計 2-10 學分），包括本土語文、第二外國語文（含新住民語文）、通識性課程、跨領域／科目專題、實作（實驗）及探索體驗、大學預修課程或職涯試探等各類課程，選修總學分數應達學生應修習選修學分數之 1.2-1.5 倍，選修科目每班開班人數最低以 12 人為原則，情形特殊或各校經費足以支應者，得降低下限至 10人，並得辦理跨校選修，學校空間應如何規劃設置？

選修課比校訂必修課複雜，師資、空間數量、大小和設備會影響選修課的開設數量和多樣化，有些學校開不出多樣化選修課程，除師資受限外，學校空間與設備是很大的影響因素。以高一選修課為例，108 新課綱高一選修 2-10 學分，高一上開 5 學分，星期一至星期五每天開 1 學分選修課，如有 10 班 190 人修課，需開出 12 門至 15 門課（應開學分數

之 1.2-1.5 倍），讓學生可以跨班選修。學校空間需求，如以各班自己的普通教室計 10 間為基礎，則需要再找 2 至 5 間因應課程、人數需求的空間和設備教室，如 10 間普通教室的 10 門選修課，有 3 門需要專門的設備，則要再另覓 3 間專科教室因應。為增加師資調配和空間運用效能，在策略上，可將 10 班選修分 A（1-5 班）、B（6-10 班）二群組開選修課（群組也可作為類組，群組可開相同或不同的選修課），星期一到星期五選修課也可相互重疊，讓學生有多次多樣的選修機會。例如：星期一開 6 門選修課、星期二開 7 門選修課、星期三開 8 門選修課、星期四開 6 門選修課、星期五開 7 門選修課，師資不足或空間與設備不足，則每天開相同 6 門課，星期二、三、五再多加不同選修課；如師資足、空間與設備足，則可開更多不同選修課，讓課程多樣化。其次，排課時間與教室數量有關，如 A、B 群組交錯排課，則同一空間（如專科教室、會議室、校本課程教室、特色活動教室、視聽教室、演藝廳等）可重複運用，亦即運用排課技巧，可增加空間的使用效能，避免教室空置。此外，學生選課人數與教室空間大小有關，選修課學生需求不一，少則 15 人／門（學校經費足夠可降至 10 人／門開課），多則百人，配合選課人數需有不同空間大小的教室，如普通教室、專科教室可容納 1 個班，會議室可容納 30 人、校本課程教室可容納 50 人、視聽教室可容納 100 人、演藝廳可容納 300 人。還有，教學和學習的內容與設備有關，如實驗課要有實驗教室、創客探索需要操作要有創客探索實驗室、律動課要有韻律教室、樂團課要有樂團教室、戲劇課教室要有舞臺等。為進一步理解選修課程與學校空間配置，茲以上述高一 10 班 190 人，高一上選修 5 學分為例，為利師資調節和益增空間使用效能，分 A（1-5 班）、B（6-10 班）二群組開選修課，時間安排在每天第 6、7 節課，星期五開在第 5、6 節（第 7 節供社團活動團課用），選修 5 學分星期一到星期五分別開設 1 至 6、1 至 7 和 1 至 8 門選修課，學生較喜歡的選修課星期一到星期五可重複開設，讓學生有多次多樣的選修機會，因選課人數每天不同，需依課程內容、選修人數配置教室，為了解一位高一學生星期一到星期五選修 5 學分課程的位置，特以黑底註記，以明梗概。高一選修課程、人數與學校空間配置，詳見表 10。

表 10

高一選修課程、人數與學校空間配置舉隅（10 班，190 人，高一上 5 學分）

	星期一		星期二		星期三		星期四		星期五	
	A（1-5班）	B（6-10班）	A（1-5班）	B（6-10班）	A（1-5班）	B（6-10班）	A（1-5班）	B（6-10班）	A（1-5班）	B（6-10班）
第1節										
第2節										
第3節										
第4節										
第5節									A1-7	
第6節	A1-6		A1-7		A1-8		A1-6			B1-7
第7節		B1-6		B1-7		B1-8		B1-6		
普A/B	A1(15)	B1(15)	A1(15)	B1(15)	A1(15)	B1(15)	A1(20)	B1(20)	A1(15)	B1(15)
普A/B	A2(15)	B2(15)	A2(15)	B2(15)	A2(15)	B2(15)	A2(20)	B2(20)	A2(15)	B2(15)
普A/B	A3(15)	B3(15)	A3(20)	B3(20)	A3(15)	B3(15)	A3(30)	B3(30)	A3(20)	B3(20)
普A/B	A4(15)		A4(20)		A4(15)	B4(15)	A4(30)		A4(20)	
普A/B		B4(20)		B4(20)	A5(15)	B5(20)	A5(20)	B4(30)		B4(20)
專科教室					A6(20)	B6(20)				
專科教室			A5(30)	B5(30)					A5(30)	B5(35)
會議室（30人）		B5(20)	A6(15)	B6(20)	A7(20)	B7(20)		B5(25)	A6(20)	B6(20)
校本課程教室（50人）	A5(20)									
特色活動教室（90人）									A7(70)	B7(65)
視聽教室（100人）			A7(75)	B7(70)	A8(75)	B8(70)	A6(70)	B6(65)		
演藝廳（300人）	A6(110)	B6(105)								

註：1. 高一計 10 班，分 A（1-5 班）、B（6-10 班）二群組開選修課。

2. A1-6、1-7、1-8：代表為 A（1-5 班）群開 6 門、7 門、8 門選修課，以 A1、A2、A3、A4、A5、A6、A7、A8 代表當天不同選修課。

3. B1-6、1-7、1-8：代表為 B（6-10 班）群開 6 門、7 門、8 門選修課，以 B1、B2、B3、B4、B5、B6、B7、B8 代表當天不同選修課。

4. A1(15)：代表 A1 有 15 人選課，餘類推。

5. 普 A/B：代表 A 群組用自己的普通教室；B 群組用自己的普通教室。

6. 專科教室：代表物理、化學、生物、地科、生科、音樂、美術、家政、資訊等教室。

7. 會議室（30 人）：代表會議室可容納 20-30 人上課，餘類推。

8. 校本課程教室（50 人）：代表依校訂課程或學校發展所需設置的教室，如創客探索實驗室等屬之，可容納 50 人。

9. 特色活動教室（90 人）：也是依校訂課程或學校發展所需設置的教室，如樂團練習教室，可容納 90 人。

10. A6(110)、A3(20)、A8(75)、A4(30)、A5(30)：代表高一某位學生星期一到星期五，選修 5 學分的課程。

資料來源：課程新發展與教育空間規劃，湯志民，2017a。載於中華民國學校建築研究學會（主編），**學校建築與課程發展**（頁 27-28）。作者。

　　再以高二 10 班，190 人，高二上選修 10 學分為例，為利師資調節也分 C（1-5 班）、D（6-10 班）二群組開選修課，高二通常依一類組（人文社會組）、二類組（理工自然組）、三類組（生科自然組）分組選修，C、D 二群組可依此分組開選修課，10 學分星期一至星期五每天要開 2 學分選修課，時間安排 C 群組每天第 2、3 節開選修課，D 群組每天第 4、5 節開選修課，星期五分別開在第 1、2、3、4 節（第 7 節供社團活動團課用），都與高一的選修課時間錯開，以增加空間使用效能。選修 10 學分星期一到星期五 C、D 群組分別開設 1 至 6、1 至 7 和 1 至 8 門選修課，同一天同組的 2 節（如星期一 C 群組第 2、3 節可以都是同一門課），學生較喜歡的選修課星期一到星期五可重複開設，增加學生選修機會。高二選課人數每天不同，也需依課程內容、選修人數配置教室，為了解一位高二學生星期一到星期五選修 10 學分課程的位置，特以黑底註記，以明梗概。高二選修課程、人數與學校空間配置，詳見表 11。

表 11

高二選修課程、人數與學校空間配置舉隅（10 班，190 人，高二上 10 學分）

	星期一 C(1-5班)	星期一 D(6-10班)	星期二 C(1-5班)	星期二 D(6-10班)	星期三 C(1-5班)	星期三 D(6-10班)	星期四 C(1-5班)	星期四 D(6-10班)	星期五 C(1-5班)	星期五 D(6-10班)
第1節									Ca1-7	
第2節	Ca1-6		Ca1-7		Ca1-8		Ca1-6		Cb1-7	
第3節	Cb1-6		Cb1-7		Cb1-8		Cb1-6			Da1-7
第4節		Da1-6		Da1-7		Da1-8		Da1-6		Db1-7
第5節		Db1-6		Db1-7		Db1-8		Db1-6		
第6節										
第7節										
普 C/D	Ca1(15) Cb1(15)	Da1(15) Db1(15)	Ca1(15) Cb1(15)	Da1(15) Db1(15)	Ca1(15) Cb1(15)	Da1(15) Db1(15)	Ca1(20) Cb1(20)	Da1(20) Db1(20)	Ca1(15) Cb1(15)	Da1(15) Db1(15)
普 C/D	Ca2(15) Cb2(15)	Da2(15) Db2(15)	Ca2(15) Cb2(15)	Da2(15) Db2(15)	Ca2(15) Cb2(15)	Da2(15) Db2(15)	Ca2(20) Cb2(20)	Da2(20) Db2(20)	Ca2(15) Cb2(15)	Da2(15) Db2(15)
普 C/D	Ca3(15) Cb3(15)	Da3(15) Db3(15)	Ca3(20) Cb3(20)	Da3(20) Db3(20)	Ca3(15) Cb3(15)	Da3(15) Db3(15)	Ca3(30) Cb3(30)	Da3(30) Db3(30)	Ca3(20) Cb3(20)	Da3(20) Db3(20)
普 C/D	Ca4(15) Cb4(15)		Ca4(20) Cb4(20)		Ca4(15) Cb4(15)	Da4(15) Db4(15)	Ca4(30) Cb4(30)		Ca4(20) Cb4(20)	
普 C/D		Da4(20) Db4(20)		Da4(20) Db4(20)	Ca5(15) Cb5(15)	Da5(20) Db5(20)	Ca5(20) Cb5(20)	Da4(30) Db4(30)		Da4(20) Db4(20)
專科教室					Ca6(20) Cb6(20)	Da6(20) Db6(20)				
專科教室			Ca5(30) Cb5(30)	Da5(30) Db5(30)					Ca5(30) Cb5(30)	Da5(35) Db5(35)
會議室（30人）		Da5(20) Db5(20)	Ca6(15) Cb6(15)	Da6(20) Db6(20)	Ca7(20) Cb7(20)	Da7(20) Db7(20)		Da5(25) Db5(25)	Ca6(20) Cb6(20)	Da6(20) Db6(20)
校本課程教室（50人）	Ca5(20) Cb5(20)									
特色活動教室（90人）							Ca7(70) Cb7(70)	Da7(65) Db7(65)		
視聽教室（100人）			Ca7(75) Cb7(75)	Da7(70) Db7(70)	Ca8(75) Cb8(75)	Da8(70) Db8(70)			Ca6(70) Cb6(70)	Da6(65) Db6(65)
演藝廳（300人）	Ca6(110) Cb6(110)	Da6(105) Db6(105)								

註：

1. 高二計 10 班，分 C（1-5 班）、D（6-10 班）二群組開選修課。

2. Ca：代表 C 群組當天第 1 節選修課；Cb：代表 C 群組當天第 2 節選修課。

3. Ca1-6、1-7、1-8：代表為 Ca（1-5 班）群開 6 門、7 門、8 門選修課，以 Ca1、Ca2、Ca3、Ca4、Ca5、Ca6、Ca7、Ca8 代表當天不同選修課。

4. Da1-6、1-7、1-8：代表為 Da（6-10 班）群開 6 門、7 門、8 門選修課，以

Da1、Da2、Da3、Da4、Da5、Da6、Da7、Da8 代表當天不同選修課。

5. Ca1(15)：代表 Ca1 有 15 人選課，餘類推。

6. 普 C/D：代表 C 群組用自己的普通教室；D 群組用自己的普通教室。

7. 專科教室：代表物理、化學、生物、地科、生科、音樂、美術、家政、資訊等教室。

8. 會議室（30 人）：代表會議室可容納 20-30 人上課。餘類推。

9. 校本課程教室（50 人）：代表依校訂課程或學校發展所需設置的教室，如創客探索實驗室等屬之，可容納 50 人。

10. 特色活動教室（90 人）：也是依校訂課程或學校發展所需設置的教室，如樂團練習教室，可容納 90 人。

11. Ca6(110)、Cb6(110)、Ca3(20)、Cb3(20)、Ca8(75)、Cb8(75)、Ca4(30)、Cb4(30)、Ca5(30)、Cb5(30)：代表高二某位學生星期一到星期五，選修 10 學分的課程。

資料來源：課程新發展與教育空間規劃，湯志民，2017a。載於中華民國學校建築研究學會（主編），**學校建築與課程發展**（頁 29-30）。作者。

　　最後，以高三 10 班，190 人，高三上選修 10 學分為例，為利師資調節也分 E（1-5 班）、F（6-10 班）二群組開選修課，高三和高二相同通常也依一類組（人文社會組）、二類組（理工自然組）、三類組（生科自然組）分組選修，E、F 二群組可依此分組開選修課，10 學分可比照高二星期一至星期五每天開 2 學分選修課，時間安排 E 群組每天第 1、2 節開選修課、F 群組每天第 3、4 節開選修課，星期五和高二一樣都開在第 1、2、3、4 節（第 7 節供社團活動團課用），都與高一的選修課時間錯開，但與高二選修課時間大部分重疊，普通教室之外的專科教室、會議室、校本課程教室、特色活動教室、視聽教室、演藝廳等，配合學生選課人數需求，如原高二、高三星期一都需要用演藝廳，則策略上可將高三需用演藝廳的這門課移到星期二，以增加空間使用效能。選修 10 學分星期一到星期五 E、F 群組分別開設 1 至 6、1 至 7 和 1 至 8 門選修課，同一天同組的 2 節（如星期一 E 群組第 2、3 節）可以都是同一門課，學生較喜歡的選修課星期一到星期五也可重複開設，增加學生選修機會。高三選課人數每天不同，也需依課程內容、選修人數配置教室，如高三與高二需同時使用普通教室以外的專科教室等或其他教室，則可調整高三或高二的選修課錯開到另一天開設。前述高一、高二、高三整體選修課與學校空間配置舉隅，詳見表 12。

表12

高一、高二、高三選修課程與學校空間配置舉隅（各 10 班計 30 班，高一上 5 學分、高二上 10 學分、高三上 10 學分）

	星期一			星期二			星期三			星期四			星期五		
	高一	高二	高三	高一	高二	高三	高一	高二	高三	高一	高二	高三	高一	高二	高三
第1節			Ea1-6			Ea1-7			Ea1-8			Ea1-6		Ca1-7	Ea1-7
第2節		Ca1-6	Eb1-6		Ca1-7	Eb1-7		Ca1-8	Eb1-8		Ca1-6	Eb1-6		Cb1-7	Eb1-7
第3節		Cb1-6	Fa1-6		Cb1-7	Fa1-7		Cb1-8	Fa1-8		Cb1-6	Fa1-6		Da1-7	Fa1-7
第4節		Da1-6	Fb1-6		Da1-7	Fb1-7		Da1-8	Fb1-8		Da1-6	Fb1-6		Db1-7	Fb1-7
第5節		Db1-6			Db1-7			Db1-8			Db1-6		A1-7		
第6節	A1-6			A1-7			A1-8			A1-6			B1-7		
第7節	B1-6			B1-7			B1-8			B1-6					
普 AB/CD/EF	A1 B1	Ca1 Cb1 Da1 Db1	Ea1 Eb1 Fa1 Fb1	A1 B1	Ca1 Cb1 Da1 Db1	Ea1 Eb1 Fa1 Fb1	A1 B1	Ca1 Cb1 Da1 Db1	Ea1 Eb1 Fa1 Fb1	A1 B1	Ca1 Cb1 Da1 Db1	Ea1 Eb1 Fa1 Fb1	A1 B1	Ca1 Cb1 Da1 Db1	Ea1 Eb1 Fa1 Fb1
普 AB/CD/EF	A2 B2	Ca2 Cb2 Da2 Db2	Ea2 Eb2 Fa2 Fb2	A2 B2	Ca2 Cb2 Da2 Db2	Ea2 Eb2 Fa2 Fb2	A2 B2	Ca2 Cb2 Da2 Db2	Ea2 Eb2 Fa2 Fb2	A2 B2	Ca2 Cb2 Da2 Db2	Ea2 Eb2 Fa2 Fb2	A2 B2	Ca2 Cb2 Da2 Db2	Ea2 Eb2 Fa2 Fb2
普 AB/CD/EF	A3 B3	Ca3 Cb3 Da3 Db3	Ea3 Eb3 Fa3 Fb3	A3 B3	Ca3 Cb3 Da3 Db3	Ea3 Eb3 Fa3 Fb3	A3 B3	Ca3 Cb3 Da3 Db3	Ea3 Eb3 Fa3 Fb3	A3 B3	Ca3 Cb3 Da3 Db3	Ea3 Eb3 Fa3 Fb3	A3 B3	Ca3 Cb3 Da3 Db3	Ea3 Eb3 Fa3 Fb3
普 AB/CD/EF	A4	Ca4 Cb4	Ea4 Eb4 Fa4 Fb4	A4	Ca4 Cb4	Ea4 Eb4 Fa4 Fb4	A4 B4	Ca4 Cb4 Da4 Db4	Ea4 Eb4 Fa4 Fb4	A4	Ca4 Cb4	Ea4 Eb4 Fa4 Fb4	A4	Ca4 Cb4	Ea4 Eb4 Fa4 Fb4
普 AB/CD/EF	B4	Da4 Db4	Ea5 Eb5 Fa5 Fb5	B4	Da4 Db4	Ea5 Eb5 Fa5 Fb5	A5 B5	Ca5 Cb5 Da5 Db5	Ea5 Eb5 Fa5 Fb5	A5 B4	Ca5 Cb5 Da4 Db4	Ea5 Eb5 Fa5 Fb5	B4	Da4 Db4	Ea5 Eb5 Fa5 Fb5
專科教室						Ea6 Eb6 Fa6 Fb6	A6 B6	Ca6 Cb6 Da6 Db6							
專科教室				A5 B5	Ca5 Cb5 Da5 Db5				Ea6 Eb6 Fa6 Fb6				A5 B5	Ca5 Cb5 Da5 Db5	Ea5 Eb5 Fa5 Fb5
會議室（30人）	B5	Da5 Db5		A6 B6	Ca6 Cb6 Da6 Db6		A7 B7	Ca7 Cb7 Da7 Db7		B5	Da5 Db5		A6 B6	Ca6 Cb6 Da6 Db6	
校本課程教室（50人）	A5	Ca5 Cb5													
特色活動教室（90人）									Ea7 Eb7 Fa7 Fb7		Ca6 Cb6 Da6 Db6		A7 B7		Ea6 Eb6 Fa6 Fb6

表 12

高一、高二、高三選修課程與學校空間配置舉隅（各 10 班計 30 班，高一上 5 學分、高二上 10 學分、高三上 10 學分）（續）

	星期一			星期二			星期三			星期四			星期五		
	高一	高二	高三	高一	高二	高三	高一	高二	高三	高一	高二	高三	高一	高二	高三
視聽教室（100人）			Ea6 Eb6 Fa6 Fb6	A7 B7	Ca7 Cb7 Da7 Db7		A8 B8	Ca8 Cb8 Da8 Db8		A6 B6		Ea6 Eb6 Fa6 Fb6		Ca7 Cb7 Da7 Db7	
演藝廳（300人）	A6	Ca6 Cb6 Da6 Db6				Ea7 Eb7 Fa7 Fb7			Ea8 Eb8 Fa8 Fb8						Ea7 Eb7 Fa7 Fb7

註：

1. 高一計 10 班，分 A（1-5 班）、B（6-10 班）二群組開選修課；高二計 10 班，分 C（1-5 班）、D（6-10 班）二群組開選修課；高三計 10 班，分 E（1-5 班）、F（6-10 班）二群組開選修課。

2. A1-6、1-7、1-8：代表高一為 A（1-5 班）群開 6 門、7 門、8 門選修課，以 A1、A2、A3、A4、A5、A6、A7、A8 代表當天不同選修課。B1-6、1-7、1-8 類推。

3. Ca1-6、1-7、1-8：代表高二為 Ca（1-5 班）群開 6 門、7 門、8 門選修課，以 Ca1、Ca2、Ca3、Ca4、Ca5、Ca6、Ca7、Ca8 代表當天不同選修課。Da1-6、1-7、1-8 類推。

4. Ea1-6、1-7、1-8：代表高三為 Da（6-10 班）群開 6 門、7 門、8 門選修課，以 Ea1、Ea2、Ea3、Ea4、Ea5、Ea6、Ea7、Ea8 代表當天不同選修課。Fa1-6、1-7、1-8 類推。

5. 普 AB/CD/EF：代表 AB/CD/EF 群組分別用自己的普通教室。

6. 專科教室：代表物理、化學、生物、地科、生科、音樂、美術、家政、資訊等教室。

7. 會議室（30 人）：代表會議室可容納 20-30 人上課。餘類推。

8. 校本課程教室（50 人）：代表依校訂課程或學校發展所需設置的教室，如創客探索實驗室等屬之，可容納 50 人。

9. 特色活動教室（90 人）：也是依校訂課程或學校發展所需設置的教室，如樂團練習教室，可容納 90 人。

10. A6、A3、A8、A4、A5：代表高一某位學生星期一到星期五，選修 5 學分的課程。Ca6、Cb6、Ca3、Cb3、Ca8、Cb8、Ca4、Cb4、Ca5、Cb5：代表高二某位學生星期一到星期五，選修 10 學分的課程。Ea6、Eb6、Ea3、Eb3、Ea8、Eb8、Ea4、Eb4、Ea5、Eb5：代表高三某位學生星期一到星期五，選修 10 學分的課程。

資料來源：課程新發展與教育空間規劃，湯志民，2017a。載於中華民國學校建築研究學會（主編），**學校建築與課程發展**（頁 31-32）。作者。

(三) 團體活動與空間規劃

108 新課綱高中「團體活動」每週 2-3 節（高職、綜合高中、單科高中皆同），包括班級活動、週會或講座、社團活動、學生自治活動（如班聯會、畢聯會）、學生服務學習等，學校空間應如何規劃設置？

在時間方面，團體活動以每週 3 節計，一學期總節數為 60 節（3 節×20 週），各項團體活動所需節數會有不同，不一定每週 1 節，也可 2 節、3 節或 4 節連排，如班級活動每週 1 節，週會或講座一次 1 節或 2 節，社團活動每週 2 節隔週開，學生班聯會一次 1 節一學期計 2 節，學生服務學習至校外一次 2 節、3 節或 4 節，由各校依課程需求調整配當。

在空間方面，基本上，一個班級活動可用普通教室，二個班級以上班級活動可用視聽教室、多功能教室；一個年級活動可用演藝廳，全校活動可用體育館（參見表 13）（湯志民，2014），Peter（2015）也強調大多數 K-12 的學校建築大團體集會的空間，如體育館、演藝廳。因此，高中「團體活動」的班級活動在各班的普通教室即可，週會或講座需用到大型視聽教室（容納 100-15 人）、演藝廳（容納 200-300 人）或體育館。通常高中都會有這些相關設施，但國中小有許多學校缺乏體育館，往往會影響全校性活動的辦理。至於，社團活動是高一、高二最重要的多元智慧和社交活動，高中生甚為重視，各校少則 20、30 個社團，多則有 40、50 個社團，可運用學校各樣空間和設施，因之學校運動和藝能活動設施或其他專科教室應愈多樣愈佳，而社團辦公室依教育部（2009）《普通高級中學設備標準》，各校可依實際需要設置，因高中生有足夠成熟度更須練習自治，尤其班聯會、畢聯會為全校學生服務，相關活動和聯繫事宜不在少數，宜有固定空間，建議各高中可結合社團辦公室一併設置班聯會／畢聯會辦公室，學生社團可 2、3 個社團一間（20-30m²／間），或採開放空間，有置物櫃收納物品，設置工作桌和討論桌椅／空間，以利學生聚集、交流、聯繫和互動。此外，學生服務學習可至校外，如環保淨山、淨灘、清潔社區公園、或至鄰近老人安養院照護和陪伴，可與社區鄰里或自然空間結合，以社區鄰里和大自然為師，既可服務，又可學習，讓學校成為社區中心、社區學校。

表 13

教學人數、教學活動與教育空間之關係

教學人數 （30 人 / 班）	班級教學活動	室內空間	室外空間
1 個班級	單班教學活動	普通教室	半室外空間 （如走廊、穿堂）
2 個班級以上	協同教學活動	視聽教室、多功能教室	戶外劇場
1 個年級	學年教學活動 （如語文競賽、英語話劇比賽、專題演講）	演藝廳、體育館	球場、運動場
全校班級	全校性教學活動（如畢業典禮、校慶典禮、成年禮、朝會、週會、球賽）	體育館	球場、運動場

資料來源：**校園規劃新論**（頁 21），湯志民，2014，五南圖書公司。

(四) 彈性學習時間與空間規劃

　　108 新課綱高中「彈性學習時間」每週 2-3 節（六學期合計 12-18 節）（綜合高中、單科高中皆同，高職 0-2 節），包括學生自主學習、選手培訓、充實（增廣）／補強性教學或學校特色活動等，學校空間應如何規劃設置？

　　在時間方面，「彈性學習時間」以每週 3 節，一學期總節數為 60 節（3 節 ×20 週），其中學生自主學習或其他每週 1 節，可穿插安排，計 20 節；學校特色活動每週 2 節，可包括創客或機器人、樂團、國際教育週、騎腳踏車環島、泳渡日月潭或登玉山等一項、二項或多項，節數可隔週連排、集中 1-3 天或一整週，以利課程整體進行。如高二下學校特色活動為國際教育週，計 40 節（2 節 ×20 週 =40 節），35 節集中 1 週排課（另 5 節為準備和檢討），當週可安排一部分學生國外教育交流或參與姊妹校互訪，一部分學生參加模擬聯合國、第二外語或新住民多元文化成果發表等。如高一上、

高二上，學校特色活動為騎腳踏車環島、泳渡日月潭或登玉山，40 節課可比照國際教育週集中一整週，或集中 1-3 天，以課程所需進行規劃。

在空間方面，創客或機器人、樂團，需有創客探索實驗室、樂團活動室等；國際教育週校內會運用多元文化教室、視聽教室、演藝廳和體育館等大型活動空間；國外教育交流、姊妹校互訪，騎腳踏車環島、泳渡日月潭或登玉山，則會運用校外空間，而相關準備、檢討或成果發表因節數不多，校內有多樣空間足以因應。

三、教師專業學習空間規劃

108 新課綱校訂課程重視老師的課程設計和發展，強調教師是專業工作者，應自發組成專業學習社群，共同探究與分享交流教學實務；並規定校長及每位教師每學年應在學校或社群整體規劃下，至少公開授課一次，進行專業回饋，以形塑同儕共學的教學文化；同時，鼓勵家長會成立家長學習社群或親師共學社群，強化親師合作，支持學生有效學習與適性發展。回應教師課程設計、專業學習社群、親師共學和觀課需求，學校空間應如何規劃設置？

在時間方面，因應教師專業學習社群、教學研究會、課程設計、共同備課、觀課專業回饋或親師共學等需求，學校排課時應規劃同領域／同社群、跨領域／跨社群，有共同備課時間，如集中一至二個上午或下午不排課，教師專業發展社群會有共備、研討、分享、回饋、進修、參訪的共同時間。

在空間方面，依《普通型高級中等學校設備基準》（2019）之規定有「教學研究室」（教師辦公室），教學研究室係供同學科教師、導師或其他專任教師辦公、教學研究、指導學生或與家長晤談之用，每間教學研究室面積 90m^2，以容納教師 10 人為原則，教學研究室設備詳見表 14。《國民小學及國民中學設施設備基準》（2019）也有「教師辦公室」之設置規定，中小學學校的教學研究室作為導師辦公室，則需另規劃設置一間教師專業學習社群室（參見圖 6）較為適宜，讓同領域／同社群、跨領域／跨社群教師進行共備等專業發展活動，面積 90m^2 或一間教室大小，應有研討桌椅、收納櫥櫃、開飲機、電腦、網路印表機等，並邀請老師參與空間規劃和提出設備需求。至於，觀課教室，因 108 新課綱規定校長及每位教師每學年應在

學校或學習社群整體規劃下，至少公開授課一次，因此觀課將成為中小學的常態，以 60 位老師計，觀課次數平均每週 1-2 次。如集中觀課時間並分組觀課，同領域教師人數少（10 名以下），可直接進班觀課；如觀課人數有10-20 名，則宜設置觀課室，採一間教室加一間觀察室的附室形式設計，較不影響學生學習。

表 14
普通高中教學研究室設備

編號	類別	名稱	單位	數量	備註	面積合計
1	辦公	辦公空間和家具	套		1. 每人辦公空間以 1.8 公尺×1.8 公尺為原則。 2. 每人辦公桌椅 1 套，辦公桌椅雙抽屜為原則。	60 平方公尺
2		辦公櫥櫃	組		每位教師 2 組辦公櫥櫃為原則。	
3		會議桌	套	1	視實際需要設置	
		電話分機	臺		視實際需要設置	
4		電腦	套		視實際需要設置	
5		網路印表機	臺	1-2		
6	生活	沙發	套	1		
7		冰箱	臺	1	視實際需要設置	
8		微波爐或蒸飯箱	臺	1	視實際需要設置	
9		開飲機	臺	1		
10	公共空間	走道				30 平方公尺

資料來源：**普通型高級中等學校設備基準**（頁 15-16），2019 年 8 月 15 日。

圖 6
教師專業學習社群室

臺北市麗山國小精進教學研究室　　　　　臺北市萬華國中「築夢」

新北市格致高中研修室　　　　　貴州省遵義市四中博謙書屋

資料來源：研究者攝。

　　課程、教學、學習應為教育空間最核心的功能，學校建築不僅是「建築」與「工程」，而要使之更像「學校」與「教育空間」，則要強化其「課程」、「教學」和「學習」功能，才能使之成為真正 21 世紀的校園建築。

　　十二年國民基本教育已正式推展，最重要的 108 新課綱已開始推展，對學校空間影響最大的是高中的校訂課程（包括校訂必修課程、選修課程、團體活動、彈性學習時間）、國中小的彈性學習課程等，相應的主題／專題／議題探究教室、跨班或跨領域／科目專題教室、實作（實驗）教室、探索體驗教室、社團活動教室、學生自治活動（如班聯會、畢聯會）教室、學校特

色活動空間，以及因應多元教學模式與活動、學生主動學習、教師專業發展等的多元教學和學習空間等，亟待規劃設置。本章就此深入分析，將學校第一現場所需的各類教室空間數量、大小、設備、規劃、配置，以及選課、排課之策略，分就國中小、高中（各年級）舉例具體說明，以供教育主管機關、學校教育人員之參考。

總之，教育是百年樹人大業，校園建築與設施的開闢與使用，也是百年大業，教育同仁和有志之士，應為孩子、為教育，戮力研究、積極開發、彼此分享，教育空間的規劃、設置與發展，就有無限的可能！

第4章 新世代學習空間

> 學習可以發生在任何地方。有時,學習是在教室中進行(正式學習),有時是因面對面和虛擬的相遇,以及遠離演講廳和研討室的個人之間的互動而產生的(社會或非正式學習);空間——無論是物質的還是虛擬的,個人的還是共享的——都可能對學習產生重要影響。
>
> (Learning can and does happen anywhere. Sometimes that learning occurs in classrooms (formal learning), other times it results from face-to-face and virtual encounters and interactions between individuals away from lecture halls and seminar rooms (social or informal learning). Space-whether physical or virtual, individual or shared-can have an important impact on learning.)
>
> 〜 S. Elkington, 2019

　　學習空間的概念興起於 20 世紀 90 年代,其研究在 2006 年 Oblinger 主編《學習空間》(*Learning Spaces*)出版後迅速增長,2011 年《學習空間期刊》(*Journal of Learning Space*)創刊,2014 年 Baepler 等人主編《主動學習空間》(*Active Learning Spaces*)專輯之後,更受到國際上的廣泛關注(湯志民,2020a; Baepler, Brooks, & Walker, 2014)。學習空間應以學生為中心,配置必要的科技和家具,以符應學生和「主題」的需求,並使之具有彈性,以及符合人體工學的舒適性、功能性和多功能性(Wilson & Randall, 2010)。Casanova、Napoli 和 Leijon(2017)指出,學習空間已成為「時髦」(trendy)的話題,學習空間愈來愈重要,正因為其對學習者和教師以及他們的教學經歷會產生影響。新世代學習空間的規劃,必須有新的空間模式和先進的科技設備,以符應新世代學生的學習風格、興趣和需求。

　　20 世紀,世界有了巨大變化,但我們的教室看起來仍然非常相似,

歐洲和美國大多數教室的規劃都相同，也都是在 19 世紀規劃和建造的（Tanner & Lackney, 2006），澳洲和紐西蘭學校有 75% 是傳統教室（Byers & Lippman, 2018）；整體而言，傳統教室和傳統家具仍占主導地位，大多數傳統教室設計係以教師為中心（Stadler-Aitmann, 2015）。但教室設計採「單一規格通用（設計）」（one-size-fits-all）的方法是行不通的，我們需要革新並創造各種教育機會，以符應各個年齡層學生的多樣性；就學生而言，學生希望有機會適應自己的生活方式，他們想要一個新的學習系統，無論是線上學習還是離線學習，無論是在傳統教室還是在真實世界中都可以，他們希望將線上資料和動手經驗融為一體，也喜歡在學校內外能隨時隨地學習的學習環境（National Office Furniture and Nancy Sturm of the Sextant Group, 2017）。

鑑此，許多國家對革新學習環境（innovative learning environments, ILE）基礎設施的大量投資，並視之為促進 21 世紀學習和技能的必要或最佳手段（Byers, Imms, & Hartnell-Young, 2018）。澳洲，新南威爾士州教育廳（NSW Department of Education, 2019），推展彈性學習空間（flexible learning space），認為革新的學習環境可以支持面向未來的學習，許多公立中小學和教師調整教學方式，透過設計思維過程重新設計學習空間，以實現面向未來的學習與教學。「彈性學習空間」的關鍵特徵是在相對開放的空間中，有多種家具選擇，並可用各種方式配置這些家具，以促進一系列學習體驗，並為個人和協作工作創造機會。2017 年起，新南威爾士州教育廳投入大量資金對公立學校學習空間進行投資，旨在「以反映二十一世紀學習的方式吸引學生」，未來 10 年內投資 50 億美元用於公立學校基礎設施建設（Kariippanon, Cliff, Lancaster, Okely, & Parrish, 2018）。芬蘭，開展了一項雄心勃勃的學校重新設計方案，將彈性和非正式的開放式計畫配置結合，以培養積極的情感體驗、協作工作、互動和創造力（Nambiar, Nor, Ismall, & Adam, 2017）。

基本上，學習空間超越標準教室，而有不同的形態；有團體集會的大空間、有用以非正式學習和對話的小型親密空間（smaller intimate spaces），同時也注意到室外環境──可提供豐富的學習機會，尤其是關於環境和自然，不再只是「牆對牆」（wall to wall）的思考，所有的這些發展都牽動著學校的設計（Architectus, 2017）。基於，新世紀學生學習的特質、工具和

方式不同以往，加以 5G 智慧校園、智慧教室蓬勃發展，特別是 2019 年正式實施的十二年國民基本教育新課綱，更強調學生是自發主動的學習者，重視「核心素養」的教與學，以及「跨領域」統整課程的需求（教育部，2021a），學校應重視主動學習環境和彈性學習空間的規劃和設計，讓學生在正式和非正式學習時間，有同儕互動、多元學習和體驗實作的機會與經驗。臺灣，中小學甚至大學校院，專科教室和實驗室在教室配置上，有較多利於學生學習的設計，普通教室雖強化數位環境，但大多數仍為傳統教師中心的教室配置。因應新世代學生的學習特質和需求，新世代學習空間應如何創建與開展，實值探究。本文擬就新世代學習空間的基本概念、新世代學習空間與學習成效、新世代學習空間與規劃實務等三方面，分別探析。

第一節　新世代學習空間的基本概念

新世代學習空間的基本概念，擬就其涵義和特徵加以探究，以明梗概。

一、新世代學習空間的涵義

Imms（2016）強調革新學習環境確實存在，且數量愈來愈多，可稱之為「新世代學習環境」（new generation learning environments），一年一度辦理的「國際教育設施規劃者協會」（Council of Educational Facility Planners International, CEFPI）未來學校設計競賽就是一項指標；參賽的設計方案總是引人注目、鼓舞人心、富有想像力和令人興奮。更重要的是，他們使用最新的器材和表面處理，家具是定製的，或適合各種使用者和用途。這些設計嵌入了有關永續性和 ICT 集成的最新思想，在照明、聲學和氣流方面表現出卓越的建築性能，在設計上有效利用了建地、社區參與的潛力，有效的室外／室內處理，以及正式和非正式使用空間。Imms 強調，這些革新學習空間的設計具有創新性、想像力或科技特質，而新世代學習環境的設計必須能促進 21 世紀的學習風格。

面向未來的學習空間，有許多不同的名稱，如新世代學習環境（new generation learning environments）（Campbell, 2017; HIGHER ED IQ, 2018; Imms, 2016）、下世代學習空間（next generation learning space, NGLS）

（Berrs & Summers, 2018; College of the Mainland, 2019; Radcliffe, Wilson, Powell, & Tibbetts, 2008; Wilson & Randall, 2010）、下世代學習環境（next generation learning environments）（College of the Mainland, 2019）、革新學習環境（innovative learning environment, ILE）（Byers & Lippman, 2018; Imms, 2016; Imms, Cleveland, & Fisher, 2016; Mahat, Bradbeer, Byers, & Imms, 2018; OECD, 2013、2019; Patrix, 2017; Ructtinger & Stevens, 2017）、革新學習空間（innovative learning space, ILC）（Mahat et al., 2018）、彈性學習空間（flexible learning spaces, FLS）（Benade, 2019）、主動學習空間（active learning spaces, ALS）（Baepler et al., 2014; Haines & Maurice-Takerei, 2019; Sawers, Wicks, Mvududu, Seeley, & Copeland, 2016）、主動學習環境（active learning environment , ALE）（Baepler et al., 2014），本文統稱之為「新世代學習空間」（new generation learning spaces, NGLS）。「新世代學習空間」的涵義，可從下列世界組織、學者專家或專業機構之研究和說明知其梗概。

OECD（2013）將革新學習環境（ILE）定義為一個有機的、整體的概念，包括學習活動和結果的生態系統（第 11 頁），且為多模式、科技融合和彈性的學習空間，比傳統教室更能滿足 21 世紀學習者的需求。

Mahat 等人（2018）界定革新學習環境（ILE）是革新空間設計和革新教學方法的產物，革新學習空間（ILC）是物質設施，其設計和建造旨在最大程度地提高教學、學習和社會教育活動的靈活性，而革新教學和學習實踐可共同幫助實現最佳的學習成果和 21 世紀學生所需的學習技能。亦即，ILE 是一種鼓勵各種教師和教學實務能靈活的以學生為中心的學習，能共同領導如何最好地優化學生的學習，使學生能掌握科技技能並深度學習，讓學生能在日益複雜的世界中蓬勃發展。

Benade（2019）指出，富科技的彈性學習空間（FLS），其特點是寬敞的開放空間、通透的邊界和多樣化的家具，重視學生的舒適健康和靈活性。開放式設計增進學習和教學的靈活性，並允許團隊協作式教學。

Baepler 等人（2014）認為主動學習空間（ALS）或主動學習環境（ALE）是一個比傳統空間更容易促進學生之間，以及學生與教職員工之間的主動學習和參與式學習的空間。有許多不同的形式，有些著重以科技促進主動，有些著重教室的配置，以及所提供的家具和影音設備的種類，著重於高水平的

「彈性」（flexibility）。

Imms（2016）指出，新世代學習環境（new generation learning environments）應適應多種模式的學習和教學風格（multi-modal learning and teaching styles），融合 ICT，為師生提供教學和學習之多種運用新時代科技的方式；平面配置有彈性，通常允許空間之間不間斷的流動，並可以自由進入關鍵學習區域。它們的設計使學生和老師可以協作構建學習中心，專家群聚和學習場所，以適合特定時間的特定任務。簡而言之，這些空間讓教師脫離教室前面，使學生減少了教室學習「單元」（learning cells）的限制，並從直接指導學習到對概念的探索性探究。新世代的學習環境已將重點轉移到每位學生的個人需求上，在設計上重視場所和空間以學生為重心，並採多模式（multi-modal）、ICT 為基礎、學生導向的學習。如以公式表示，測量單位是新世代學習環境，空間設計和實際實踐的總和，除以好的教學可以促進的潛在可測量學習，計算公式應為（Imms, 2016）：

$$新世代學習環境效能 = \frac{空間設計＋實際實踐}{21 世紀學習／教學}$$

綜上所述並參考湯志民（2019a）之見解，新世代學習空間（new generation learning spaces）係以學生為中心，採多模式（multi-modal）、多中心（或無中心）的空間配置和彈性家具，並以資訊和通訊技術（ICT）為基礎設計，以符應多元和多樣學習需求的空間與設施。

二、新世代學習空間的特徵

Imms 等人（2016）認為新世代學習環境具有以下特點：多中心的教室設計（polycentric room designs）、融合的資訊和通訊技術、可移動的牆壁和其他靈活的內裝元素所帶來的彈性、各種「對學生友善」的家具，並可隨時獲取資源。新世代學習空間的特徵，使用者聚焦在「學生中心」，重視空間使用的創造性和自律性，在教學運用上重建構和探究，並強調空間彈性和科技使用。Ructtinger 和 Stevens（2017）傳統教室空間與革新學習空間特徵之比較（詳參圖 7），有助於進一步了解新世代學習空間的特徵。

圖 7

傳統教室空間與革新學習空間特徵之比較

層面	◄──────────────────────────────────►			資源和共享
空間	傳統教室		革新學習環境	
傳遞	同質的	個別化	個人的	
使用者聚焦	教師中心		學生中心	
指導性	紀律		自律	
自由度	順應 一致性		創造 代理	
成果	同化		個別的	
教學法	傳達的 說教的		建構的 基於探究	
可變性	無反應的	彈性	反射的	
科技使用		替換　擴大　變更	重新定義	

資料來源：*Learning spaces literature review* (p. 6), by L. Ructtinger and R. Stevens, 2017. https://education.nsw.gov.au

第二節　新世代學習空間與學習成效

　　學習空間和學習成果的許多早期文獻來自社會學、環境研究、心理學、健康、建築和設計等更廣泛的領域，以及教育哲學、課程和學習理論（包括腦科學）、職業健康、健康與福祉、室內和家具設計、景觀、人體工學、環境心理學和環境永續性（OECD, 2017）。

　　1970 年代之後，學校建築與學習成效有相關的實證研究，相繼出爐。

Ructtinger 和 Stevens（2017）指出革新學習環境（ILE）對學業、學生參與有好處，並為學生提供參加各種活動和教學的機會；為靈活的分組安排提供機會，使學生可以在自己工作和作為不同規模的小組成員之間正常轉換；為學生提供各種學習資源和材料，包括資訊和通訊技術（ICT）。以下介紹數篇有關主動學習教室、革新學習環境、彈性學習空間、協作學習空間與學習成效之研究，以供參考。

一、主動學習教室與學習成效

　　Chiu 和 Cheng（2017）一項為期二年的大規模研究，探討主動學習教室（active learning classrooms, ACL）對通識教育計畫學生之學習經驗的感知，以及與學業成績之間關係的影響。經調查，從該計畫所有 306 門課程中蒐集了超過 35,000 個學生的感知數據。實證研究發現，與使用常規教室的課程相比，以 ACL 作為主要學習環境的學生認為課程設計得更好，並且在鼓勵學生創造力和創新方面更具優勢。而對創造力和創新的積極影響，在統計上不受學業成績的影響，高、中、低成就者都受益於該設施的使用。結果顯示，ACL 是良好的環境，無論學生的學業能力如何，都可以培養他們的創新能力。

　　明尼蘇達大學（University of Minnesota）建立了十七個主動學習教室（ALS），並在過去 5 年中一直對其使用情況進行監控。ALC 包括一個 360度的表面標記器，多個平板顯示系統，可容納 9 名學生的圓桌會議和一個中央教學臺。他們比較了在傳統空間中使用 ALC 教授相同主題的情況，發現ALC 產生了完全不同的動力，在「講臺」上與導師的討論更多。學生和教職員工對 ALC 的參與度、豐富性、靈活性、有效使用和教室「適合度」給予更高的評價。使用 ALC 的學生實際上超出了他們預測的課程成績。更好的空間＝更好的教學＝更好的學習。ALC 提供：(1) 鼓勵學生合作和同儕教學的協作學習環境。(2) 讓學生能輕鬆呈現作業的科技，並供同儕和指導者評論。(3) 促進小組工作的家具設計。(4) 教師在活動期間以互動方式指導學生的能力。(5) 學生互動和班級結構的新選擇。超過 85% 接受調查的學生，推薦此空間用於其他課程（Baepler et al., 2014）

二、革新學習環境與學習成效

　　Byers 等人（2018）之研究，比較了澳洲一所中學，二種不同的教室配置──傳統教室配置和「革新學習環境」（ILE），採用了單學科研究設計（a single subject research design, SSRD）準實驗方法，分析學生在一個學年中於每個配置中的態度與學習經驗、動機、參與度和學業成就。

　　該中學建於 1940 年代至 1960 年代之間的三棟建築，有二十二個普通學習區教室，容納 7、8 和 9 年級的所有班級（11-15 歲）。每間教室都有一臺投影機、一個螢幕，並有足夠的無線基礎設施來連接學生和老師的數位設備。傳統教室配置（圖 8A）桌子和椅子以固定成排或小組的形式布置，課桌面向教室前方，這種空間布置強調以教師為中心的教學方法。ILE 是經過改造的教室（圖 8B），布局的關鍵是創建多中心（a polycentric）（許多焦點）以消除對前壁爐（the front fireplace）的重視，多中心布局激勵改變教學法和學習體驗的行為。

圖 8
澳洲某中學傳統教室配置與革新學習環境（ILE）

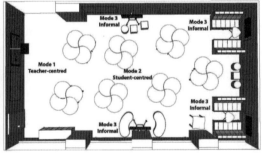

　　　　A 傳統教室配置　　　　　B 教室式樣翻新為革新學習環境（ILE）

資料來源："Comparative analysis of the impact of traditional versus innovative learning environment on student attitudes and learning outcomes," by Byers, T., Imms, W., & Hartnell-Young, E., 2018. *Studies in Educational Evaluation, 58*, pp. 11-12.

　　研究樣本包括學生（n = 385）和教師（n = 21），其中 7 年級（n = 92）、8 年級（n = 158）和 9 年級（n = 135）計 22 班的學生。將學生樣本

分為三組：ILE 干預（II）、ILE 控制（IC）和傳統控制（TC）：(1)ILE 干預（II）組由 6 個班級組成，每間教室布置一個學期，此類進行組內分析，測量從傳統（基準）空間到 ILE（干預）空間的空間變化的影響。(2)ILE 控制（IC）組包括 6 個班級，並在 ILE 中度過了整個學年學習的時間。(3) 傳統控制（TC）組的 10 個班級，在同一學習期間都留在不變的傳統教室中。這些控制組都經學業評量服務（the academic assessment services, AAS）之認知能力工具（非言語和言語）的標準數據進行匹配。比較分析組間（ILE 控制和傳統控制）和組內（ILE 干預）之學習是否因教室配置（傳統和 ILE）的差異而有所不同。

　　研究結果顯示：(1) 在學習經驗上，組間和組內參加 ILE 的學生報告說，他們經歷了以學生為中心的學習方式（即主動學習、協作學習、獨立創作和個性化）的發生率高於傳統教室配置的學生，並受特定教師的中介影響。與傳統教室配置的學生相比，ILE 的學生經歷的變化與學業成就的提高有關。(2) 在學習動機上，組間分析的結果類似於組內比較獲得的結果，在 ILE 中，所有課程對動機期望和價值觀的評估都比傳統教室更高。(3) 在參與度和學業成就上，組間比較 ILE 班級的學生在學習認知和情感參與程度均高於傳統配置中的學生；ILE 的使用與學生在有效利用科技的態度，對學習經驗更積極和回應的發生率，以及行為和認知參與度的提高之間，在統計上有顯著改善，這些變化與英語、人文科學、數學學業成就的提高有顯著相關，學生成績的統計顯著性差異在 2-11% 之間。這些初始的實驗證據，即使僅限於單一地點，也能夠辨別不同學習空間的使用，對中學學生學習經驗、參與度和學業成就有所影響（Byers et al., 2018）。

三、彈性學習空間與學習成效

　　全世界許多學校在用革新的彈性學習空間（innovative flexible learning spaces）代替傳統教室，以提高學業成果，但對教室行為的影響知之甚少。

　　Kariippanon、Cliff、Lancaster、Okely 和 Parrish（2019）的研究，觀察了來自 9 所中學的 60 名學生，平均年齡為 13.2（±1.0）歲，女生占 45%，來自不同的社會經濟背景，代表了十三個以上的文化和族裔群體。探討在傳統裝修和配置的教室，以及彈性學習空間（a flexible learning space）（有各

種家具可供選擇）中，學生因應不同的教學方法和學習風格。

傳統教室是標準的教室（$M = 50m^2$），每位學生一張桌子和一把椅子，成排成對的桌子或面向前方的 U 形。教學主要是由老師主導，老師大多留在教室的前面，學生通常單獨完成設定的任務，並得到老師頻繁的指導；學生不太有理由選擇站立或在教室四處走動，或在課程中有其他與他人互動的場所。

彈性學習空間（$83m^2$）配有一系列家具，例如：組合桌子、站立式工作臺、軟墊凳、沙發、可寫桌子和牆壁，彈性學習空間都缺少教室的正面，教室周圍有智能板和白板牆，使教師在空間中移動時具更大的彈性。彈性學習空間的教學方法以學生為中心，注重小組合作，開始上課時，老師會向學生提供有關課程計畫和目標的指示，並根據需要在整個課程中提供進一步的指導。此外，學生有很大的自由選擇學習的方式，結合可用的家具，在課程中創造並激勵學習機會，讓學生有自主權來選擇工作空間中的位置，使用的家具和資源，以及組成小組或自主獨立工作。

經瞬時採樣 30 分鐘，發現彈性學習空間的學生在大團體情境、協作、同儕互動和積極參與上，比傳統教室的學生花費了更多的時間。在整堂課的教學中，學生花費在課堂聽講的時間、參與老師指導的教學、個別工作、口頭下任務和使用科技比傳統教室要顯著的減少。研究顯示，彈性學習空間的多樣性、適應性，再加上以學生為中心的教學法的使用，更大比例促進了教室的互動、協作和課程內容的參與。從長遠來看，這可能會轉化為有益的學習成果（Kariippanon et al., 2019）。

四、協作學習空間與學習成效

Haines 和 Maurice-Takerei（2019）之質性研究，以奧克蘭大型高等教育機構 32 名大學教師為對象，探討協作學習教室（collaborative learning classrooms）教師教學行為之改變和學生學習成效。協作學習教室的設計概念為：當小組在任務上進行協作時，互動將促進主動學習，小組座位安排主導了新的平面式協作學習空間布局，8 名學生圍繞六邊形或方形課桌配置，並配有大型小組白板。科技是教室設計的核心 —— 每個小組都有帶輪電腦（computers on wheels, CoW），教師有較大的 CoW，具有交互式白板功能

和軟體,可以在所有 CoW 中進行屏幕共享。所有家具都帶有輪子,以提高靈活性(參見圖 9)。

圖 9
奧克蘭大型高等教育機構的協作學習教室

資料來源:"The impact of new collaborative learning spaces on tertiary teacher practice," by K. Haines and L. Maurice-Takerei, 2019. *Journal of Learning Spaces, 8*(2), p. 13.

這項研究歷時二個學期,涉及機構內各學科〔會計、計算機、建築、創意企業、工程、幼兒教育、ESOL(其他語言使用者的英語)、跨學科研究、管理和營銷、自然科學〕。研究的重點是教師在新空間中的工作經歷,通過他們隨著時間的推移進行思考的反思過程。為此,有兩種數據蒐集方法:整個學期每週進行一次小型調查,以及每學期末教師進行焦點小組討論,以使教師能夠在實踐中進行反思。

研究結果顯示,新空間(小組空間和科技)以各種方式影響了教師的教學實踐和學習行為:(1) 教師教學實踐的改變:最初教師專注於針對在新物質環境中運行的特定變化,應對與空間本身有關的挑戰,並管理空間中的學生。隨著時間的流逝,教師發現他們的教學意圖發生了變化(控制較少、對學生的反應更多、改變他們對內容的看法、適應協同教學),以及他們看待自己的老師角色。將來使用新空間時,教師將致力於發展學生的軟體技能,其中特別提到了團隊合作、數位素養和網絡導航。總之,教師從高度以教師為中心並關注知識傳播(左側)到在協作環境(右側)中專注於學習者的活

動（圖10）。學生們非常喜歡此一協作空間，這是一個非常舒適的學習環境，允許移動而不會打擾其他人，當學生遲到時不會造成干擾，並且可以容納體型較大的學生。總之學生參與其中，並且在使用科技方面變得非常有效率，有很多技能分享，白板和屏幕非常適合查看。學生們看著彼此的工作，教師認為這有助於他們的學習。亦即，將控制權交給了學習者，可帶來更多的好奇心和探究性——學習的個別化。

圖10
教師在新空間工作所改變的教學重點

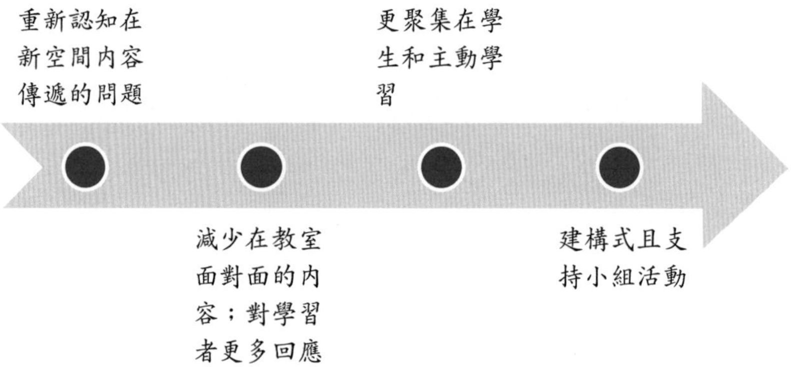

重新認知在
新空間內容
傳遞的問題

更聚集在學
生和主動學
習

減少在教室
面對面的內
容；對學習
者更多回應

建構式且支
持小組活動

資料來源："The impact of new collaborative learning spaces on tertiary teacher practice," by K. Haines and L. Maurice-Takerei, 2019. *Journal of Learning Spaces, 8*(2), p.18.

第三節　新世代學習空間與規劃實務

　　校園所有空間都是學習空間，教育是一個持續的有機過程，學習無所不在，有效的規劃學習空間需清楚地了解學習的節奏，隨著學習時間和地點的差異而變化（Steelcase Education, 2019）。以下擬就新世代學習空間的規劃重點、規劃向度、重要類型，分別說明之。

一、新世代學習空間的規劃重點

　　新世代學習空間的規劃重點，從學生和學習的角度出發，運用室內外環

境和廊道角落,建立多模式和可重組空間,提供高科技設備和可移動家具,必然出現新環境、新視界與新樣貌。茲參考相關研究(湯志民,2019a、2020b;College of the Mainland, 2019; Fisher, 2005a、2005b; TeachThought Staff, 2015),要舉如下:

(一) 協作孵化器(collaborative incubator)

協作孵化器($20m^2$)是想法產生空間、團隊會議空間,獲得技術和其他資源,以及顯示模型和想法的空間。支持創造力、想法產生,團隊合作和概念原型(prototyping of concepts),也為學生提供了與同儕互動和社交的機會,並增加他們的整體參與度。

(二) 發表空間(presentation space)

發表空間($40-50m^2$,通常可分開)屬個人或團隊展示和表演的地方。提供機會練習,與學習者、教職員和公眾分享獲得的技能和知識,並獲得回饋。

(三) 陳列空間(display space)

陳列空間($20m^2$)是提供想法、半成品和成品的展示場所,設置白板、黑板、黏性表面和展示櫃,擺置家具以展示進行中的方案或已完成的方案,可重疊布展。透過展示概念開發、學習活動、開發過程以及成品和服務,來支持和共享學習過程。

(四) 方案空間(project space)

方案空間($40-50m^2$,通常可分開)提供生產訊息、服務或產品的空間,鼓勵批判性思考、解決問題和團隊合作。設置各種工作桌面、補給櫃、開發階段的方案儲存區,以及接近工具和科技的空間。有專用照明和其他基礎設施,例如:水槽和垃圾處理。

(五) 專業重點實驗室(specialised focus lab)

專業重點實驗室($80-100m^2$)支持需要專門的設備或家具(例如:科學、

技術、藝術、音樂、舞蹈、製作、故障排除）之學習活動區域，提供空間和基礎設施來發展和練習專業技能。

(六) 多用途空間（multipurpose spaces）

多用途空間（40-50m^2，通常可分開）適合各種學習風格和活動的空間，例如：可用於展示、表演或合作小組的空間。

(七) 有趣的空間（playful spaces）

有趣的空間帶來學習的樂趣，有助於團隊有效地合作，並創造有意義的學習參與。一如 Google 為員工提供遊戲的空間，遊戲也是學習的「強大動力」。

(八) 虛擬空間（virtual spaces）

虛擬空間運用雲端科技，可將線上媒體，如 Skype 和虛擬檔案組合作為學習的一部分；擴增實境（AR）、虛擬實境（VR）和混合實境（MR）在學習空間運用之擴大，更將未來的學習轉向虛擬情境。

(九) 個人吊艙（individual pod）

個人吊艙（10m^2）屬安靜的空間，適合個人或小團體。提供安靜的工作、學習、思考或休息的地方。

(十) 休憩空間（breakout spaces）

休憩空間（15-20m^2），如休息區、小型自習室、加寬的走廊空間，可讓人群聚並脫離正式的學習活動，提供正式環境的心理和生理緩解。允許個人的反思、非正式討論或小團體社交活動。

(十一) 支援空間（supply space）

支援空間（20-30m^2），在學習活動空間之內或附近的空間，設置近便且需要的耗材、工具和儲藏室，用於提供資源、儲存課堂的方案、工具、學習產品和器材。

(十二) 室外學習空間（outdoor learning space）

提供非正式、多樣的戶外區域，進行社交、私人學習、反思或討論，也可用於結構化的小團體活動。任何規模的室外區域，可以景觀、建築物邊緣或輕質覆蓋物作部分組構，並提供座椅。

(十三) 透明視界（transparency）

教室隨著可移動玻璃牆的引入而向相鄰區域開放，使學習可溢出到協作區。玻璃牆還使室內部的活動與協作區的活動之間具有連通性。玻璃牆的另一個好處是，當光線通過玻璃從外部窗戶「借入」時，借來的光線會滲透到教室區域的中心。

(十四) 彈性家具（flexible furniture）

從傳統的靜態家具到非常靈活的家具，家具在環境中扮演至關重要的角色，易於重新配置，允許團隊活動和學生個人的學習。此外，在協作空間引入軟座椅和休閒家具，可以形成多種情境。

(十五) 豐沛的科技（robust technology）

提供多媒體學習工具、便攜式科技空間，所有學習區有強大的無線系統和科技工具，以促進協作和互動，例如：互動式 LED 屏幕、平板電腦、筆記型電腦、電子白板、數位相機、衛星電視、視頻製作等。整個空間設有充電站，讓學生個人手機、平板、筆電，能在高科技支援環境下，有效工作。

Fisher（2005a）提出多樣模式和團體規模的學習情境示意圖（如圖11），這些多模式學習情境，應以簇群方式配置，讓學生能四處移動到不同的學習環境，以符應其學習需求。

二、新世代學習空間的規劃向度

新世代學習空間的規劃向度，可從學生和學習者的學習時間、學習方式、學習興趣、學習群組、學習動線、學習場域、學習融合等七個學習樣態作為規劃向度（參考表 15）（湯志民，2019a）：

(一)「學習時間」有課間（如上課時間）學習，課前、下課和課後（如早修、下課、午休、放學）學習，前者學習者使用的是正式學習空間（formal

圖 11

多樣模式和團體規模的學習情境

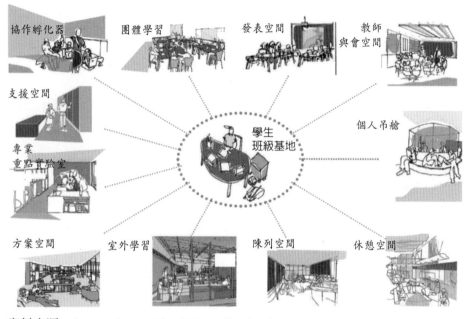

協作孵化器　團體學習　發表空間　教師與會空間

支援空間

專業重點實驗室

學生班級基地

個人吊艙

方案空間　室外學習　陳列空間　休憩空間

資料來源：*Research into identifying effective learning environments* (p. 165), by K. Fisher, 2005a. https://www.oecd.org/education/innovation-education/37905387.pdf

learning space），後者學習者使用的是非正式學習空間（informal learning space）。

(二)「學習方式」有被動學習（教師講學生聽）、主動學習（同儕互動），前者學習者使用的是被動學習空間（passive learning space），後者學習者使用的是主動學習空間（active learning space）。

(三)「學習興趣」有學術學習（以語文、數學、社會、自然為主）、多元學習（語文、數學邏輯、音樂、空間、身體動覺、內省、人際、博物等多元智慧之學習），前者學習者使用的是單元學習空間（unit learning space），後者學習者使用的是多元學習空間（multiple learning space）。

(四)「學習群組」有團體或大團體學習（班級上課、年級聽演講），以及小組研討和個人學習，前者學習者使用的是團體學習空間（groping learning space），後者學習者使用的是個別學習空間（individual learning space）。

(五)「學習動線」有以班級為中心的定班上課，以及課程為中心的跑班上課，前者學習者使用的是區域學習空間（regional learning space），後者學習者使用的是流動學習空間（mobile learning space）。

(六)「學習場域」有實體的學習教室，以及虛擬的 ICT 世界（MOOCs、社交網絡），前者學習者使用的是實體學習空間（physical learning space），後者學習者使用的是虛擬學習空間（virtual learning space）。

(七)「學習融合」有一般生一起的學習（班級上課、年級聽演講），以及融合回歸主流的特教生或重視不同學習者（如左右撇子）一起的學習，前者學習者使用的是非融合學習空間（restrictive learning space），後者學習者使用的是融合學習空間（inclusive learning space）。

其中，正式學習空間、被動學習空間、單元學習空間、團體學習空間、區域學習空間、實體學習空間、非融合學習空間等都是「現在學習空間」的代表，並因應 21 世紀新世代學生的多元、多樣學習需求，而朝向「面向未來學習空間」來發展，包括非正式學習空間、主動學習空間、多元學習空間、個別學習空間、流動學習空間、虛擬學習空間和融合學習空間。

表 15
新世代學習空間的規劃向度

現在學習空間	學習樣態	面向未來學習空間
正式學習空間	⟸ 學習時間 ⟹	非正式學習空間
被動學習空間	⟸ 學習方式 ⟹	主動學習空間
單元學習空間	⟸ 學習興趣 ⟹	多元學習空間
團體學習空間	⟸ 學習群組 ⟹	個別學習空間
區域學習空間	⟸ 學習動線 ⟹	流動學習空間
實體學習空間	⟸ 學習場域 ⟹	虛擬學習空間
非融合學習空間	⟸ 學習融合 ⟹	融合學習空間

資料來源：面向未來的學習空間——新世代學習空間之探究，湯志民，2019a。載於中華民國學校建築研究學會（主編），**學校建築與學生學習**（頁31），作者。

三、新世代學習空間的重要類型

　　教育空間規劃應強化以學生和學習者主體的「學習環境」或「學習空間」，提供便利、多元、豐富、可操作的「學習資源」，讓學生和學習者能在上課或下課時間、正式課程和非正式課程或空白課程、團體或個別學習，公共、社交和個人空間、領域或私密性，都能有最大的自由度，以充分醞釀和發展潛能，開展多元智慧（湯志民，2009c）。

　　新世代學習空間從「現在學習空間」到「面向未來學習空間」，可分為正式和非正式學習空間、被動和主動學習空間、單元和多元學習空間、團體和個別學習空間、區域和流動學習空間、實體和虛擬學習空間、非融合和融合學習空間等七種重要類型。新世代學習空間應從「現在學習空間」，朝向「面向未來學習空間」來發展，包括非正式學習空間、主動學習空間、多元學習空間、個別學習空間、流動學習空間、虛擬學習空間和融合學習空間，以因應21世紀新世代學生的多元、多樣學習需求。以下分別分析說明之（湯志民，2019a）：

(一) 正式學習空間 / 非正式學習空間

　　學習空間以「學習時間」來分，可分為正式學習空間和非正式學習空間：

1. **正式學習空間**：正式學習空間主要是正式課程的各學科教室，如普通教室、自然實驗室、英聽教室、電腦教室、音樂教室、家政教室、生活科技教室等。

2. **非正式學習空間**：非正式學習空間主要因應學生在課前、下課和課後（如早修、下課、午休、放學）之學習需求而設計之空間，如走廊或樓梯間的學習角落、遊戲場、餐廳、合作、庭園等。

　　有些學校設施，則橫跨正式學習和非正式學習，如圖書館、體育館、跑道、籃球場、桌球室等。

(二) 被動學習空間 / 主動學習空間

　　學習空間以「學習方式」來分，可分為被動學習空間和主動學習空間：

1. **被動學習空間**：被動學習空間採單中心空間設計，教室或學習空間的桌椅採排排坐配置形式，學習聚焦於教室前方，知識單向傳遞（教師講學生

聽），學習者被動吸收。

2. **主動學習空間**：主動學習空間採多中心、多模式空間設計，教室或學習空間的桌椅可移動（裝輪子）並可依學習需求重新配置，通常採小組、或多樣形式配置，利於同儕研討和互動，學習焦點在學習者身上，知識和學習多向傳遞，學習者主動探索和建構。

(三) 單元學習空間 / 多元學習空間

學習空間以「學習興趣」來分，可分為單元學習空間和多元學習空間：

1. **單元學習空間**：單元學習空間採專業或專科空間設計，因應學術學習（以語文、數學、社會、自然為主）之需求，教室或學習空間的設備器材與桌椅，屬單一功能，如傳統普通教室，物理、化學等專科教室。

2. **多元學習空間**：多元學習空間採多功能、多單元空間設計，教室或學習空間和設備多樣化，或配置可移動家具，可重新組合學習空間，特別是全校的學習空間避免單一化，以因應學生多元智慧（如語文、數學邏輯、音樂、空間、身體動覺、內省、人際、博物智慧等）探索與開展之需求。

(四) 團體學習空間和個別學習空間

學習空間以「學習群組」來分，可分為團體學習空間和個別學習空間：

1. **團體學習空間**：團體學習空間採大空間、單向空間設計，因應班級、年級和全校性教學與活動需要，運用普通教室、專科教室、視聽教室、演藝廳、體育館等空間。

2. **個別學習空間**：個別學習空間採小空間、多向空間設計，因應同儕互動、小組討論、發表、演示，以及個人學習和研究之需。學習空間和設備多樣化，或配置可移動家具，可重新組合學習空間，有些空間須有隔牆或隔音效果，以利靜態的研究或探索。

(五) 區域學習空間和流動學習空間

學習空間以「學習動線」來分，可分為區域學習空間和流動學習空間：

1. **區域學習空間**：區域學習空間因應以班級為中心的定班上課，在鄰近主要班級教學區域，設置室內外多樣性活動空間與設施，如學習角落、置物

櫃、庭園、涼亭、木平臺、圓桌椅等，讓學生在上下課之間，有便利的
互動、探索、沉思、休憩的場域。

2. **流動學習空間**：流動學習空間因應課程為中心的跑班上課，學生在教學區
間移動，以班級基地（home base）或長廊鐵櫃為置物與出發點，所經之
處可以停、等與同儕互動、小組討論及獨處和研究空間與設備，對學生
而言，都是「流動式」使用的學習空間，範圍比區域學習空間大，但權屬
性弱。

(六) 實體學習空間和虛擬學習空間

學習空間以「學習場域」來分，可分為實體學習空間和虛擬學習空間：

1. **實體學習空間**：實體學習空間係學校因應學生教育、學習與生活需求，所
規劃設置的物質學習空間與設備，如普通教室、專科教室、演藝廳、體
育館、運動場地、合作社、餐廳、學習角落、庭園、圓桌椅等皆是，屬
於視覺、聽覺、嗅覺、味覺、觸覺五官可感受到的環境與設施。

2. **虛擬學習空間**：虛擬學習空間因應 ICT 的快速發展，工業 4.0 和 5G 所
促動的智慧教室和智慧校園，使學習環境虛擬化，如擴增實境（AR）、
虛擬實境（VR）、混合實境（MR）、延展實境（XR）、翻轉教室
（flipped classroom）、線上課程（MOOCs）、社交網路（如微博、微信、
Google+、MySpace、Twitter、Facebook、Line）等，快速發展，改變了
學生的學習空間與學習模式，成為無所不在的學習。

(七) 非融合學習空間與融合學習空間

學習空間以「學習融合」來分，可分為非融合學習空間與融合學習空間：

1. **非融合學習空間**：非融合學習空間係指為一般學生上課（班級上課、年級
聽演講）設置的教室，學習空間與設備依一般標準需求，未特別考量特教
生和學生學習的特殊需求，通常進出教室的障礙較少，但是室內移動或
特殊設備的考量則未臻周延，對一般學生使用尚無大礙。

2. **融合學習空間**：融合學習空間基於回歸主流特教生和學生學習的特殊需
求，在學習空間和設備會特別規劃設置，如無障礙環境和設施、室內桌
椅配置預留無障礙通道、特教輔具、左撇子使用的桌椅、宗教祈禱室、

共融式遊戲場、無障礙網頁等,讓所有學生的學習暢行無阻。

21 世紀走完 20 年,學生的學習基於 ICT、工業 4.0 和 5G 的發展,其學習模式和 20 世紀的學生截然不同,新世代學習空間的研究和樣貌,更是變化多端。

面向未來的新世代學習空間,是一個因應 21 世紀學生學習新模式、新樣態,而提供多模式、多中心,並以 ICT 為基礎,以符應新世代學生多元和多樣學習需求的空間與設施。從學生和學習的視角出發,重新看待學校建築與校園規劃,會有全然不同的視野,整個學習空間體系更為複雜,但也更值得了解與探究。

須提及的是,新世代學習空間在大學、中小學的規劃與設置上,依其學生學習特質、時間、方式、興趣和群組,以及校園的空間條件,各會有不同的考量和形式,正因其多元、多樣的變化和複雜度,促使學習空間的研究和探索快速發展。期待,教育設施與環境規劃,能從學生和學習的新角度來思維,以開拓學習空間的新視野、新空間、新環境!

第 5 章　永續校園新發展

丘吉爾名言：「我們塑造建築；然後建築再塑造我們。」這種觀點也許在我們學校設施中更為重要。為改善我們的教育體系，雖常聽到要支持改變課程、科技和教學方法的論辯；但現在是時候，將學校設施設計視為有效學習和改善整體教育的最重要組成之一。

（Winston Churchill famously said, "We shape our buildings; thereafter they shape us." Perhaps nowhere is this sentiment more important than in our school facilities. While we often hear arguments supporting changes in curriculum, technology, and teaching methods to improve our education system, it's time to really look at school facility design as one of the most important components to effective learning and improving education as a whole.）

$\sim$ A. Jobson, 2018

「永續發展」（sustainable development）最廣泛採用的定義發表在 1987 年世界環境與發展委員會（the World Commission on Environment and Development）的報告「我們共同的未來」（Our Common Future），也稱為布倫特蘭報告（the Brundtland Report）（Environment Bureau, 2018）：

「滿足當前需求的發展，同時不影響後代滿足其需求的能力。」
（Development that meets the needs of the present without compromising the ability of future generations to meet their own needs.）

全球永續發展理念的推展，帶動各國建立綠建築指標，如 1990 年英國的建築研究組織環境評估法（BREEAM）、1996 年美國的能源及環境

設計領導計畫（LEED）、1998 年加拿大的綠色建築挑戰（GBTool）、1999 年臺灣綠建築的九大指標（EEWH），2000 年以後進入發展巔峰，如日本的「建築物綜合環境性能評估系統」（CASBEE）、澳洲的「國家建築環境評估系統」（NABERS）、德國的 DGNB、挪威的 Eco Profile、法國的 HQE、泰國的 TREES、中國的三星級綠色建築系統、香港的 BEAM Plus、新加坡的 Green Mark 等相繼成立，至 2018 年已有 38 個國家有綠建築評估系統（林憲德、林子平、蔡耀賢主編，2019）。這也促進了世界各國學校綠建築或永續校園的推展趨勢，並有許多不同的名稱，如永續學校（sustainable school）、永續發展學校（sustainable development school）、綠星學校（green star school）、生態學校（eco-school）、綠色學校（green school）、綠絲帶學校（green ribbon school）、健康學校（health school）、高成效學校（high performance school）、種子學校（seeds），以及「綠校園」、「綠色校園」或「永續校園」等（湯志民，2014；Barr, Cross, & Dunbar, 2014; Educational Central, 2014; Environment Bureau, 2018; Soyka, 2017; State of NSW and Office of Environment and Heritage, 2018），以下以永續校園概稱。

臺灣，行政院國家永續發展委員會於 1997 年成立，2001 年行政院核定「綠建築推動方案」，規定中央機關或受其補助達二分之一以上，且工程總造價在新臺幣 5,000 萬元以上之公有新建建築物，自 2002 年 1 月 1 日起，應先行取得候選綠建築證書，始得申請建造執照；直轄市、縣（市）政府公有建築訂定實施方式比照辦理。2004 年，內政部在「建築技術規則」中再增訂「綠建築專章」，2021 年，修正為「綠建築基準」，以強制執行新建建築推行綠建築設計。綠建築評估指標自 2003 年 1 月 1 日起由七項指標增加為九項指標，包括生物多樣性、綠化量、基地保水、日常節能、CO_2 減量、廢棄物減量、室內環境、水資源、汙水及垃圾改善等，門檻為四項指標，其中「日常節能」及「水資源」為必須通過之門檻指標（林憲德等主編，2019）。

臺灣新設學校符應綠建築指標，在法規要求下已成為常態，但獲得綠建築標章的學校，不見得會運用校園建築，推展永續發展與環境教育。至於，現有學校囿於舊校舍難符綠建築標準，教育部推展的永續校園受限於經費，僅能以「局部改造」方式整修現有環境設施。因此，發展學校綠建築，以資

作為永續校園發展基地，推展永續發展和環境教育，並成為社區的永續學習中心，帶動社區整體發展，才是「永續校園」發展的重點與趨勢。以下擬就學校綠建築的重要、綠建築與永續校園的發展、永續校園的發展策略，分別探討，以供學校推展永續校園之參考。

第一節 學校綠建築的重要

「綠建築」，日本稱為「環境共生建築」（建築思潮研究所編，2004），中國稱為「綠色建築」或「可持續性建築」，綠色建築係指在全壽命期內，節約資源、保護環境、減少汙染，為人們提供健康、適用、高效的使用空間，最大限度地實現人與自然和諧共生的高品質建築（中華人民共和國建設部，2019，第3頁）。在歐洲國家，稱為「生態建築」（ecological building）或「永續建築」（sustainable building），主要強調生態平衡、保育、物種多樣化、資源回收再利用、再生能源及節能等永續發展課題。在美國、加拿大、澳洲、東亞國家，多稱為綠建築（green building），主要講求能源效率的提升與節能、資源與材料妥善利用、室內環境品質及符合環境容受力等（內政部建築研究所，2018；林憲德等主編，2019）。臺灣，採用「綠建築」之名稱，界定為「生態、節能、減廢、健康特性的建築物」（林憲德主編，2003），近年進一步定義為「以人類的健康舒適為基礎，追求與地球環境共生共榮，以及人類生活環境永續發展的建築設計」（內政部建築研究所，2018）。

「學校綠建築」（green school buildings, green building for school），或稱之為「學校永續建築」（sustainable building for schools, sustainable school buildings）、「綠教育設施」（the greening of educational facilities）、高成效學校（high performance school）。學校綠建築是具有生態、節能、減廢、健康特性的校舍、校園、運動場及其附屬設施（湯志民，2003）。

Gelfand（2010）根據研究指出，永續學校的好處有：(1) 提升學生測驗成績；(2) 營運經費較低；(3) 增進教師表現和滿意度；(4) 增加建築使用年限；(5) 環境影響較低；(6) 改變態度。美國佛羅里達州教育廳（Florida Department of Education, 2010）認為成為綠色學校的好處有：(1) 健康、安全的學習環境；(2) 高學生成就；(3) 增加教師和職員的滿意度和留校率；

(4) 增加教師、職員、學生和家長的歸屬感；(5) 增加社區和學校的連結；(6) 讓學生了解和面對現在與未來的環境變遷；(7) 與社區建立夥伴關係共同設計、執行健康和安全學校方案；(8) 將學校建築和校地作為教學工具；(9) 在建築、景觀設計、減少維護費上成為環境保護實務典範；(10) 避免經費賠償；(11) 減少營運經費；(12) 減少消耗；(13) 保護自然資源；(14) 減少債務並避免壞名聲。Mill、Eley、Ander 和 Duhon（2002）的研究，以及美國環境保護署（U.S. Environmental Protection Agency, 2014）指出高成效學校的優點有：(1) 較高的測驗分數；(2) 增加每日平均出席率；(3) 減少營運經費；(4) 增加教師的滿意度和留校率；(5) 減少曝晒；(6) 降低環境影響。澳洲綠建築協會（Green Building Council Australia, 2021）認為建造綠色學校的好處有：(1) 更具學習效率的場所；(2) 更好的教學場所；(3) 吸引學生；(4) 降低環境影響。綜上所述，學校綠建築的重要，主要在影響學習成就、推展環保節能和作為教學場域三方面：

一、影響學習成就

美國綠建築協會（The U.S. Green Building Council, 2014a）綜合許多研究指出，綠色學校有助於學習。就日照而言，使用「晝光」（daylight）作為照明光源，可以使人們較為快樂、健康及更有生產力；所謂「晝光」係指多雲天空中漫射的光線，所有方位均為上方明亮、地平線處黑暗，其溫度和色彩兩者同屬溫和、涼爽（Loveland, 2002）；美國環境保護署（U.S. Environmental Protection Agency, 2014）根據對加州、華盛頓、科羅拉多州的一項學區研究指出，增加晝光和提高學生成效有強烈相關，以加州為例，教室晝光最多比最少者，在一年之中，學生數學測驗進步 20%，閱讀測驗進步 26%；該研究也從教師、學生和家長數年之體會中證實：好的設施——舒適的音響、採光、室內空氣品質等，會增進學習和測驗成績。

就室內溫度而言，舒適的室內溫度可提高工作效率並使學生更加機敏，2016 年一項對紐約市 75,000 名學生的高風險測驗（high-stakes test）成績進行的一項研究中，研究人員發現，氣溫每升高 $1°F$，考試成績就會下降 0.2%。儘管看起來很小，但結果意味著學生在 $90°F$ 的日子裡考試失敗的可能性比 $75°F$ 的日子高 12.3%（The Center for Green Schools, 2018a）。再就

通風設計來看，美國綠建築協會（The U.S. Green Building Council, 2014a）根據勞倫斯柏克萊國家實驗室（Lawrence Berkeley National Laboratories）研究人員指出，當通風率在最低或低於最低標準，學生成就測驗會降低5-10%。

二、推展環保節能

美國能源部（U.S. Department of Energy, 2003）指出：全國超過70%的學校在1970年以前建造，有50%的學校需要更新；美國重建「能源智能學校」（Energy Smart Schools）將節能措施納入1億7,400萬平方英尺（約1,616公頃）學校建築之中，每年節省超過7,200萬美元。美國綠建築協會（The U.S. Green Building Council, 2014b）表示，如果今天美國所有新學校的興建和整建都使之成為綠色學校，則未來10年整個能源經費會節省超過200億美元；根據研究指出，綠色學校比之傳統興建學校節能33%、節水32%，在運作經費上平均每年省10萬美元，可至少新聘1位教師，買200臺新電腦或5,000本教科書。加州能源委員會（California Energy Commission）估計，以高成效學校為例，新建學校（new schools）每年可以節省經費30-40%，在整建學校（renovated schools）每年可以節省經費20-30%，如果學校整合運用多種節能措施，從設計歷程開始，到每一建築要素（如窗戶、牆、建材、空調、景觀等），都視為連動的統整系統，整體考量使之有最大成效，經積極的設計則每年可以節省50%的經費（U.S. Environmental Protection Agency, 2014）。

對永續學校而言，室外環境與室內環境一樣重要，根據永續發展卓越中心（the Center of Excellence for Sustainable Development）的研究指出，校地適當的美化可降低30%的熱能消耗，空調能源消耗減少75%，水資源的消耗減少80%（Moore, 1999）；洛杉磯學區和市府水電部（Department of Water and Power）合作的「酷校」方案（"Cool Schools" program），在校園中種植8,000棵樹，可保持建築物涼爽，降低空調和其他電力的花費到20%，並吸收CO_2，鎖住水分，且用在「涼爽學校」的每1元美元，會因為減少能源花費及增進空氣品質而回收大約2.37元美元（Kennedy, 2001）。2020年3月，聖地亞哥猶太學院（The San Diego Jewish Academy）在校園

屋頂和停車棚上設置 800 千瓦的太陽能光電板,預計每年可節省 40 萬美元,並讓學院成為一個完全能源自給自足的校園(Kennedy, 2020)。紐約市教育局(New York City Department of Education, 2021)表示,紐約市未來 2 年內購買 75 輛無障礙電動校車(accessible electric school buses),到 2035 年紐約市所有校車都將是電動校車;從柴油校車到全電動校車將帶來顯著的氣候、健康和成本節約優勢,包括將減少校車 30% 的碳排放、消除空氣汙染、減少哮喘急診以及呼吸和心臟住院,並節省約 1,800 萬美元的醫療保健費用。澳洲,澳洲綠建築協會在 2013 年的一項研究中發現獲得綠星認證建築(Green Star-certified buildings)耗電量比一般建築物少 66%,產生的溫室氣體排放量少 62%,使用的飲用水少 51%,回收 96% 的廢棄物,而新建案的平均回收率為 58%(Green Building Council Australia, 2021)。

三、作為教學場域

　　學校綠建築是結合生態、科技、環保、節能、健康的教育設施,極具教育意義,亦可提供絕佳的教學場域。林憲德(2004)即指出,學校的生態系統是城鄉人造環境中最重要的一環,在國土配置上最均勻而廣泛,大專院校、高中職、國中小乃至於幼兒園所擁有的廣大校園,皆具備最優良的綠化、透水、生物棲息條件,如能以「永續校園」的方向,廣建更優良的生態環境,對於城鄉生態綠網、都市氣候、生物基因交流、國土生態保育和全民生態教育,當有莫大的幫助。須注意的是,綠建築和節能建築都不是我們的目的,而是使我們的教育設施能成為最好的教育設施之策略(Ohrenschall, 1999)。正如 Nair、Fielding 和 Lackney(2013)所強調的,在學校情境中,永續設計成為卓越的教具,它是動態的模式,自然和諧的教導建築、工程、建造和環境科學。南澳洲教育廳(South Australia Department of Education, 2020)也強調,環境永續性原則納入教育設施設計和建設,以確保教育設施創造出能促進社會、環境和經濟永續性的學習環境,並努力改善教育設施的環境績效,以降低營運成本和電網負載。因此,學校的設計、建造、運作和維護,都必須對學童最有利,尤其是學校能源效率的處理,更應以「改善教師的教學和學生的學習」為我們第一和唯一的目的,如此才能完成節能、永續的綠學校(Schoff, 2002)。

第二節　綠建築與永續校園的發展

　　學校綠建築是學校建築朝永續校園發展的基礎建築設施，永續校園為學校綠建築升化為節能減碳和環保教育情境的發展方向。以下擬就學校綠建築與永續校園的關係、永續校園之發展架構，分別探究，以明梗概。

一、學校綠建築與永續校園的關係

　　Qian 和 Yang（2018）指出，現代綠建築是既可以最大化資源效率（包括能源、土地、水和材料），又可以減少整個建築生命週期中的環境負荷的建築；為了保護環境，減少汙染，綠建築始終與自然和諧共存，採用一系列先進的資源節約技術，如自然通風、自然採光、低碳建築結構、再生能源利用、水資源再利用、綠建築材料、智慧控制和綠色配置等。因此，目前的綠建築具有合理規劃、資源高效循環、綜合有效的節能措施、健康舒適的建築環境、無害、減少排放、彈性和適合的建築功能等特點。

　　臺灣綠建築之推展迭有績效，至 2021 年 3 月，臺灣已有 3,441 件綠建築標章、6,063 件候選綠建築證書，使用階段預估每年可省電約 21.72 億度，撙節 76 億元；省水約 1.06 億噸（相當於 42,373 座國際標準游泳池的容量），撙節 10.59 億元；減少之 CO_2 排放量約為 11.56 億公斤，這個量約等於 7.75 萬公頃人造林（約等於 2.64 個臺北市面積）所吸收的 CO_2 量（財團法人台灣建築中心，2021）。臺灣新建學校在綠建築的表現頗佳。2003-2019 年，10 屆優良綠建築獎計 107 件，其中學校建築有 34 件（占 32%），包括成功大學孫運璿綠建築科技大樓、研究總中心暨教學研究大樓，臺灣科技大學臺灣建築科技中心、淡江大學蘭陽校區、國立臺南藝術大學學生宿舍、臺東大學師範學院及理工學院大樓、國立雲林科技大學產學研大樓、國立南科國際實驗高中、國立新化高中、國立屏北高中，宜蘭縣內城國民中小學、凱旋和南屏國中，新北市新市、頭湖和猴硐國小，臺中市大坑、桐林國小，彰化縣新民國小，南投縣內湖國小，臺南市忠孝、後壁國中、億載、忠義、日新、新南國小和紅瓦厝國小，高雄市立前鋒國中、蔡文和紅毛港國小等新建、重建或遷校校舍工程，皆為優良綠建築案例（內政部建築研究所，2020）。這些優良學校綠建築，都是永續校園理念推展的示範基地。

　　尤其是，921 震災災區的「新校園運動」，即以「永續發展的綠色校園環境」作為其校園重建的八項具體原則之一（湯志民，2006d）。教育部2004 年發布《教育部補助永續校園局部改造計畫作業要點》，至 2018 年修正更名為《教育部補助永續循環校園探索及示範計畫作業要點》（2019），補助對象包括各級公私立學校，補助類別分為探索計畫（上限 15 萬元／校）、示範計畫（上限 610 萬元／校）。示範計畫之主題包括：(1) 能源循環最佳化主題；(2) 資源循環主題；(3) 基地永續對應主題；(4) 生態循環主題；(5) 健康建築主題等項目；(6) 其他（符合循環型永續校園精神項目）。雖然，囿於經費，僅能支持現有學校以「局部改造」方式推展永續校園，其成效經年累月仍有可觀之處。

　　永續校園（sustainable school or sustainable campus）則是運用綠建築和永續發展的理念，規劃與設置能促進地球永續、環境友善，以及推展環保與永續教育的校園環境。析言之，永續校園是學校綠建築的建置、提升與運用，永續校園以學校綠建築為發展基地，永續發展為核心，推展永續和環境教育，以培育永續發展人才，共創永續發展社區，為愛護地球盡一份心力。

　　綠建築與永續校園概念關係圖，詳見圖 12。永續發展的核心概念是：(1) 少即多，如節能、減碳、減廢等；(2)「生態循環」（ecological cycle），如再生、再利用。永續校園，如各國的綠色學校、生態學校、高成效學校、綠絲帶學校、綠星學校、種子學校等，都是以「綠建築」（具生態、節能、減廢、健康特性）為發展基地，永續發展為核心觀念，推展永續和環境教育（運用方案本位學習、地方本位教育、食農教育、社區學習中心），與社區共生共榮，共創永續發展社區，成為地球環保的守護基地（湯志民，2019c）。

二、永續校園之發展架構

　　永續校園提供：(1) 關於永續發展的教育（Education *about* Sustainable Development）：關鍵知識和觀念；(2) 為了永續發展的教育（Education *for* Sustainable Development）：關鍵價值觀和技能；(3) 教育即永續發展（Education *as* Sustainable development）：學習經驗，包括透過參與和積極的公民身分，而有應用概念、價值觀和技能的機會（Camden Council,

圖 12
綠建築與永續校園概念關係圖

資料來源：「綠建築理念與永續校園之發展」，湯志民，2019c，**教育研究**，
　　　　　300，頁 51。

2016）。以下擬就永續校園三大支柱與永續校園發展整體架構，分別說明
之。

(一) 永續校園三大支柱

　　永續校園採用跨校園、課程和社區的整合方法，非常重視「做中學」，
採負責任的態度和行為之價值觀，來促進永續發展。學校是教育中心支持永
續發展，並對社區及其環境產生積極影響。因此，永續校園旨在增進學生
技能，建立資源效率的學校，以及建立永續的鄰里和社區（Kazi, 2016）。
美國教育部建立了綠色學校（green school）的三大支柱，可作為永續校
園之參考（U.S. Green Building Council, 2017; The Center for Green School,
20181b、2018c）：

1. 減少環境影響和成本（reduced environmental impact & costs）：(1) 減少
　 或消除溫室氣體排放；改善水質、效率和保護措施。(2) 減少固體和危險

廢棄物的產生。

2. 改善使用者的健康和舒適（improved occupant health & wellness）：統整學校環境衛生方案；營運和設施範圍的管理。

3. 有效能的環境和永續發展教育（effective environmental & sustainability education）：利用環境和永續發展培養 STEM 的內容知識和思考技能，為 21 世紀科技驅動型經濟的畢業生做好準備；發展公民參與知識和技能，以及學生應用這些知識和技能，來解決社區中的永續發展和環境議題；增進環境素養方案，以及社區倡導。

(二) 永續校園發展整體架構

永續校園發展整體架構，以 Barr 等（2014）的「學校永續發展整體架構」（The Whole-School Sustainability Framework）論述最為完整（參見圖 13），茲要述如下：

1. 組織文化（organizational culture）：組織文化包括組織內的共享價值、社會規範和實踐。為了成功地將永續發展作為組織文化的核心組成部分，必須與組織的既定使命保持一致，得到部門間合作的支持，並能有效溝通。執行重點包括：(1) 願景和使命一致（vision & mission alignment）──學校社群反映獨特的願景、願景定義未來鼓舞人心的形象、確定遠大和可實現的目的。(2) 部門間學習（interdepartmental learning）──建立交叉團隊、永續發展融入所有員工角色、持續發展和評估是學習過程的一部分。(3) 催化溝通（catalytic communication）──期望的變化要明確定義且為有形的，願景透過語言和行動進行溝通、提供比較回饋。

2. 物質場地（physical place）：學校的物質場地，包括建築環境、周圍的自然環境以及學校的資源，提供教育經驗的背景和可見的學校價值觀。為了完整利用物質場地的力量，它必須具有吸引力和積極性，逐步提高效率，並體現增進人類、環境和經濟健康的系統。執行重點包括：(1) 參與和主動設計（engaging & active design）──學校建築和場地激發探索、說明流量和影響、建築和場地提供有意識的教學工具。(2) 進步效率（progressive efficiency）──進展公開、保護行為是一種社會規範、政策使進步效率制度化。(3) 健康的系統（healthy systems）──營運要以更大

的目的作為指導、人類、環境和經濟優先事項是相輔相成而非競爭，學校營運支持健康的生活方式。

3. **教育方案**（educational program）：連結人、場地和目的，學校的教育方案將學校的願景和使命帶入生活。如果學校的永續發展願景與其核心教育使命相一致，那麼透過員工的領導、基於場地的連結和學生的活動，可以在教育方案中看到永續發展。執行重點包括：(1) 魅力的擁護者（charismatic champions）──正式領導支持此願景、各級領導人都有權力、決策是透明的和賦權的；(2) 連結場地（connection to place）──利用即時資源和工具、永續發展原則貫穿整個課程、學校作為社區學習的中心；(3) 學生賦權（student powered）──學生有能力做出積極的改變、學生是同儕導生、學生準備好積極的公民身分。

圖 13
學校永續發展整體架構

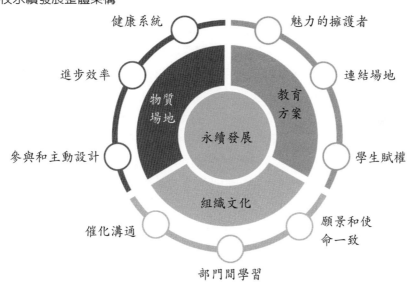

資料來源：*The whole-school sustainability framework: Guiding principles for integrating sustainability into all aspects of a school organization* (p. 2), by S. K. Barr, J. E. Cross and B. H. Dunbar, 2014. https://centerforgreenschools.org/sites/default/files/resource-files/Whole-School_Sustainability_Framework.pdf

第三節　永續校園的發展策略

根據 Akom（2017）、Ark（2017）、Atkinson（2018）、Dude Solutions（2018）提出使學校更環保，或更為永續的學校建築／教室，或未來綠色學校之趨勢，以及 Barr 等（2014）說明學校永續發展整體架構，並參考相關研究（湯志民，2019c；Birney, Kellard, & Reed, 2011; Hanson & Andres, 2017; Kennedy, 2018），可將永續校園之發展，分為推動淨零能建築、推展碳中和學校、運用再生能源、使用永續建材、採模組化結構、善用現有空間、發展永續教育、開展永續校園等八項發展策略，以下分別說明探討。

一、推動淨零能建築

隨著地球暖化及極端氣候威脅等問題，為維護環境永續發展，許多先進國家如歐盟、美國、日本等，提出了大量的近（淨）零能源建築倡議和政策，主要係導入建築節能技術並結合再生能源，提出有效降低建築總體耗能之解決方案。內政部建築研究所 2020 年完成「綠建築評估手冊——建築能效評估系統（EEWH-BERS）」（草案），以及研訂淨零能源建築之定義及基準，並逐步發展建築能效標示制度，以作為未來推動淨零能源建築之基礎（陳麒任，2020）。美國綠建築協會（U.S. Green Building Council, USGBC）2019 年提出「LEED Zero」標章指引，針對建築的「能源」、「排碳」、「耗水」及「廢棄物」這四大項分別進行淨零認證，歐盟要求從 2021 年起新建築，都必須是淨零能耗；2019 年聯合國氣候峰會上也提出「人人享有零碳建築」的全球倡議，中國則已公布淨零能耗建築技術標準和淨零碳建築宣言（詹詒絜，2020）。

淨零能建築（net zero energy buildings）是永續校園發展的理想，透過智慧建築的設計將使之成為新常態。學校建築正迅速變得更加智慧化，智慧建築的設計在於靈活地滿足需求，並利用科技和程序提供高效的學習環境、室內環境品質、安全，以及節能和水資源運用，以提供學生和員工最佳的學習和工作環境，並降低營運成本。例如：位於威斯康辛州北地聘斯學區（Northland Pines School District, NPSD）2006 年竣工的美國第一所 LEED 金級認證的公立高中，結合了許多智慧建築功能來監控和微調，以實現最佳

的舒適度、健康和節省成本。為了利用日光，教室安裝了感應器來控制外排燈（與窗戶平行的那些燈），當日光充足時外排燈減少照明 50%，沒人使用時自動關閉照明，空調（HVAC）系統也切到無人使用模式（Hanson & Andres, 2017）。此外，紐約州凱薩琳‧格林學校 2015 年完工，設置太陽能板、高科技建築外牆、節能環保照明、低耗能廚房、熱泵系統、能源回收和通風控制系統，使該校成為紐約州第一所零能耗學校（湯志民，2018b）。

為實現零能耗，2018 年美國冷凍空調協會（American Society of Heating, Refrigeration, and Air Conditioning , ASHRAE）發布 K-12 學校設計指南，建議學校要做低「耗能強度」（energy use intensity, EUI）設計，並設置太陽能板生產再生能源，以促成淨零能之實現（Kennedy, 2018）。而實現淨零發電最關鍵的不是透過太陽能板發電，而是降低冷暖氣空調、照明、計算機和其他設備的能源使用（Lehman, 2022）。

當然，如果淨零能建築是好的，那麼能產生比其使用更多能量的建築更好。淨正能建築（A net positive energy building）是將能源使用顯著減少，並結合生產超過建築能耗需求的再生能源。例如：南卡羅來納州霍里縣（The Horry County）學區計畫於 2014 年在美特爾海灘（Myrtle Beach）及其周圍建造 5 所中小學校，即為廢除傳統施工，增加淨能的設施。這 5 所校園造價 2.2 億美元，比一般建築高出約 5,200 萬美元，但可達到淨正能，並在建築生命週期內節省成本。其中梭卡司梯小學（Socastee Elementary School）於 2017 年 8 月開學。所有學校設施的耗能都遠少於傳統設計的校園，包括用於加熱和冷卻的地熱系統、LED 照明、加強建築自動化；空氣淨化系統，以減少需要進入建築物的外部空氣量，以及空心混凝土地板，用於儲存加熱和冷卻的空氣，使設施能夠使用更小的機械系統來加熱和冷卻。這些建築設計都可減少能耗，同時安裝大規模列陣的太陽能光伏板，生產再生能源，以實現淨正能（Kennedy, 2018）。

二、推展碳中和學校

根據國際標準 PAS 2060 碳中和宣告標準（specification for the demonstration of carbon neutrality），「碳中和」是指標的物在一段期間內，所產生之溫室氣體排放量，經過「抵換」後，在大氣中淨值變為「零」的過

程（國立臺北科技大學，2017）。美國建築師協會（The American Institute for Architects）呼籲全球建築界，到 2030 年完成下列挑戰任務：(1) 所有新建築、開發和重大改造的設計，在化石燃料、溫室氣體排放和能耗表現標準，應比該建築類型的區域（或國家）平均值／中位數低 70%。(2)2020 年低於 80%，2025 年低於 90%，至 2030 年達到碳中和（不使用化石燃料排放溫室氣體的能源）（Akom, 2017）。將碳中和挑戰擴展到綠色學校運動（the green schools movement），並不是要每所學校都成為一個小型電廠，而是採取更全面的方法，鼓勵社區夥伴關係、城市和學校共同努力，運用可再生能源滿足其能源需求，那麼轉變為碳中和學校建築（carbon neutral school buildings）的目標是可以實現的。例如：2007 年澳洲南弗里曼特爾高中（South Fremantle High School）啟動了碳中和方案，成為澳洲第一所碳中和高中，該校做了下列三件事：(1) 減少化石燃料的使用；(2) 實施再生能源方案；(3) 通過植樹固定碳排放。碳中和方案為學生提供「真實世界」的情境來提高數學、科學和創造性思維技能，從而擴展 STEAM 學科的教育機會。因此，碳中和不僅是減少氣候變遷的重要手段，而且還節省了可以再投資於學校和社區的資源（Akom, 2017）。美國，2013 年科爾比學院（Colby College）、2016 年貝茲學院（Bates College）、2018 年美國大學（American University）、2019 年舊金山大學（University of San Francisco）、2020 年科羅拉多學院（Colorado College）和狄金森學院（Dickinson College）等許多大學都已達到碳中和學校（Second Nature, 2022）。

三、運用再生能源

太陽能和其他再生能源已經能與傳統能源競爭，因此常納入學校建築方案。運用陽光、風、雨、潮汐和地熱的自然資源，再生能源技術包括太陽能、風能、水電／微水電、生物質能和運輸用生物燃料（biofuel）。例如：太陽能方面，丹麥哥本哈根國際學校，2017 年完工的新校舍，獨特的立面覆蓋 12,000 塊太陽能板，是丹麥最大的太陽能建築，可供學校所需電量的 50%（Malone（Ed.）, 2017）。加州洛杉磯阿里默領導力特許高中（Ánimo Leadership Charter High School），2013 年完工的新校舍，建築南立面覆蓋 650 塊太陽能板，可為校舍遮蔭，並提供學校 75% 的能源需求（湯

志民，2018b）。生物燃料方面，有愈來愈多學校系統利用生物燃料來開公車和學區車輛，如聖地牙哥聯盟（San Diego Unified）學區，利用當地餐館的再利用食用油為其數百輛公車提供燃料，並在聖地亞哥科學和技術高中（San Diego High School of Science and Technology）教導該科技的使用（Ark, 2017）。特別是，印尼峇里島綠色學校（Green School Bali）是運用再生能源最典範的學校，包括太陽能光伏板和微電網能源管理系統、微水渦旋（microhydro vortex）發電、生物巴士（bio bus）使用回收食用油製作的生物燃料，使該校成為碳積極學校（a carbon positive school）（Green School Bali, 2022）。

四、使用永續建材

　　每年有愈來愈多的永續建材新產品進入市場，正迅速成為建築使用的常態。從經濟和環境的角度來看，在學校設計中使用永續材料，提供了經濟實惠、耐用和生態友善（eco-friendly）等許多好處（Atkinson, 2018）。例如：鋼筋和混凝土是常見建材，需要大量的能源來製造，還會增加大氣中的碳排放量。但現在有許多永續的替代品，如低維護的自我修復混凝土（self-healing concrete），軟木和竹子等易獲得的自然永續建材，在現代建築中擴大使用。例如：印尼峇里島綠色學校（Green School Bali）以 5 年生竹子，建構校舍建築，創造綠建築生態奇蹟；2017 年完工的泰國清邁片亞登（Panyaden）國際學校竹體育館，以竹造零碳足跡，並可抵禦強風、地震以及該地區常見的其他自然災害（湯志民，2018b）。

　　此外，利用回收材料（如回收鋼梁）、再生材料（如再生磚）、廢棄物副產品（如焚化灰渣燒製透水磚），選擇在生產過程中耗能更少的建材，並重複使用廢棄物組件（如寶特瓶、玻璃瓶、易開罐），可讓各種建築元素顯現生態意識，並可高效地提升綠色學校的等級（Atkinson, 2018; Dude Solutions, 2018）。例如：烏拉圭 2016 年完工的烏納伊斯丘拉永續學校（Una Escuela Sustainable）和阿根廷 2018 年完工的奇奇塔芙環保學校，都是該國第一所以環保回收材料，如舊輪胎、玻璃瓶和寶特瓶等，建構能保持恆溫的永續學校，開拓綠建築新建材觀念（湯志民，2018）。

五、採模組化結構

模組化結構（modular construction）的建築方法，是愈來愈受教育和許多部門歡迎的一種生態友善建築解決方案。模組化單元在場外受控的環境中構建，可在每個階段最大限度地提高構建效率，並保證成品的能效。學校安裝場外建造的容積單元（volumetric units），對環境和經濟都是有益的，而容積教室模組（volumetric room modules）也正澈底改變大規模的建造方式。此一先進的施工解決方案，以永續性和能源效率為基礎，符合經濟和環境目標，在現場無縫實作，簡化的安裝過程也最大限度地減少了與運輸相關的環境影響。這種簡化的施工流程和資源的有效利用，可在整個構建過程中節省時間、能源和經費，真正具有成本效益，成為許多學校的最優先選擇（Atkinson, 2018; Dude Solutions, 2018）。例如：中國江西省鄉村的廬山王子花園小學，以模組化混凝土建造拱形建築群，用泡沫片來製造的混凝土模具可重複使用，為校舍建築興建開闢新路（湯志民，2018b）。

六、善用現有空間

基於綠色環保和環境友善觀念，新建築的施作需求愈少愈好，其策略有二：一為增加校內現有空間的使用量，亦即使空間多功能化；二為運用社區現有設施，亦即社區學校的延伸。首先，在多功能空間方面，許多現代教育機構，隨著教師和學生的需求不斷發展，傳統的教室設置已經過時，應更有效的運用現有的空間，使之活化，益增功能。當學校更關注互動式學習，也愈來愈重視多功能學習環境設計，規劃多功能教室和公共區域，以因應不同的教學方法和學習需求。此一彈性的教育空間，能有效利用現有設施並減少建造新建築的需求，同時創造友善環境，以及省錢和節能（Atkinson, 2018; Dude Solutions, 2018）。

其次，在社區設施方面，芝加哥南部的嘉禮崁莫預備學院（Gary Comer College Prep），運用對面崁莫家庭基金會（Comer Family Foundation）的一座綠建築作為課後青年中心。e3 公民高中（e3 Civic High）運用市中心聖地亞哥圖書館（San Diego Library）的 6 樓和 7 樓，作為專門用校舍。也有藝術學校運用市中心的各種歷史建築，作為共享空間。大多數大學區都有多元營運的投資組合策略，有一些城市，委辦學校和學區在設施方面合作。有些

地方教育和社區領導者在設施上合作，以超高效聯合社區空間，用於支持終身學習。如此一來，會使每名學生專用的學校設施的空間需求下降，而綠色公共空間的利用率將會提升（Ark, 2017）。

七、發展永續教育

　　永續校園之發展，要扎根於教育，讓永續發展理念透過教育和體驗，培育永續發展人才。可行策略包括運用方案本位學習、地方本位教育、食農教育。首先，方案本位學習（project-based learning）讓學生應對真實世界的挑戰，並且經常處理當地議題，使學校變得更加環保；例如：印尼峇里島綠色學校，與環保企業和社區合作，蒐集社區的食用油送至加工廠製作生物燃料，用於生物巴士（bio bus）來載送學生和社區成員；該方案帶來多種學習機會和實用的永續性解決方案，包括行車減少碳排放、生物燃料作為燃料替代品的生態效益，以及食用油回收過程的副產品甘油，可進一步加工成永續的肥皂產品，也可減少棕櫚油基產品（會添加汙染水源的化學藥劑）之使用，還有砍伐森林種植棕櫚樹所造成的生態影響（Green School Bali, 2022）。

　　其次，地方本位教育（place-based education, PBE）係指將地方社區及其環境作為課程與教學的起點，並強化學校與社區聯繫，以培養學生關懷社區、欣賞自然環境，以及積極參與社區活動，建立公民參與能力（吳清山，2018）。PBE 鼓勵一種地方感，這是一種學習取向，包括相關的學習、社區聯繫，隨著方案本位學習的推展，PBE 也在飆升（Ark, 2017）。

　　此外，推展食農教育，讓學校的庭園和廚房變永續教育的教室，運用親自動手的庭園和廚房課程，使學校午餐的食物變得更新鮮、更本地、更有營養。例如：加州謬思學校（MUSE School）創立於 2005 年，學校的設計聚焦於學生、社區和地球，並以植物本位點心和午餐計畫，使其成為世界上唯一一所以素食拯救地球的學校，甚至要求學生秤他們的廚餘，看看他們的選擇對世界的影響。MUSE 希望為孩子提供教育體驗，培養他們的熱情，並在綠色、永續的校園中生活（Ark, 2017; MUSE School CA, 2018）。紐奧良第一線學校（FirstLine Schools）2006 年創立「紐奧良學校食用庭園」（Edible Schoolyard New Orleans, ESYNOLA），改變紐奧良的 5 所第一線公立特許

學校學生用餐、學習和生活的方式。ESYNOLA 透過體驗學習，將有機園藝和季節性烹飪融入學校課程、文化和自助餐廳計畫，改善數千名學生、家庭和學校社區的長期福祉（Ark, 2017; FirstLine Schools, 2022）。

八、開展永續校園

學校發展永續校園是一個漫長的歷程，Birney 等（2011）認為開發和嵌入永續發展有四個階段：初學者、表現者、領導者和先驅者（參見圖14）。其中，有二個不同的創新階段：練習發展和策略整合，也可能出現第三次的轉型。茲要述如下：

(一) 轉型 1：練習發展

從初學者到表現者的轉型是為了實現永續發展。策略和行動包括：(1) 使用永續學校窗口來評估學校已經在做什麼，並確定學校可以開發的其他永續發展方案和實施；(2) 選擇學校會重視的方案或學生感興趣的領域；(3) 從其他學校獲得靈感和想法；(4) 吸引學生，激勵他人；(5) 吸引對學校內外感興趣的人；(6) 開始模擬永續實踐。

(二) 轉型 2：策略整合

從表演者到領導者的轉變，是將永續發展轉移到學校的核心，策略和行動包括：(1) 為學校樹立願景，永續發展在這一願景中扮演核心角色；(2) 根據永續發展制定學校政策和計畫；(3) 整合所有課程的永續發展；(4) 讓每個人都參與整個學校的做法；(5) 透過社區實踐與其他學校合作，幫助他們實踐永續發展。

(三) 轉型 3：轉型

領導永續發展的學校充滿活力，並開始看見新方法。這些領導者有充分的證據顯示，積極且不同的永續發展影響學生的成就和學識，並建立了永續發展的未來。策略和行動包括：(1) 開展實踐，吸引學生，並尋求與社區中的其他人聯繫。(2) 退一步看看這種做法，對學校運作方式的意義。(3) 蒐集鼓舞人心的故事、有助益的工作案例，以及能為學校帶來有價值的永續發

展之策略證據;為其他人提供參與永續發展學校的合法性和認可(Birney et al., 2011)。

圖 14

開發和嵌入永續發展:推展歷程

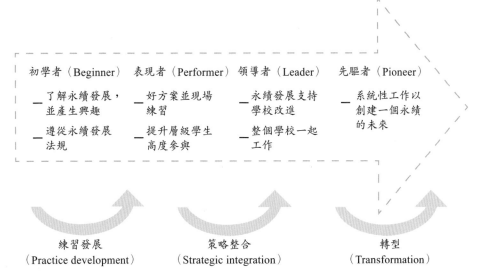

| 初學者(Beginner) | 表現者(Performer) | 領導者(Leader) | 先驅者(Pioneer) |

— 了解永續發展,並產生興趣 — 好方案並現場練習 — 永續發展支持學校改進 — 系統性工作以創建一個永續的未來

— 遵從永續發展法規 — 提升層級學生高度參與 — 整個學校一起工作

練習發展 　　　　　策略整合 　　　　　轉型
(Practice development)　(Strategic integration)　(Transformation)

資料來源:*The journey of sustainable schools: Developing and embedding sustainability* (p. 3), by A. Birney, B. Kellard and J. Reed, 2011. https://assets.publishing.service.gov.uk/government/uploads/system/uploads/attachment_data/file/339991/the-journey-of-sustainable-schools-developing-and-embedding-sustainability.pdf

　　臺灣推展綠建築與永續校園已有 20 年之久,有推展環保的「綠色學校」、新建校舍的「綠建築」和局部改造的「永續校園」,各有特色和重點,也有部分重疊。惟揆諸先進國家,以永續校園整合綠建築和永續教育,結合課程和體驗學習,從做中學涵融永續發展素養,讓學校和社區成為永續發展和環境教育的守護基地,此一綠建築發展與運用,以及永續校園推展之整合趨勢,實值臺灣借鏡與參考。

　　從現況和生態的觀點,以「少即多」來詮釋「永續發展」最為簡潔,長遠發展要使能耗達到「生態循環」之平衡。因此,永續校園之發展策略,有

推動淨零能建築、推展碳中和學校、運用再生能源、使用永續建材、採模組化結構、善用現有空間、發展永續教育、開展永續校園等八項。前六項是著重永續校園中「綠建築」的發展，其中採模組化結構、善用現有空間，都是運用「少即多」的觀念；運用再生能源、使用永續建材都是運用「生態循環」的觀念；而推動淨零能建築、推展碳中和學校則是結合「少即多」和「生態循環」的觀念，以達到零能耗和碳中和。後二項推展永續教育、發展永續校園，則是著重永續校園中「永續與環境教育」的發展。

　　總之，21 世紀伊始，綠建築與永續校園就以排山倒海之姿，推展迄今。這是莫之能禦的大趨勢，也是地球永續發展與生存之機，綠建築能扎根，永續校園能開展，美麗的地球綠意盎然，自有無限生機。

第**6**章 後現代校園建築

後現代主義裂解現代主義建築框架，為臺灣校園建築造形、美學開創新風貌。

1920 年代現代主義建築獨霸世界舞臺，引發後現代主義建築的反省、批判與挑戰，也使校園建築的發展，受後現代主義風潮之影響，在建築造形和空間形式上有所突破和轉變，也更具特色與美學風貌。20 世紀，建築領域發展之快、進步之速是幾千年建築歷史上前所未見，吳煥加（1996）回顧 20 世紀的變化，概括為這樣幾句話：技術大躍進，功能大提高，觀念大轉變，設計大進步，藝術大創新。

臺灣的校園建築經歷百年的發展，從日治時期紅磚黑瓦軍營式校舍的萌芽，1960 年代標準化校舍的興建，1970 年代學校建築的更新，1980 年代新學校建築的萌芽，1990 年代學校建築的轉型，2000 年代優質新校園的推展迄今，經過標準化校舍、無圍牆學校、無障礙環境、開放空間、班群教室、學科教室、古蹟共構、文化情境、新校園運動、綠色學校、綠建築、永續校園、友善校園、健康校園、公共藝術、資訊科技、耐震設計、創意校園、性別空間、空間美學、校園活化、閒置空間再利用、優質化工程和優質校園營造等，使臺灣的校園建築邁向新的里程碑，展現新風貌（湯志民，2012b）。值得注意的是，高燦榮（1993）指出：「不中不日不西。又中又日又西。臺灣也！」基本上，臺灣的校園建築發展，也承受了 1960-1990 年後現代主義建築發展的洗禮和影響。

研究臺灣的校園建築較少見後現代校園建築風格一詞或相關探究，惟細觀後現代建築風格與特徵，在臺灣的校園建築中俯拾可見。究其主因，殖民時期臺灣經歷荷蘭、西班牙、日本統治，將西洋（或東洋）建築融入臺灣建築語彙之中，其中基督長老教會興建之校園建築融合臺灣民居與西式風格，日治時代校園建築出現日式、希臘羅馬柱式、拜占庭、歌德式、巴洛可和洛

可可建築式樣，這些矯飾主義或折衷主義風格之建築，因外國的殖民統治，把西洋（或東洋）古典建築元素植入臺灣校園建築之中，讓臺灣校園無意間成就另一後現代建築場域；這些校園建築，如臺大文學院、法學院、真理大學牛津學堂、建中紅樓等具折衷主義風格，都在 1960 年代更早之前興建，雖非後現代時期興建之建築，卻也能歸為後現代校園建築風格之列。其次，臺灣新學校建築的發展在造形和空間形式，極力抗拒日治時期軍營式建築和現代主義火柴盒造形，並力求突破，造就今日臺灣校園建築豐富造形與色彩，這種對制式化、單調建築造形的挑戰，正符合「後現代建築」發展之精神。更重要的是，臺灣校園建築歷經 1960-1990 年代的轉型，正值後現代主義建築思潮時期，1968 年實施九年國教興建三角形屋頂校舍建築（象徵三民主義、倫理、民主與科學，以及培養活活潑潑好學生），首現後現代建築雛形，呈現符號與隱喻之風，加以新學校建築萌芽與轉型強調校園建築本為教化環境，力求符徵、文化、意象、意境，與後現代建築符號理論隱喻、象徵，不謀而合，自有後現代校園建築風貌。以下擬就後現代建築的發展、後現代建築的理論、後現代校園建築派別，分別探討。

第一節　後現代建築的發展

後現代建築的發展，擬就後現代主義的涵義和後現代主義的起源，分別加以說明。

一、後現代主義的涵義

19 世紀 1870 年代，英國畫家 J. W. Chapman 首先提出後現代主義這個名詞，經過 1917 年 R. Panwitz 的使用，理論慢慢形成（老硪，1996；詹棟樑，2002）。至 20 世紀 1960 年代，受一些思想家的鼓吹，如德國哲學家 J. Habermas、法國哲學家 F. Jameson、英國建築評論家 C. Jencks 等人的倡導，後現代主義成為 20 世紀一股新的思想風潮（吳清山，2007）。

後現代的「後」（post）字，有二種意思：一為時間上的先後次序，其次為對先前的批判。就此，後現代應該在現代之後，同時後現代就是對現代的批判（溫明麗，2007）。「後現代」與「現代」之間，在時間上的複雜關

係表現在「先後持續」、「斷裂性的間距」和「相互重疊和相互交錯」的三重關係結構（高宣揚，1999）。亦即，後現代雖非緊接現代之後，也非在現代完全「走完」之後，後現代才發生，而是當現代走了一段之後，後現代學者有鑑於現代理性的缺失和不完足，隨即興起對之解放與重建，由此可推，現代並不會因為後現代的興起而完全消失，後現代可視為現代「另類的啟蒙」（溫明麗，2007）。

事實上，「後現代」並不是「現代」的結束，而是現代精神的延續，甚至是現代加深的產物與反動，這種精神正好表現出對於現代性本身的批判、質疑和否定（沈清松，1993）。Best 和 Kellner（1991/1994）也認為，「後」敘述一個「非」（not）現代的時代，「後」可以理解為試圖超越現代紀元及其理論、文化實踐的積極性否定。因此，後現代論述與後現代實踐經常被視為反現代的涉入（antimodern interventions），並明白的拒絕現代意識型態、風格與實踐，此一規範性意義，使「後」意味著積極地與過去一切斷絕關係；另一方面，「後」也表示後現代依賴於、關聯於它尾隨的時代，這種依賴性與連續性，使某些批評家認為後現代只不過是一種深化的現代、一種超現代性、一種新的「現代性面貌」，或是一種現代性的後現代發展。

「後現代主義」（post-modernism）這個詞的含義非常複雜，王受之（1997）認為可說是採取各種方式來擺脫現代主義的烏托邦主義，也是現代主義加上一些別的什麼的混合，稱為雙重性（double-coded）。廣義來看，後現代主義包括兩方面的內容：一是具有高度隱喻的設計風格；另一是強調以歷史風格為借鑒，採用折衷手法達到強烈表面裝飾效果的裝飾主義作品，這種風格，就是公認的狹義後現代主義，典型特徵是歷史主義和裝飾主義立場。

潘鑫宏（2004）認為，後現代主義是延續現代主義並且對現代主義進行反省與批判，後現代主義對現代主義是抱持著懷疑及批判的態度，它懷疑常理，反對理性，批判一致性，想要強烈掙脫現代主義之中的邏輯理性主義下的「合理性」，以創新、多元化的價值中心思想來重新對待發生在社會中的人事物（頁 47）。

王岳川（1993）指出，後現代主義以激進的方式扭轉了現代精神價值，而抵達一種「無深度的平面」的臨界點：在這裡，「怎麼都行」使個體選擇具有了隨意性；在這裡，現代精神所追求的確定性和明晰性讓位於不確定性

和模糊性；在這裡，中心性和秩序性被置換成邊緣性和無序性。

荷蘭烏得勒支大學（Utrecht University）教授 Hans Bertens 在與 Douwe Fokkema 於 1986 年合編的《走向後現代主義》（*Approaching Postmodernism*）專書中，認為後現代主義的概念經歷了四個演化階段：1934-1964 年是「後現代」術語使用和歧義階段；60 年代中後期，後現代主義標誌著一種與現代主義作家的精英意識澈底決裂的精神，呈現一種反文化現象，並成為現代主義的智性反叛；1972-1976 年，出現存在主義的後現代主義；1970 年代末至 1980 年代中期，後現代主義概念日趨綜合和愈來愈具有包容性（Fokkema & Bertens, 1986/1992）。王岳川（1993）認為此一發展軌跡，顯示出後現代主義並非一種特定的風格，而是旨在超越現代主義所進行的一系列嘗試。

後現代主義的特徵，王受之（2012）認為有三個：第一是歷史主義和裝飾主義立場，第二是歷史動機的折衷主義立場，第三是娛樂性和處理裝飾細節上的含糊性。郭實渝（2007）認為後現代主義的特徵，包括它的包容性、多元意義的可能性、無權威性及無立場性，是在顯示這個時代的無方向及無所適從。吳清山（2007）認為後現代主義具有批判性、內省性、多元性、差異性、自主性、不確定性等不同的特性。

簡言之，後現代主義是現代主義的反動，對現代主義抱持懷疑和批判的態度，以包容差異、多元並存、創意無限的精神，深化、延續並企圖超越現代主義的一種主張、思想或行為。後現代主義具有批判性、內省性、包容性、多元性、差異性、自主性、模糊性、邊緣性、無序性、不確定性、無權威性及無立場性等不同的特性。後現代主義向現代主義挑戰，想要擺脫現代主義中的邏輯理性主義，甚至否定現代主義的內涵，旨在建立一種反省、批判和超越現代主義的自我創造與創新之精神（湯志民，2013b）。

二、後現代建築的起源

現代主義建築是指一種簡約、沒有裝飾的建築風格。1860-1914 年的第二次工業革命和現代建築有很深的淵源，工業科學蔓延到建築領域，理性主義盛行，加以建築材料和技術明顯進步，全世界瀰漫著新時代建築的口號與運動；由於工業革命的成功，一般的中產階級以及建築師開始擁有經濟能力後，開始對抗象徵貴族繁複裝飾的巴洛克、洛可可建築，而產生一連串

的建築運動，這一些建築運動大多強調理性的建築，不喜歡太過繁複的裝飾，強調使用機能、理性簡潔的建築美學，希望創造新時代的建築。1907年，Louis Sallivan 提出現代建築特色之一是「形隨機能」（form fallow function），強調建築簡潔的美感，並透過營建的方式與機能的真實呈現；Adolf Loos 提出「裝飾即罪惡」，他反對傳統建築浪費太多的勞力與材料在裝飾之中，並奠定現代建築的單純幾何美學（潘鑫宏，2004；潘鑫宏和楊裕富，無日期）。

1919 年德國建築師和建築教育家 Walter Gropius 在德國德紹（Dessau）建造設計建築和藝術學校的包浩斯（Bauhaus）校舍（如圖 15），包浩斯源自德語中的「建築之家」（Construction House），建築風格的特點是強調功能、少裝飾、平衡形式和抽象形狀的融合（Walsh, 2020），這是現代主義建築的成熟代表作。包浩斯新校舍延續法古斯工廠的設計理念，建築外形是普通的四方形，四層校舍包括教室、禮堂、餐廳、停車場等，具備多種實用功用，較特殊的是校舍的二、三、四層有三面全是玻璃幕牆，後來成為多層和高層建築採用全玻璃幕牆的濫觴（夏紓，2008）。

圖 15

德國包浩斯校舍（Thomas Lewandovski 攝）

資料來源：*12 Important Modernist Styles Explained*, by N. P. Walsh, 2020, March 18, ArchDaily. https://www.archdaily.com/931129/12-important-modernist-styles-explained

　　1920 年代起，現代主義建築一直獨霸著世界的建築論述舞臺，1923 年 Le Corbusier 發表《邁向新建築》（*Toward a New Architecture*）一書，批判新時代不應因循守舊的復古主義建築思想，不應繼續傳統的建築美學而是強調工業化生產的機械美學，強烈主張創造表現新時代、新精神的新建築（吳煥加，1996）。現代主義建築強調快速大量生產、模矩化、工業化乃是承傳於 Le Corbusier 的「新建築的五項要點」宣言：(1) 獨立柱；(2) 屋頂花園；(3) 自由平面；(4) 水平窗帶；(5) 自由立面（潘鑫宏，2004；潘鑫宏和楊裕富，無日期）。1927 年美國建築家 Philip Johnson 認為在德國司圖加特（Stuttgart）市郊舉辦的威森霍夫現代建築展（Weissenhof Housing Project），這種風格統一平屋頂白色牆面的公寓住宅，單純、理性、冷漠、機械式，將成為全世界建築設計的新方向，並且為這次建築展風格定義為「國際式樣」（internationalism）（王受之，1997；潘鑫宏和楊裕富，無日期）。1928 年，國際現代建築協會（International Congresses of Modern Architecture，以原文法文 Congrès International d'Architecture Moderne 作縮寫 CIAM）召開 CIAM 第一次會議之後，現代主義國際式樣（International Style）風格更是如日中天。包浩斯學校最後一任的校長，Ludwig Mies van der Rohe 提出「少即是多」（less is more）的設計理念，認為建築不要擁有太多的裝飾，藉由簡單的建築量體，來突顯建築材料的特性、顏色、質感和紋理的設計觀，將建築設計的愈單純簡單愈是具備建築的美感（潘鑫宏和楊裕富，無日期）。

　　依 20 年代現代主義建築代表人物的主張及 CIAM 的宣言，現代主義建築在理論上之重要觀點（吳煥加，1996；湯志民，2013b）：(1) 強調建築隨時代發展而變化，現代建築應與工業時代的條件與需要相適應；(2) 強調建築師要重視建築物的實用功能和經濟問題；(3) 主張採用新材料、新結構，促進建築技術革新，在建築設計和建築藝術創作中突出現代材料、結構的特質並發揮新技術的特點；(4) 主張擺脫歷史上的建築風格和樣式的束縛，依今日的建築邏輯，靈活自由地進行創造性的設計與創作；(5) 主張借鏡現代造形藝術和技術美學的成就，創造工業時代建築的新風格和建築美學；(6) 採用最少材料最大功能性導向；(7) 採用幾何外形達成美感；(8) 沒有裝飾；(9) 簡單連續複製的結構；(10) 符合結構力學。

　　20 世紀中期現代主義建築位居主導地位，其理性延伸的國際風格排斥傳統、民族性、地域性和個性，形成了千篇一律的建築樣式，光、平、簡、禿的方盒子外貌，引起了人們的不滿和建築的大革命（維基百科，2022）。1953 年出現了後現代主義建築的第一個作品 —— 法國朗香教堂（Chapel at Ronchamp），朗香教堂建築西面和北面的牆壁向內凹進，南面和東面的牆壁卻向內傾斜，三座塔樓是祈禱室，上開有側高窗，天光從窗孔進去，循井筒曲面折射下去，照亮底下的小禱告室，光線神祕而柔和，屋頂是一個巨大的混凝土殼狀物，東南高、西北低，在中間處下彎並在角落處上揚（吳煥加，1996；夏紓，2008）。朗香教堂是一個表意性建築，突破基督教歷來的教堂樣式，以一種奇特的歪扭的造形隱喻人的某種神祕的精神和情緒；超乎傳統的建築構圖模式，造出一個令人驚奇的教堂建築形象，可以讓人聯想到合攏的雙手、浮水的鴨子、昂首的巨艦、修女的帽子、攀肩並立的兩個修士等（Jencks, 2011）。朗香教堂的怪誕的原始風貌，粗獷敦實的體塊、混沌的形象，岩石般穩重地屹立在群山間的一個小山丘上，似乎比古希臘建築還久遠，它不僅是「凝固的音樂」，而且是「凝固的時間」（吳煥加，1996）。

　　綜上，後現代建築反對並批判現代建築過度理性、形式單調、強調機能與機械複製之國際式樣風格塑造與發展，企圖承繼與超越現代建築，並在建築造形和空間形式，呈現符號、隱喻、裝飾、歷史、文脈、折衷等重視表徵與表意之建築形式。整體來看，後現代建築在建築造形和空間形式會呈現結構複雜、造形獨特、象徵符號、價值多元之特徵，會給人創意、醒目、驚豔或突兀、反諷、戲謔之感，但卻令人回味無窮。須提的是，臺灣，邁入 1980 年後，因信心與經濟力創造一波新建築熱潮，建築的多元發展反應出後現代主義的趨勢，後現代理論大師 F. Jameson 等造訪臺灣也推波助瀾後現代主義之流行，臺灣後現代建築可分為三類（傅朝卿，2013）：第一類是跟隨後現代建築語彙的腳步前進；第二類以回歸臺灣地域傳統為中心思想，有時候幾乎等同地域主義建築；第三類數量較少，兼容上述二種建築特質。由此可知，後現代主義建築在形成世界趨勢的同時，也對臺灣建築及校園建築形成不可忽視的影響。

第二節　後現代建築的理論

　　1960 年代末期到 1990 年代是後現代主義建築時期，美國建築家 R. Venturi 最早提出後現代主義看法，C. Jencks 則率先提出後現代建築一詞。後現代建築理論，根據孫全文（1987、2004）的研究，主要有：雙重理論、符號理論、矯飾主義。這三種後現代建築理論，大致包含 Venturi 非直截了當之建築、複雜與矛盾對簡化、曖昧、「不僅一卻又」現象、雙重機能元素、因襲元素、被適應之矛盾、並列之矛盾、內部和外部、對艱難之整體須盡的義務等十種建築的複雜與矛盾之概念；也涵蓋 Jencks 後現代建築七種面向：歷史主義、直接復興論、新方言、文脈主義、隱喻與形而上學、後現代空間和澈底折衷主義等之論述。

一、雙重理論

　　Venturi 可稱之為後現代建築之父，1966 年《建築中的複雜與矛盾》（*Complexity and Contradiction in Architecture*）一書中，幾乎涵蓋所有後現代建築的核心思想，並鋪下了後現代建築雙重理論康莊大道。

　　Venturi 喜歡建築中的複雜與矛盾，認為建築既然含有西元前 25 年古羅馬建築大師 Vitruvius 所著《建築十書》（*De Architectura*）中提出的建築三要素：適用、穩固和愉悅，其複雜和矛盾為必然之事，也因矛盾與複雜以便求得生機和合理性。Venturi 注重意義之豐富勝於意義之清晰，偏好兩者兼有（both-and），而非「兩者擇一」（either-or），黑或白兩者兼有或灰色，而不是非黑即白；喜歡混雜而非「純粹」、變形而非直截了當之建築，通融而非排拒，繁贅而非單純，退化一如創新，首尾不符與模棱兩可甚於單刀直入與一清二楚，寧取紊亂的生機，不取明顯的統一，高倡二元性。Venturi 認為在既複雜又矛盾的建築中，曖昧和張力處處可見，建築既是形式又為本體——既抽象又具體——其意義實源自內在特質和特殊之涵構。把「形式—結構」和「質感—材料」視為建築要素，建築媒介特有的曖昧和張力會來自這些要素間複雜、矛盾又多變的關係；複雜而矛盾之建築必須對其整體盡一項特殊義務：真實處於完整性或隱含之完整性；具體為之的是兼容並蓄所促成的「艱難之統一」，而非排拒所得的「簡單之統一」（Venturi, 1966/1999,

1977）。

後現代建築的經典之作，Jencks（1991/1998）在《後現代建築語言》（*The Language of Post-Modern Architecture*）序言中，充分說明了後現代建築的正反兼有的雙重性（dual coding），建築之雙重性，即矛盾性的哲學。後現代建築中所表現的矛盾現象，雖然各建築師以不同的名詞表達，但基本上是皆表達一種雙重性的辯證觀念。這種在形式上、意義上，包容正反辯證觀念，基本上表現在三種不同的建築領域中：(1) 建築形式上之雙重性；(2) 建築意義上之雙重性；(3) 建築空間上之雙重性，茲要述如下（孫全文，1987、2004）：

(一) 建築形式上之雙重性

建築形式上之雙重性包括形式之複雜與簡單、開放與封閉、大與小、好與壞、空與虛、對稱與不對稱、連續與不連續、規則與不規則等現象。建築應摒棄非此即彼的排斥性態度，而應包容正反兼有的雙重現象，同時在建築形式上更要強調此矛盾特質。例如：L. Kroll 所設計的魯文大學醫學大樓，在形式上打破以往現代建築之間簡單而純粹的形式，而表現極為複雜而豐富的語彙。後現代建築之極端的折衷主義路線，也符合這種形式上之複雜與矛盾。

(二) 建築意義上之雙重性

建築之雙重意義是一種雅俗共賞的意義及其表現，例如：古典建築中的山牆雖有嚴謹的線條，卻表現出一種古典的幾何與抽象的形式與秩序。最能表達此雙重意義理論者，為美國後現代主義建築師 M. Graves，其建築理論來自於各種成對的矛盾觀念，如建築對自然、理想與實際、內與外等，他認為設計手法只要表現出此相對觀念，即可建立較高層次的意義，對立性（雙重性）代表任何的意義基礎；例如：內與外之對立，代表建築上之實際使用與象徵性機能間之對立，大窗與天空代表自然與建築之間之對立。Graves認為在古典建築五種柱式間的關係，也是基於許多對立組之系統關係，如簡單與複雜、粗俗與文雅、男性與女性等。

(三) 建築空間上之雙重性。

　　早期現代建築缺乏都市涵構觀念，過分重視獨立的建築實體，忽略了建築與建築之間，以及實與空之組織關係。後現代建築將辯證觀念用於都市設計，視都市空間為一種虛體（negative volume），而都市空間（虛體）應均勻地分布於建築物實體之間，以形成實與虛的對立關係。都市則因其包容對立之雙重性（dialectic）而豐富其意義，如祕密的與公共的、現在與過去、實與虛等，在後現代建築中將這種都市空間之辯證處理，稱之為涵構主義或文脈主義（contextualism）。這種都市形成之根本原則在於物體與背景（figure-ground）之雙重意義，包括同時表達都市型態之規則與不規則性、形式化與非形式化、組織與界線等。

二、符號理論

　　後現代建築理論中，最具影響力而完整的體系為符號理論。符號學（semiology）引進建築領域約在 1950 年代末期的義大利；1960 年代末期，法國、德國及英國的學者開始相繼討論符號學在建築上應用之可能性；美國，約於 1970 年代開始流行。符號學的理論，將一切人類的文化現象看成一種符號系統，或將一切文化活動看成一種訊息的傳達，包括建築在內。符號學所探討的核心問題是在於符號（sign）與其代表的意義（meaning）；從符號學的觀點來講，完全以講求機能與經濟而在形式上追求抽象形式，而不帶任何象徵意義的國際式樣根本違反了符號學的基本原則（孫全文，1987、2004）。

　　後現代建築之倡導者 Jencks 更以符號學的理論大肆攻擊毫無語意價值的現代建築，並大力主張語意層次的復古主義與折衷主義的路線，為未來建築應走的方向；Jencks 根據符號學對建築所下的新定義為：建築是利用形式上的符徵（signifier），如材料空間，利用一些手段，如結構、經濟、技術及機能等來說明符旨（signified），如生活方式、價值觀、機能等（孫全文，1987、2004）。Jencks 之建築符號理論，有其獨特的見解，認為建築的溝通模式有隱喻、詞彙、句法和語意學等（Jencks, 1991/1998）。

　　Jencks 之建築符號理論，大致上繼承 Saussure 及 Peirce 之理論。Saussure 的符號理論，認為每種符號可以分為符徵與符旨，符徵代表建築

形式，符旨代表內容意義、思想觀念等。Peirce 的符號理論，分為圖象符號（icon）、指示符號（index）和象徵符號（symbol）三種類型。後現代建築師最普遍應用的是 Morris 的符號理論，分為：(1) 語構學：討論符號的組合方式，如符號之間的連結安排等。(2) 語意學：討論符號的意義，以及符號與符號所描述的事物之間關係。(3) 語用學：討論符號與了解符號的人之關係，如符號的來源與使用（尤其使用者），以及符號的效果（孫全文，1987、2004）。

　　至於建築符號學之建立最有貢獻者首推義大利的 Umberto Eco，也是對 Jencks 之建築符號理論影響最大者。Umberto Eco 1968 年即建立了完整的建築符號理論，將建築符號所表達的意義分為（孫全文，1987、2004）：

(一) 明示意義（denotation），屬主要功能，乃是消極地運用建築符號的結果，最高的目標是求實用的功能，如窗戶供採光、通風、賞景等，椅子可以坐，但原始的實用功能並不引起我們的注意。

(二) 內涵意義（connotation），屬次要功能，是積極性運用建築符號的結果，其目標是追求審美的功能，如窗戶建築素材所形成的韻律感，帶皇冠的椅背或兩邊坐著老鷹把手的王座，象徵國王的尊貴及威嚴，會引起大家的注意。

　　Jencks 根據 Eco 之理論批判現代主義建築理論之謬誤，認為「形式隨機能」的原則，只不過是建築符號的明示意義。

三、矯飾主義

　　矯飾主義（mannerism）一詞是 20 世紀的產物，來自於義大利文 Maniera，Maniera 的定義為當藝術家們不只模仿自然，而從古代或從偉大的大師作品中，將最美的部分挑選出來，重新加以組合，則產生偉大的風範。矯飾主義是大約在 1520-1590 年之間，當義大利文藝復興進入巴洛克時代之前的過渡時間，在藝術上所呈現的獨特風格。矯飾主義是在藝術風格上，表現一種對既成律表示懷疑及反抗的反古典風格，這種表現強烈對比與矛盾，以及故意影響人的心理的，即矯飾主義的手法（孫全文，1987、2004）。潘鑫宏（2004）認為現代主義建築運動缺陷在於強調新建築革命性的熱忱和否定建築歷史性，追求「新建築」拒絕裝飾，後現代建築則將傳統歷史建築式

樣重新詮釋。

Venturi（1977）在《建築中的複雜與矛盾》也同時建立了後現代建築矯飾主義的理論基礎，書中所謂矛盾性，實際上就是矯飾主義建築空間與形式中極端對比與驚人效果，以及打破和諧與統一原則的反古典路線。為了解後現代建築背後錯綜複雜的淵源及理論根據，不至於偏離後現代建築之本質，須了解其中所隱藏的矯飾主義特質（孫全文，1987、2004）：

(一) 極端的折衷主義態度

後現代建築趨向矯飾主義式的折衷路線，是一種堆集各種形式要素的達達主義拼貼畫（collage）式的折衷主義，亦即在建築平面及立面上，將各種從古老建築或其他地方的建築要素戲劇性地堆積在一起。達達主義拼貼畫式的折衷主義多少含有諷刺性，與玩弄式之嫌。如 James Stirling 在德國司徒加城所設計的美術館，出現羅馬建築的坡道及圓形空間，同時在平面上也出現與建築毫無相關的鋼琴形式，在立面上也出現司徒加城內步行街中的雨篷，建築師除堆積許多歷史的形式要素之外，很顯然地玩耍符號學中語意遊戲，使人產生驚訝之感。

(二) 強調形式上極端對比與矛盾

後現代建築形式上極端對比與矛盾之目的，是製造令人驚訝的效果，並與人強烈的印象。後現代建築之代表人物，如奧地利 H. Hollein 所設計的維也納一家珠寶店面處理，在立面組織上採用了簡單的幾何方塊，並在簡單幾何方塊組成的立面上，故意做出線條極微複雜的流線型開口，並做出內部冷氣管道之出口，屬於典型的後現代建築之矯飾主義手法。

(三) 表現諷刺性與反判性

後現代建築表現諷刺性與反判性之代表作，如 Hollein 在維也納設計的觀光局大樓，是各種矯飾主義手法之集大成者。其中內部空間的處理，如土耳其式的小亭、雅典山城（acropolis）的 Ionic 柱子，以及英國 R. Pavillion 廚房裡中國式竹製柱子等，是屬於一種 Collage 式的折衷主義建築；但令人驚訝的是，Hollein 幾乎將每種歷史性要素皆加以變形，如 Ionic 柱子，原本是雅典山城中的 Erechtheon 廟門口的柱子，尺寸、比例與細部完全一樣，

但卻故意改變成斷裂的樣子，並將柱子做成中空的大理石皮，裡面包覆一根金屬柱子。

(四) 追求個人英雄式的驚人效果

後現代建築追求驚人效果手法是矯飾主義建築追求極端對比與矛盾之進一步表現。如 F. Zucarago 1592 年在羅馬設計的一座大宅的門窗，完全以魔鬼的大嘴巴取代，日本建築師 Karumasa Yamashita 1974 年在京都設計的住宅立面，如同一個人的面具。在商業主義盛行的時代，商業廣告常以色情為手段，以達到最有效的商業目的，而後現代建築也常以性的象徵，以達到引人注目的驚人效果。

孫全文（1987、2004）認為後現代建築之趨向於矯飾主義路線，有其正面與負面意義，正面意義在於其建築語言之多元化，並在建築設計中注入了個人之創意與活力，使建築形式表現上恢復了一些感性的成分；負面的影響是在於，表現社會內在的不安與危機，以及走向形式主義路線。古今中外的建築，始終不能脫離實用性的領域，如工程技術、材料及使用方面，而後現代建築幾乎完全偏向於審美效果等符號性領域，使建築的形式問題占了絕對優先（priority）的地位。

第三節　後現代校園建築的派別

後現代校園建築係指既企圖繼承並超越現代建築，在建築造形和空間形式重視文脈、符號、隱喻和裝飾，並強調獨特性、文化性、歷史性、象徵性、多元性之校園建築。受後現代主義建築風格影響，臺灣的校園建築亦力求極力擺脫過去現代主義造形單調如火柴盒、蛋盒或信封般樣式之校園建築，力求創意、多元、蘊含教育意味之情境，以收潛移默化之效。

參考相關學者專家（王受之，2012；傅朝卿，2013；湯志民，2013b；楊裕富，2002；潘鑫宏，2004），對臺灣及後現代建築風格流派的研究，可將後現代校園建築的派別分為：歷史主義建築、鄉土地域性建築、文脈主義建築、折衷主義建築、生態建築、敘事性建築、解構主義建築等，茲分別要述如下：

一、歷史主義建築

　　歷史主義建築也可說是直接復古派（straight revivalism）或仿古建築派，係以當代建築工法、建材來蓋與歷史式樣差不多的建築；如仿古改變不多，少有適應當代建材的簡化，就稱為仿古建築；如果稍有改變與簡化，就稱之為直接復古派；如果有大幅簡化與對古建築式樣的改變，就稱為歷史主義（楊裕富，2002）。歷史主義建築尋求將「傳統」或「歷史」因素反映於建築風格上，參採民族歷史上最光輝時期的建築式樣，將傳統建築的造形特徵經過轉化或引用，並以官式建築為主要的轉化來源（潘鑫宏，2004）。例如：中國文化大學中國建築群〔大仁館（圖 16A）、大忠館、大義館等〕、東海大學文理大道教學群配置的仿唐式木造建築（圖 16B）、中正大學行政大樓（圖 16C）、清華大學物理系館、慈濟技術學院智慧樓等，皆為後現代校園建築——歷史主義建築之代表。

圖 16
後現代校園建築——歷史主義建築

A 中國文化大學大仁館

B 東海大學教學群的仿唐式木造建築　　　　C 國立中正大學行政大樓

資料來源：研究者攝。

二、鄉土地域性建築

　　鄉土地域性建築主要在呈現族群的文化特殊性，在建築上運用本土建築材料，運用本土造形語言，將特定地區的建築形式、空間組織、美學與地域材料和建築技術，加以整合並將其融入建築中（潘鑫宏，2004）。例如：臺北藝術大學 1993 年興建之建築群其燕尾屋脊校舍（圖 17A）、暨南國際大學行政大樓之燕尾屋脊校舍、宜蘭縣冬山國小（圖 17B）和南投縣南光國小的馬背造形校舍、臺南新民國小火型馬背音樂館、陽光國小三合院鄉土教室、桃園縣龍興國小、苗栗縣福星國小（圖 17C）和東勢高工客家圍龍屋造形校舍、南投縣潭南國小具布農族建築元素校舍（圖 17D）、屏東縣泰武國小（圖 17E）結合排灣族的建築元素、蘭嶼朗島國小雅美族傳統地下屋造形校舍（圖 17F）等，皆為後現代校園建築——鄉土地域性建築之代表。

三、文脈主義建築

　　文脈（或涵構）主義建築是建築設計與造形，配合所處基地的環境或都市紋理，並將之融入建築設計之中。例如：美國福特柯林斯高中（Fort Collins High School），與社區公園之間沒有任何圍牆或者圍籬，學校（包括學科教育、表演藝術教育、音樂教育以及體育教育）、公園和商業中心沿著一條蜿蜒的主要街道而立（Brubaker, 1998）。國立政大附中校舍建築沿山坡地興建，並以無圍牆形式規劃，與校地所在之社區環境、建築和公園綠

圖 17
後現代校園建築──鄉土地域性建築

A 臺北藝術大學燕尾屋脊校舍

B 宜蘭縣冬山國小馬背造形校舍

C 苗栗縣福星國小客家圍龍屋造形校舍

D 南投縣潭南國小具布農族建築元素校舍

E 屏東縣泰武國小具排灣族建築元素校舍

F 蘭嶼朗島國小雅美族傳統地下屋造形校舍

資料來源：研究者攝。

帶整體融合：臺北市的建成國中與當代藝術館（市定古蹟）建築體共構（圖18A）；臺北市龍門國中（圖18B），配合校地東北側的市定古蹟「龍安坡黃宅濂讓居」整體規劃，以漸層式一樓、二樓、四樓、六樓的斜屋頂建築與古蹟相互搭配，建築外牆顏色搭配古蹟紅磚色，並裝飾仿古的窗臺、門斗等。這些學校都是後現代校園建築——文脈主義建築之代表。

圖 18
後現代校園建築——文脈主義建築

A臺北市建成國中的學校建築（後及兩　B臺北市龍門國中校舍與市定古蹟「龍
　翼）與市定古蹟當代藝術館（前）建築　　安坡黃宅濂讓居」（前）融合
　體共構

資料來源：研究者攝。

四、折衷主義建築

　　折衷主義建築是一種達達主義拼貼畫（collage）式的建築，亦即在建築平面及立面上，將各種從古老建築或其他地方的建築要素戲劇性地堆積在一起，可能出現巴洛克樣式、哥德拜占庭風格、希臘羅馬柱式或多元混合建築，也可能會有新舊或中西共存的建築現象。例如：臺灣大學 1928 年興建的文學院（市定古蹟）（圖 19A），採折衷主義（eclecticism）以簡潔的線條、尖拱或半圓拱窗表現古典的空間（李乾朗，1992）；1998 年興建的臺大總圖書館（圖 19B）延續文學院的建築語彙基調，延伸椰林大道，成為臺大主軸線之端點，彰顯邁向學術殿堂的壯闊。臺北市建國高中 1908 年興建

的「紅樓」（市定古蹟），融合巴洛克（Baroque）樣式建築，呈現哥德拜占庭風格，表面飾以紅磚，莊嚴而宏偉（圖19C）。國立竹東高中學生活動中心有希臘神殿造形及愛奧尼克柱式（圖19D）；臺南女中1917年興建的自強樓，造形為紅磚折衷式樣，也應用巴洛克建築語彙，入口門廊為矯飾主義的誇大做法；長榮女中1923年興建的長榮大樓，造形為紅磚折衷式樣及亞熱帶拱圈式樣之混合體，空間配置為倒三合院，屋頂彷如日本傳統建築之

圖19
後現代校園建築──折衷主義建築

A臺大1928年興建的文學院（市定古蹟），為折衷主義建築

B臺大總圖書館延續文學院的建築語彙基調

C臺北市建國高中1908年興建的「紅樓」（市定古蹟），融合巴洛克樣式，呈現哥德拜占庭風格

D國立竹東高中學生活動中心有希臘神殿造形及愛奧尼克柱式

資料來源：研究者攝。

弧形山牆，建築屋頂均為傳統臺灣屋瓦，東西兩端是以傳統馬背收頭。此外，真理大學 1882 年興建的牛津學堂（Oxford College）（第二級古蹟），充分反映 19 世紀外來建築樣式與臺灣本地建築如何融合與並存設計（李乾朗，1992、1995）；淡江中學 1923 年興建的八角塔，為西方與臺灣本土建築語彙的混用和融合，可說是閩洋折衷風格建築的佳例（傅朝卿，1999）。這些學校都是後現代校園建築——折衷主義建築之代表。

五、生態建築

建築設計重視永續發展的環保觀念，尊重與考量建築環境與周遭生態維護，以綠建築、綠建材作為永續校園建築發展與建構的核心主軸，建築興建以更謙卑的角色融入環境，強調不增加環境的負擔，並以節能減碳為標的，在推展環保教育上尤具有積極的意義和價值。例如：綠色魔法學校成功大學孫運璿綠建築科技大樓（圖 20A）、臺南市億載國小（圖 20B）、國立南科國際實驗中學、新北市佳林國中、龍埔國小（圖 20C）和新市國小、高雄市前鋒國中和紅毛港國小、國立屏北高中（圖 20D）等，皆為後現代校園建築——生態建築之代表。

六、敘事性建築

敘事性建築是透過建築來說一個故事的設計手法，並將各個建築元素轉換成故事的許多子題，而眾多的子題結合成一個主題，這個主題主要讓建築更具傳遞故事性的意義（潘鑫宏，2004）。例如：桃園市立大園國際高中創校之初以航空城類航廈概念規劃設計（圖 21），以中央通廊連結側翼類登機坪教室群，學校以國際教育為核心，以日、德、法、西四種第二外語學習群分班，學生跑班上課，猶如桃園國際機場的寫照。新北市立桃子腳國中小，建校規劃採參與式設計，「不老英雄社區造校」以老社區居民為新社區居民建置教育基礎工程。此二校皆為後現代校園建築——敘事性建築之代表。

圖 20
現代校園建築──生態建築

A成功大學綠色魔法學校是臺灣綠建築的代表作

B臺南市億載國小是第一所通過九項綠建築指標學校

C新北市龍埔國小是通過綠建築九項指標之新作品

D國立屏北高中爲永續校園示範學校

資料來源：研究者攝。

圖 21

後現代校園建築——敘事性建築

桃園市立大園國際高中新建校園建築以航空城類航廈概念規劃設計

資料來源：研究者攝。

七、解構主義建築

解構主義建築（deconstructivism architecture）是一種對現代建築的建築造形、室內空間或設計方法的解構，完全拒絕傳統建築藝術所強調的完整統一、整齊規則、嚴謹有序等構圖章法，亦即採用歪扭、錯位、變形的手法，將建築結構打碎、解剖，再隨機拼合，使建築物顯出偶然、無序、奇險、鬆散或失穩的態勢（王受之，2012；吳煥加，1996；潘鑫宏，2004）。例如：美國建築師 P. Eisenman 設計的美國俄亥俄州立大學衛克斯納視覺藝術中心（Wexner Center for Visual Arts, Ohio State University）（圖 22），1989 年建成，新館與校園內原有的兩幢房屋結合組成一個藝術綜合體，該藝術中心在平面上有互相斜交的兩套格網，還有一個裂開的磚碉樓，手法新奇，引人注目（老硪，1996；吳煥加，1996）。此外，德國建築師貝尼希的斯圖加特大學太陽能研究所，也是後現代校園建築——解構主義建築之代表。

圖 22
後現代校園建築——解構主義建築

美國俄亥俄州立大學衛克斯納視覺藝術中心裂開的磚碉樓，手法新奇，
引人注目。

（圖片來源：Flickr user Le Souris）
資料來源：*AD Classics: Wexner Center for the Arts/Peter Eisenman*, by *D.* Langdon,
2014, Oct 17. ArchDaily. https://www.archdaily.com/557986/ad-classics-
wexner-center-for-the-arts-peter-eisenman

　　臺灣早期的校園建築相當重視「形隨機能」原則，乃為強調校園建築應
重視課程、教學之教育需求，而非對建築造形與空間形式之排斥；相反的，
因校園建築為教化環境，對校園建築造形、意象、符號、隱喻與空間美學，
反而更受重視。雖然，1960-1990 年代後現代建築風潮已過，有人稱現在為
現代主義之後，但後現代主義建築對現代主義建築及國際式樣的批判、反省
與檢討，對現代主義之後的發展仍有餘波盪漾的影響，主要在於校園建築應
有造形、文化、意境，沒有人會質疑。

　　後現代主義和建築風格，對校園建築造形和空間形式上，有下列四點啟

示（湯志民，2013b）：

一、校園建築應善用後現代建築特色使學校風格獨具

後現代建築賦予建築詮釋意義，力求建築結構、空間和形體能與眾不同，並具有生命力，講求存在的獨特性與價值。校園建築亦然，應在建築空間、結構、形式、量體，具造形美學或符號意涵，使其望即知其為何校，或聽到校名即知該校有一幢風格獨具並有代表性之校園建築，校名與校園建築相得益彰。

二、校園建築造形應具後現代建築美學創意而不戲謔

後現代建築造形，運用不同建築元素呈現古典、歷史、折衷、矯飾、涵構或解構特質，甚至以戲謔（如性象徵）或反諷，突顯另類空間美學。惟，校園建築為教化環境，師生、男女或老少漫步其間，耳濡目染、潛移默化，自應以正向環境為主要思慮，建築造形以雅俗共賞為宜，取後現代建築美學之創意，使之戲而不謔為佳。

三、校園空間形式應符課程教學之實用需求而不零碎

後現代建築在空間形式，空間大小、高低不一定講求對稱比例，有時故意出現侷促、窘迫或不對稱之感。校園建築需有不同空間形式，但以因應課程和教學為要，不能純為空間之變化，過於瑣碎，則會失去教育的實用性；亦即，校園建築空間形式與功能應並存兼具，不可偏廢。

四、校園建築應善用符號與隱喻益增教化與境教意境

後現代建築強調符號、隱喻與象徵，意圖為建築賦予意涵、詮釋意義及生命力。校園建築本為教化環境，並與社區或社會環境契合，重視教育、文化環境之建置，本土或鄉土教育情境之形塑，建築符號和隱喻運用，有助於校園建築教化與境教之形塑。

總之，後現代主義與建築之發展，有意與無意之間，促動了臺灣校園建築造形、空間形式的多樣性，並具有後現代建築風格與特徵。此一後現代校園建築風格之新思維，有助於校園規劃與設計，在建築造形、空間形式和美學追求上，更具形式探索意義和理論建構之價值。

第7章 後疫情校園建築

COVID-19 改變了一切（COVID-19 changes everything.）

～ D. Handwork, 2020

　　2019 年底引發的 COVID-19，2020 年疫情大爆發，形成全球危機，揭開了後疫情時代的序幕。至 2021 年 11 月 24 日止，COVID-19 已造成全球 195 國 2.57 億人染疫，517 萬人死亡，全球致死率 2.01%（衛生福利部疾病管制署，2021）。根據聯合國教育科學文化組織（UNESCO）2020 年 4 月 1 日統計，全球最高計有 193 個國家 K-12 和高教停課，受影響學生人數達 15.96 億人，占註冊學生總數的 91.2%，截至 2021 年 9 月 13 日，全球仍有 22 個國家 K-12 和高教停課學生人數 1.31 億人，占註冊學生總數的 8.3%（UNESCO, 2022a）。UNESCO（2022b）強調，學校停課造成高昂的社會和經濟成本，尤其對弱勢和邊緣化孩子的影響更為嚴重，這些影響包括學習中斷、營養不良、給教師的困惑和壓力、父母未準備遠距和在家上學、遠距學習維護和改善的挑戰、育兒落差、高昂的經濟成本、衛生保健系統意想不到的壓力、對學校和仍在開放的學校系統造成更大壓力、輟學率上升、遭受暴力和剝削的風險增加、社會隔離、學習測量和檢證的挑戰等。雖然，學校停課是加強社區社會隔離的合理解決方案，但長期停課往往會對最弱勢的學生產生最大的影響——在家中學習的機會更少、帶給父母經濟負擔和長期保育的供餐問題等（Azzi-Huck, & Shmis, 2020）。Azzi-Huck 和 Shmis 進而強調，疫情流行期間，教育有助於恢復公共衛生和防疫，並減輕對學生和學習的影響，學校也可變成臨時的收容中心，尤其在整個撒哈拉以南非洲地區，學校通常是農村地區唯一的永久性政府機構，可以作為臨時的危機應對中心。美國兒科學會（American Academy of Pediatrics, AAP, 2021）則指出，已有證明顯示孩子到校面對面學習（in-person learning）很重要。因此，UNESCO 成立了全球教育聯盟（Global Education Coalition），以支持各國

努力減輕學校停課的影響,解決學習損失並調整教育系統,特別是針對弱勢和處境不利的社區。COVID-19 造成全球性學校停課,以及對孩子產生的負面影響,深值重視。

　　學校的主要目的是教育,學校建築和校園也提供了許多其他社區功能,學生、家庭和社區依賴學校提供食物、保健服務、社會情感支持、創意渠道、保護和人際聯繫(The American Institute of Architects, AIA, 2020a)。因此,COVID-19 疫情流行期間,學校開學和重啟,成為世界各國關切的重大政策,並以校園師生的健康和安全為首要任務。美國國家免疫和呼吸系統疾病中心(National Center for Immunization and Respiratory Diseases, NCIRD, 2022)指出,K-12 學校對 COVID-19 疫情,可採取促進疫苗接種、一致且正確地使用口罩、社交距離、篩查測試、通風、洗手和呼吸禮儀、生病和接受檢測時待在家裡、接觸者追蹤和結合隔離、清潔和消毒等預防策略。K-12 和大學校院學校開學和重啟的因應策略,主要包括強化門禁管理、降低防疫風險、維護清潔衛生、保持社交距離、防疫空間規劃、調整學期行事、實施遠距學習、減少大型集會活動、鼓勵戶外學習等,以確保校園「人─境」安全,教育順利推展(湯志民,2021)。對校園建築與環境規劃而言,本文擬從防疫安全因應對策、校園建築防疫規劃、防疫運用學習模式,分別加以探究,以供後疫情時代教育主管機關、各級學校、親師生和社區防疫應對之參考。

第一節　防疫安全因應對策

　　對個人而言,防疫安全因應對策是「戴口罩、勤洗手、保持社交距離」;對學校而言,防疫安全因應對策是強化門禁管理、降低傳染風險、維護清潔衛生、保持社交距離,茲說明如下:

一、強化門禁管理

　　當疫情進入社區感染或中央流行疫情指揮中心建議進行出入口管控時,各級學校則需限制校園開放時間和對象,進行全面體溫量測並採實名制登記。強化門禁管理主要策略重點,包括管制校園出入口動線、主要出入口進

行疫檢、獨立建築管制疫檢、防疫檢測配套措施和檢疫回報追蹤處置，茲說明如下（馬軍主編，2020；湯志民，2021；國立成功大學、中國醫藥大學、亞洲大學，2020; AIA, 2020a; California Department of Education, 2020; Department of Education and Skill, 2020, NCIRD, 2022）：

(一) 管制校園出入口動線

學校於主要出入口設置發燒篩檢站，管制人員進出，並採實名制登記（現場或線上登記）。封鎖非必要出入口，出入口動線人車、出入分流，並限制非必要訪客入校，必要訪客應經校方邀請或同意者方可入校。

(二) 主要出入口進行疫檢

各校校區主要出入口配合門崗駐警、保全定點執行勤務，由駐警、保全實施進出人員（含車輛駕駛、搭車人員）體溫檢測，以手持式測溫槍、非接觸式體溫計或免接觸式人體熱成像測溫儀檢測，以及洗手或酒精消毒，如有體溫異常者（耳溫 ≧ 38°C／額溫 ≧ 37.5°C）即予登錄並通報相關單位（如衛保組）列入關懷協助或妥採管制措施，另經體溫檢測無異常者，得由駐警、保全或協力檢測人員逐人張貼當日已實施檢測體溫識別貼紙或標示。

(三) 獨立建築管制疫檢

各系所、大樓（如教學、行政、圖書館、體育館等）、宿舍區管理空間，由各系所、大樓、宿舍管理單位於該空間、大樓主要出入口設置體溫檢測站指派負責人員對該空間、大樓進出人員體溫檢測。當日於校區進出口完成體溫檢測正常，持有當日校區門崗發給檢測識別標示者，得免再測體溫。

(四) 防疫檢測配套措施

(1) 學生應分流或錯峰離到校，並避免家長在學校門口群聚或不必要之停留。(2) 體溫檢測人員和校醫等應做好個人防護，防止飛沫傳播和接觸傳播。(3) 出入口設置排隊區，並有指示最少距離室內 1.5m 和室外 1m 的標牌和地面標記。(4) 設置臨時設施（例如：帳篷）以利天候不佳之排隊受檢。(5) 在鄰近校門口適當位置，為有疑似症狀的學生設置獨立的監督檢疫區、健康

觀察室或臨時隔離所,室外要能遮蔭和擋風,室內要注意通風,並有持續的監督、照料和協處。(6) 如有流感或 COVID-19 等傳染病症狀,無論疫苗接種狀態如何,都應留在家中並尋求檢測和護理。

(五) 檢疫回報追蹤處置

學校可設置「非 14 天健康監測者有發燒或其他症狀自主回報系統」,若篩檢或自覺有發燒者可於此系統登錄回報。學校護理人員依系統登錄有發燒等狀況人員進行追蹤,必要時轉診至醫療院所。

二、降低傳染風險

政策制定者和學校行政人員應認知到 COVID-19 防疫策略旨在減輕風險而非消除風險,沒有任何一項或多項行動能夠完全消除病毒傳播的風險,但是實施多種協調措施可以大大降低此一風險,例如:在無法保持社交距離的情況下,學生(2 歲以上)和教職員應配戴口罩(除非醫療或發育狀況禁止使用)(AAP, 2021)。中央流行疫情指揮中心(2020a)指出,各級學校、幼兒園、實驗教育機構及團體、補習班、兒童課後照顧中心及托育機構,為學生密集且容易發生呼吸道傳染病群聚感染之場所,最基本且最重要的防疫措施是:落實勤洗手、呼吸道衛生與咳嗽禮節,及生病在家休息。降低傳染風險主要策略重點,包括在校及開學前後之防護措施和健康管理,茲說明如下(中央流行疫情指揮中心,2020a、2020b、2020c;國立成功大學等,2020;國家衛生健康委辦公廳、教育部辦公廳,2021;教育部,2020;湯志民,2021;AAP, 2020; AIA, 2020a; Centers for Disease Control and Prevention, CDC, 2020; CSArch, 2020; NCIRD, 2021, 2022; San Francisco Department of Public Health, 2020; AAP, 2021; The Washington State Department of Health, 2021; UNICEF, WHO, IFRC, 2020):

(一) 防護措施
1. 開學前
(1) 學校應成立防疫小組,由校長擔任防疫小組召集人,並召開因應措施會議。並在學校網站首頁明顯位置設置 COVID-19 防疫專區,提供中

央流行疫情指揮中心、教育部局處、衛生主管單位和學校之相關防疫規定和訊息。

(2) 各級學校依所在地區及內部環境特性，預先規劃防疫措施計畫，並建立作業流程及分工事項，確保防疫工作之完備布建及落實執行。

(3) 請家長主動關心子女／學生身體健康，如出現發燒應通知學校以利監測班上學生健康狀況，並應在家休息避免外出，如出現咳嗽或流鼻水等呼吸道症狀應配戴口罩。

(4) 學校可利用簡訊、Line 預先發送防疫通知，提醒家長及學生注意事項。

(5) 假期間如有課業輔導及學生活動，相關注意事項比照學生在校期間之防護措施辦理。

(6) 學校應先盤點在校的境外生人數，並將校內宿舍預先規劃調整為「隔離宿舍」及「安居宿舍」。「隔離宿舍」為校內出現師生確診案例時，提供給須居家隔離，且校外賃居、未依附在臺親友之境外生，並應 1 人 1 間安排。「安居宿舍」為提供給無須居家隔離，且未校外賃居、未依附在臺親友之境外生，可安排共住。

(7) 做好防疫物資儲備，學校應根據教職員生數量，做好口罩、消毒用品、洗手液、一次性乳膠手套、非接觸式測溫設備等常用防疫物資儲備，專人管理，確保存放安全，合理使用與清潔，並注意物品的有效期限。

(8) 做好疫苗接種，學校應積極配合當地衛生單位、疾控機構，做好教職員生疫苗接種。

(9) 開學前，對校園室內外環境實施全面的環境衛生整治，做好垃圾清理，提前做好教室、實驗室、餐廳、廚房、宿舍、體育運動場所、圖書館、保健室、廁所等重點場所之澈底清潔消毒和通風換氣；對校園內使用的空調通風系統和公共區域物體表面進行清潔和預防性消毒；對學校飲水設備進行澈底檢查、清潔消毒，以確保飲用水安全。

2. 學生在校期間

(1) 學校應備妥防疫物質，如適量的額（耳）溫槍、洗手液或肥皂及口罩以備不時之需。

(2) 主動關心學生健康狀況：學校班導師或授課教師應注意學生是否有發

燒、咳嗽或非過敏性流鼻水等呼吸道症狀。若出現類流感,如發燒、頭痛、喉嚨痛、咳嗽等症狀,應戴上口罩就醫,鼓勵生病了就不上班上課。

(3) 校園集會活動參加人數應有所限制:室內外集會活動,不能保持社交距離(室內 1.5m、室外 1m)則應戴口罩,以減低社區感染的風險。大型集會活動(依疫情指揮中心規定),應評估:能否事先掌握參加者資訊、活動空間之通風換氣情況、活動參加者之間的距離、活動期間參加者為固定位置或不固定位置、活動持續時間、活動期間可否落實手部衛生及配戴口罩,若有較高風險,應延期或取消,或改以其他方式辦理;倘決定辦理,應於集會活動前訂定防疫應變計畫,並落實相關防疫準備與措施。

(4) 降低或避免高風險學習活動,如足球、籃球和摔跤等身體易接觸者是高風險活動,涉及唱歌、喊叫、樂隊等易產生氣溶膠的活動,尤其是在室內進行時,也是高風險活動。因此,將高風險活動移到室外比在室內保持社交距離更能降低 COVID-19 風險。

(5) 在情況允許之下,鼓勵在戶外進行活動、上課或午餐。

(6) 學校對大班授課,應立即改善環境或調整授課方式,採分班上課或遠距教學等防疫作為;針對通風不佳課室、室內場所等防疫風險較高之授課或活動,也需優先改善。

(7) 實施遠距教學和學習,教育主管機關和學校應協助教師和學生能有穩定有效的軟硬體設備和視訊系統,以利遠距教學和學習能無礙推展。

(8) 強化衛教宣導:在學校入口、洗手間等醒目位置張貼正確洗手和正確配戴口罩之圖示或標誌,加強勤洗手、呼吸道衛生與咳嗽禮節,保持個人衛生習慣(如:打噴嚏、咳嗽需掩住口、鼻,擤鼻涕後要洗手)及妥善處理口、鼻分泌物等,以及儘量避免出入人潮擁擠、空氣不流通的公共場所等衛生教育宣導,並落實執行。

(9) 環境及清潔消毒:學校應針對經常性使用空間(如會議室、教室、圖書館、保健室、餐廳、廚房、廁所等)和學生經常接觸之物品表面(如電梯按鈕、門把、桌面、電燈開關、公用物品等)進行清潔消毒,可用 1:100(500ppm)漂白水稀釋液進行擦拭。常態時期一天一次,若使用頻繁需增加清潔消毒次數。

(10) 善用抗菌與清潔設備：學校大多屬共用性設施設備，如電腦、課桌椅、會議桌、門、自動販賣機、衛浴設備等，都是潛在的傳染源，設置時應選擇易於清潔的無孔材料，在建築結構和室內裝飾上多使用具有抗菌特性的材料。此外，運用掃地機器人可全天候日夜打掃，降低清掃染疫風險。

(11) 區隔生病之學生及教職員工：學生或教職員工如在校期間出現發燒及呼吸道症狀，須戴上口罩，並應予安置於單獨空間，直到離校。

(12) 維持教室內通風：打開教室窗戶、氣窗，使空氣流通，維持通風設備的良好性能，並經常清洗隔塵網，若環境為密閉空間，應打開窗戶和使用抽氣扇，沒有必要，盡可能不使用冷氣空調。

(13) 加強通報作業：如發現疑似感染新型冠狀病毒學生，可通報當地衛生局或撥打 1922 協助轉診，另如有其他突發群聚疫情，學校應依規定通知當地教育主管機關及會同當地衛生機關處理，並應至「教育部校園安全通報網」進行校安通報。

(二) 健康管理

1. 衛生單位匡列為確診病例接觸者之學生及教職員工，則需進行居家隔離 14 天，留在家中（或住宿地點）不可外出上班、上學（課）及出國。

2. 掌握教職員工生寒暑假旅遊史，造冊列管追蹤，尤其是由國外入境者，學校應主動關懷追蹤並請其於入境後依規定居家檢疫 14 天，避免到校上課、上班。如有發燒或呼吸道症狀，應主動與縣市衛生局聯繫。

3. 學校出現確診個案

(1) 學校停課標準：有 1 位師生被中央流行疫情指揮中心列為確診病例，該師生所授／修課課程均停課。有 2 位以上師生被中央流行疫情指揮中心列為確診病例，該校（區）停課。學校停課決定，應立即通報教育主管機關及教育部校園安全中心。

(2) 學校如出現嚴重特殊傳染性肺炎確診病例，則與確診病例一起上課之同班同學及老師、共同參加安親班及社團或其他活動之同學及老師，均應列為確診病例接觸者，並由衛生單位開立接觸者居家隔離通知書，隔離至與確診病例最近接觸日後 14 天。

(3) 當學校出現確診病例時，應暫停各項大型活動，如班際活動、社團活動、運動會等，並取消以跑班方式授課。

4. 各直轄／縣市政府應轉知非學校型態實驗教育學生，加強健康自主管理。

5. 學校應在疫情流行期間和之後，對老師和其他教育者提供有關如何與學生交談和支持的培訓，需要心理健康支持的學生應轉介給學校輔導專業人員。

三、維護清潔衛生

　　當人們說話、咳嗽或打噴嚏時，COVID-19 主要通過釋放的呼吸飛沫傳播。一個人可能會因觸摸上面帶有病毒的物品表面，然後觸摸自己的眼睛、鼻子或嘴巴而感染 COVID-19。此外，病毒在常見材料表面上附著的時間：玻璃 5 天、木材 4 天、塑膠和不鏽鋼 3 天、紙板 24 小時、銅表面 4 小時（Cordogan Clark Group, & Ittner Architects, 2020）。學校應了解清潔和消毒的概念，基本上「清潔」（cleaning）可去除細菌、汙垢、食物、體液和其他物質，「擦洗」（sanitizing）可將表面的細菌減少到安全水平，「消毒」（disinfecting）可殺死乾淨物體表面的細菌（The Washington State Department of Health, 2021）。因此，個人防護措施（例如：洗手、生病時留在家中）和環境清潔與消毒是重要的原則（CDC, 2020）。維護清潔衛生主要策略重點，包括個人清潔衛生、疫情防護裝備、環境清潔衛生和日常消毒作業，茲說明如下〔馬軍（主編），2020；國立成功大學、中國醫藥大學、亞洲大學，2020；湯志民，2021；葉純宜、林明瀅、陳小妮、王復德，2005；CDC, 2021; CSArch, 2020; NCIRD, 2021, 2022; The Washington State Department of Health, 2021〕：

(一) 個人清潔衛生

1. 洗手時機：返抵和離開家、到達和離開學校、在外面玩後與他人密切接觸後、使用體育器材、學校電腦、共用桌面或工具後、如廁前後、擤鼻子、咳嗽和打噴嚏後、飲食前後，接觸垃圾或汙染物品之後，均要洗手。

2. 經常洗手比使用洗手液更有效。學校應確保學生有足夠的機會洗手，洗手臺應提供洗手液或肥皂（洗手至少 20 秒以上），並在校園、教室、電梯和校車出入口上提供洗手液（酒精含量 75%），9 歲以下的兒童應在成

人監護下使用洗手液。

3. 用紙巾擦拭鼻子，咳嗽、打噴嚏使用紙巾，勿觸摸臉部或面部遮蓋物。

(二) 疫情防護裝備

1. 學生在進入校園時、在校園內（進食或飲水時除外）、離開學校時、在校車上或室內外，無法保持社交距離（室內 1.5m、室外 1m），應配戴口罩。

2. 學校工作人員均應戴好口罩，上課老師保持社交距離可以使用透明面罩（尤其是教語文和特教生），使學生能夠看到自己的臉並避免潛在的語音教學障礙。

3. 學校口罩使用以校護、主要出入口管制人員、營養師、學校午餐製備人員及有身體不適症狀人員優先使用。

4. 擴增自動感應設備，設置非接觸式洗手和消毒站，並考慮增置非接觸式照明和溫度控制、感應控制門（motion-activated doors）和聲控電梯（voice-activated elevators）等。

(三) 環境清潔衛生

1. 校區環境應以衛生清潔為主，預防性消毒為輔。

2. 每天應及時清除校園內落葉、積水、汙水、汙物等，室內地面應每天至少濕式清潔 1 次；校園廁所、垃圾桶應每天清潔和消毒，及時清倒廢棄雜物，避免蚊蠅等病媒生物滋生。

3. 室內場所如教室、圖書館、活動室、休息室等應每天開窗通風，保持空氣流通，有助於降低空氣中病毒的潛在濃度。溫暖季節宜全日開窗，寒冷季節可在課前和課間休息期間開啟教室和走廊的門窗換氣，每天至少開窗 3 次，每次 30 分鐘以上。

4. 通風條件不良的建築，可採用排氣扇進行機械通風換氣，並維持通風設備的良好性能，經常清洗隔塵網。若環境為密閉空間或地下空間，應增設排風扇，加強通風以降低二氧化碳濃度。非必要，盡可能不使用冷氣空調。

5. 學校和幼兒園教室，可考慮使用高效微粒空氣（high-efficiency particulate air, HEPA）過濾器的便攜式空氣淨化器（portable air cleaners），以加強空氣淨化，尤其是在高風險區域，如保健室、隔離室。

6. 室內空調（HVAC）應盡可能引入室外空氣，減少或消除空氣再循環，並確保再循環的空氣更頻繁地經過過濾器。在校舍使用前後，以最大的外部氣流運行空調系統2小時，以利更新空氣並使用結束時去除殘留的微粒。

7. 疫情期間公共場所避免使用中央空調，疫情解除後重新開啟中央空調前，應注意清洗和消毒。使用中央空調，室內空調出風口與迴風口的數量比例是 2：1〔等同排風量為迴風量（m^3/s）的 2 倍〕，保持正壓狀態以利與戶外氣體交換。

8. 判斷室內通風或空調系統是否適用：以二氧化碳為判斷指標，使用二氧化碳測量儀於尖峰工作時段進行量測，二氧化碳濃度值不應超過1,000ppm。

9. 學校上課時，檢查並維護廁所、廚房、餐廳等之排氣和通風。

(四) 日常消毒作業

1. 消毒範圍：定期清潔地面、門把、窗戶把手、按鈕、電器開關、家具表面、電話、對講機、垃圾桶、洗手臺、馬桶、浴盆、水龍頭、蓮蓬頭、排水口、抽風扇、電腦、鍵盤、風扇等。尤其是學生經常接觸的物品表面，如鍵盤、課桌椅、門把、飲水機、自動販賣機、遊戲器材、教具、玩具、公共區域的公共用品等，應加強消毒。

2. 消毒用具：口罩、手套、拖把、水桶、垃圾袋、清潔劑、擦拭用抹布和海綿，以及其他清潔用具等。

3. 消毒藥劑：(1) 使用市售「次氯酸鈉」成分之漂白水或「次氯酸鈣」成分之漂白粉，在通風良好處冷水稀釋（大部分家用漂白水含有 5% 次氯酸鈉，以 1：100 稀釋）作為物品表面消毒。漂白水不當的使用會降低其消毒效果並造成人員傷害。(2)60-80% 酒精，常用來消毒小範圍的物品表面和一些儀器表面，且只能使用在通風良好處以避免燃燒。

4. 消毒原則：(1) 由較乾淨的地方先擦拭；(2) 消毒擦拭之前應將物品表面的有機物清除乾淨；(3) 抹布必須浸潤漂白水；(4) 以漂白水擦拭後 10 分鐘，再以清水清潔；(5) 可以稀釋漂白水消毒馬桶；(6) 切勿將大量或高濃度漂白水廢棄於馬桶內，避免化糞池失去汙水處理能力；(7) 使用漂白水時，請戴口罩、手套。

5. 漂白水不要過量儲存，以免影響殺菌功能；稀釋的漂白水須存放在避光容器並避免兒童碰觸。

6. 不要使用離子化（ionization）、霧化（fogging）、烘（fumigation）或大面積噴灑（wide-area spraying）來控制 COVID-19 的傳播。這些方法無效，不能清潔受汙染的表面，並且對人體健康有害。

7. 室內通風受限情況下，可考慮使用紫外線殺菌，教室設置紫外線消毒燈管者，開關應注意設置於學生無法觸摸之處，並由專人在前一天學生上課前（無人空教室狀態下）操作殺菌，嚴禁對人體照射，以免造成皮膚的急慢性病變和視力影響。紫外線消毒，按照不少於 $1.5W/m^3$ 吊裝紫外線消毒燈，吊裝高度距離地面 1.8-2.2m，開紫外線消毒燈 30-60 分鐘（保健室至少 60 分鐘），消毒後及時通風換氣。紫外線燈管應定期擦拭清潔，以免影響紫外線穿透率及強度照射。

8. 室內使用空調，空調設備過濾網和過濾器每週清洗消毒 1 次，可參照醫院和醫療機構使用紫外線氣流消毒（UVC airstream disinfection），可殺細菌、真菌和病毒等微生物，以減少空氣傳播病菌。

四、保持社交距離

　　保持社交距離（social distancing）或身體距離（physical distancing）可降低呼吸道飛沫感染 COVID-19 的風險（San Francisco Department of Public Health, 2020）。社交距離的研究從個人空間（personal space）出發，最有名的論述是人類學家 Hall（1966）在《隱藏的空間》（*The Hidden Dimension*）一書中，提出以空間距離為單位，將社會互動的個人空間區域，分為四種：(1) 親密距離（intimate distance）（0-18 英寸，0-45cm）；(2) 個人距離（personal distance）（1.5-4 英尺，45-120cm）；(3) 社交距離（social distance）（4-12 英尺，120-360cm）；(4) 公眾距離（public distance）（12-25 英尺，360-750cm）。AIA（2020a）指出，病毒的傳播透過大型集會、教室和體育活動中，教師、職員和學生之間的密切私人接觸（距離他人 6 英尺以內 15 分鐘以上），這是傳輸 COVID-19 的主要方式，並且可以成為緩解策略的重點。保持社交距離主要策略重點，包括社交距離衡量、社交距離規範、設施社交距離和社會禮儀規範，茲說明如下（中央流行疫情指揮中心，2020b；湯志民，2021；CDC, 2021; California Department of Education, 2020; San Francisco Department of Public Health, 2020; The Public Health Agency of Canada, 2020）：

(一) 社交距離衡量

　　國外（如美、加等）要求社交距離以 6 英尺（約 1.8m）為基準，美國疾病控制與預防中心（CDC）2021 年 3 月 19 日放寬對返校學生進行面對面學習的社交距離要求，在教室內學生之間（戴口罩）的距離至少 3 英尺（約 0.9m），在課堂之外——午餐、體育賽事、集會等——則仍為 6 英尺標準。伊利諾伊州、印第安納州和馬薩諸塞州通過實施學生間隔 3 英尺，並經研究顯示學生間隔 3 英尺與間隔 6 英尺相比，冠狀病毒的傳播沒有顯著差異。小學生（戴口罩）距離至少 3 英尺，初中和高中生在低度、中度或大量社區傳染（在過去 7 天每 10 萬人中病例分別有 9 人、10-49 人、50-99 人）的地區至少相距 3 英尺，但在傳染率高的地區（在過去 7 天每 10 萬人中病例有 100 人以上），建議的距離為 6 英尺；學生與教師／職員之間，以及教師與職員之間，仍需保持 6 英尺的距離（Jones, 2021; NCIRD, 2021）。K-12 學校和社區傳播率的社交距離推薦預防策略，詳如表 16。

　　臺灣要求社交距離，室內 1.5m、室外 1m。社會大眾不太可能隨身攜帶量尺，簡易衡量方式如下：

1. 1m：成人平舉單側手臂，自指尖至另一側的肩膀，在不碰觸其他人的情況下，距離大約等於 1m。
2. 1.5m：成人平舉兩側手臂，兩側指尖在不碰觸其他人的情況下，距離大約等於 1.5m。

(二) 社交距離規範

1. 靜風下，室內應保持 1.5m、室外保持 1m（空氣擾動愈強，飛沫飛行距離愈遠，自主維持之社交距離應該愈遠）。惟若正確配戴口罩，則可豁免社交距離。
2. 擁擠、密閉場所應配戴口罩。建議以「總量管制」、「分時分眾」及「單向導引」等方式，維持社交距離及避免人流交錯。
3. 在高風險活動中策略性地使用社交距離，例如：在跳舞、練習、唱歌或用餐時。在不能戴口罩的環境中，如午餐、合唱團、樂隊或劇烈運動等需要大量呼氣的活動期間，仍應遵守 6 英尺的距離；這些活動應盡可能在戶外或通風良好的大型空間中進行。

表 16

K-12 學校和社區傳播率的社交距離推薦預防策略

所有學校預防策略			
所有學校都要實施五項關鍵預防策略： ・ 要求普遍正確使用口罩 ・ 社交距離 ・ 洗手和呼吸禮儀 ・ 清潔和維護健康的設施 ・ 接觸者追蹤與隔離			
依社區傳染率之預防策略			
低傳染率	中傳染率	大量傳染率	高傳染率
小學 教室中學生距離至少 3 英尺		小學 教室中學生距離至少 3 英尺 可能的話推薦同伴	
初中和高中 教室中學生距離至少 3 英尺		初中和高中 教室中學生距離至少 3 英尺 可能的話推薦同伴	初中和高中 學校可以推薦同伴：學生距離至少 3 英尺 學校不可推薦同伴：學生距離至少 6 英尺
運動和課外活動 社交距離至多 6 英尺	運動和課外活動 社交距離要求至少 6 英尺	運動和課外活動 只可在室外實施，社交距離至少 6 英尺	

資料來源：*Operational strategy for K-12 schools through phased prevention*, by National Center for Immunization and Respiratory Diseases, 2021, May 15, Centers for Disease Control and Prevention. https://www.cdc.gov/coronavirus/2019-ncov/community/schools-childcare/operation-strategy.html?CDC_AA_refVal=https%3A%2F%2Fwww.cdc.gov%2Fcoronavirus%2F2019-ncov%2Fcommunity%2Fschools-childcare%2Fschools.html

4. 由於面對面學習的重要性，學校應該優先考慮全面入學而不是保持社交距離，並注意學生的發展和社會情感需求之間的距離。

(三) 社會禮儀規範

1. 以拱手代替握手，且遵循不碰觸彼此之原則，以減低接觸傳染的機會。
2. 來不及配戴口罩而打噴嚏或咳嗽時，應以衣袖或衛生紙掩住口、鼻。以手掌掩口，將使沾滿飛沫的雙手，汙染隨後碰觸的手把、門閂、扶手、按鍵、觸控式面板等公眾容易接觸之物件，易散播病毒，應該儘量避免。
3. 自覺有打噴嚏或咳嗽等上呼吸道症狀時，應儘量待在家休息，不得已出門時應正確配戴口罩，且勿進入擁擠的公眾場所。

第二節　校園建築防疫規劃

　　2020 年 6 月 17 日，美國建築師協會（AIA, 2020b）的團隊（由建築師、公共衛生專家、工程師和設施經理組成），為了學生的健康、安全和福祉，發布 3D 設計模型和策略，可以幫助教育官員在 COVID-19 疫情大流行期間，降低 K-12 學校上課風險。3D 設計模型詳細說明教室和走廊的策略之外，該團隊還提供了有關入口、體育館、集會空間、自助餐廳、洗手間、辦公室和其他空間的注意事項。防疫空間規劃的主要策略重點，包括個人空間防疫規劃、教室空間防疫設計、線上學習防疫推展、室外環境防疫運用，茲說明如下：

一、個人空間防疫規劃

　　美國疾病管制中心（CDC）建議 COVID-19 大流行期間，人與人之身體距離應有 6 英尺（約 1.8m），AIA 據此作為個人防疫空間計算基準（AIA, 2020c）：

(一) 靜態的身體距離空間：以個人為中心，將 6 英尺身體距離化為一個 3 英尺（約 0.9m）半徑的圓（如圖 23A），此一 3 英尺半徑的圓是靜態的身體距離空間，適用於人們排成一行時，或坐在彼此相距 6 英尺的地方。它是線性的，不考慮人類在空間中的移動，因為 2 人之間的身體距離是 6 英尺，當有人從 2 人之間移動，身體距離最多只有 3 英尺

（如圖 23B）。

(二) 動態的身體距離空間：應以 6 英尺作為半徑，此一 6 英尺半徑的圓是動態的身體距離空間，利於人在空間中動態移動（如圖 24A）。人多時，密布動態的身體距離空間，6 英尺半徑的圓面積為 113 平方英尺（約 10.5m²），仍利於人的穿梭和移動（如圖 24B）。

圖 23
靜態的身體距離空間

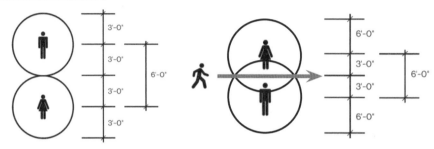

A. 3 英尺半徑適用靜態空間　　　　B. 3 英尺半徑不適用動態移動

資料來源：整理自 *Re-occupancy assessment tool* (p. 24), The American Institute of Architects, 2020c, The Author.

圖 24
動態的身體距離空間

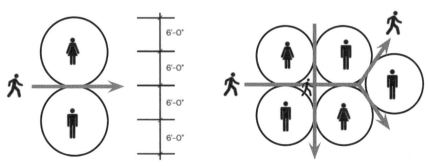

A. 6 英尺半徑適用動態空間　　　　B. 6 英尺半徑利於穿梭和移動

資料來源：整理自 *Re-occupancy assessment tool* (p. 25), The American Institute of Architects, 2020c, The Author.

二、教室空間防疫設計

在典型的美國公立學校中，平均每間教室有 20 名學生。根據州標準和學生年齡段的不同，教室的面積可能在 700-1,300 平方英尺之間（約 65-121m²）。通常，學生們坐在彼此靠近的桌子上，時間超過 15 分鐘，這是當前「接觸」傳染的門檻值。此外，學生通常還以小組形式面對面地一起工作，並在教室中四處走動以進行學習活動；科學和其他互動課程會促進小組活動，且可能需要共用設備，學生經常觸摸共享表面，例如：書桌、椅子、書本和設備，這可能會增加病菌的傳播（AIA, 2020a）。美國建築師協會（AIA, 2020a）運用身體距離分析教室防疫空間座位配置，並推薦單間教室防疫空間規劃，可供現有教室（人數不多教室最適用），或未來教室空間規劃之參考。

(一) 教室社交距離空間配置

美國建築師協會（AIA）以 6 英尺身體距離分析教室中，每生空間、課桌間距和學生間距（如圖 25）。

(二) 單間教室防疫空間規劃

單間教室 800 平方英尺（約 74m²），防疫前容納 24 張課桌，每生 33 平方英尺（約 3m²），防疫時容納 12 張課桌，每生 66 平方英尺（約 6m²）（如圖 26），教室空間配置策略：1. 盡可能錯開書桌並使其朝向相同方向；2. 地面上描繪臺前區和課桌位置；3. 限制課桌椅的活動性，以免造成社交距離問題；4. 提供視訊和共享軟體，以促進遠程學習；5. 在門附近設置非接觸式洗手衛生站；6. 提供非接觸式飲水機；7. 張貼衛生、清潔和消毒標牌，讓教職員和學生容易看到；8. 在入口附近放置非接觸式垃圾桶；9. 拆除不必要的家具、設備和教材，以增加地板面積並易於清潔；10. 增強聲學處理，使學生可以聽到從口罩發出的聲音（如教師配備個人頭戴式麥克風）。

圖 25

身體距離在教室中的應用分析

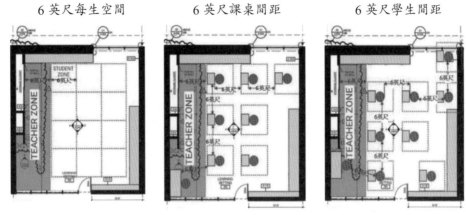

6 英尺每生空間　　　　6 英尺課桌間距　　　　6 英尺學生間距

資料來源：*Reopening America: Strategies for safer schools.* (p. 8), by The American Institute of Architects, 2020, The Author.

圖 26

單間教室防疫空間規劃

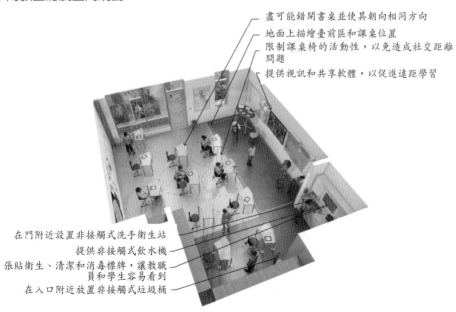

盡可能錯開書桌並使其朝向相同方向
地面上描繪臺前區和課桌位置
限制課桌椅的活動性，以免造成社交距離問題
提供視訊和共享軟體，以促進遠距學習

在門附近設置非接觸式洗手衛生站
提供非接觸式飲水機
張貼衛生、清潔和消毒標牌，讓教職員和學生容易看到
在入口附近放置非接觸式垃圾桶

資料來源：*Reopening America: Strategies for safer schools* (p. 9), by The American Institute of Architects, 2020a, The Author.

三、線上學習防疫推展

　　科技正澈底改變學習和學習環境，對課堂設計影響最大也許是 e 化學習（e-learning）的興起，2020 年 e 化學習是必需品，2021 年則為首選，因 e 化學習的保留率（retention）增至 60%——是面對面學習（face-to-face learning）的 6 倍。學校的趨勢是在一個教室中，結合面對面學習和線上學習（online learning）的混合方法（American Modular Systems, AMS, 2021）。防疫期間推展線上學習，AMS（2021）提供具體做法如下：

(一) 數位基礎設施（digital infrastructure）

　　數位設備和高速互聯網是新的白板和彩色馬克筆。為了讓所有學生都能接觸到科技，學校需要完全聯網，並擁有支持多設備環境的強大電力基礎設施。更新的教室設計增加了電源插座，插座間隔供個人使用，室內外的 Wi-Fi 提供與學校課程、數據和資源始終保持連線。

(二) 無縫協作（seamless collaboration）

　　教室設計正重新定義互連性（interconnectivity），創造一個不受限制的、科技豐富的環境，學生團隊可以在其中一起解決問題和創新，無論他們在家裡、教室裡、公共區域還是室外。協作軟體、移動應用程式、視頻會議平臺，以及虛擬和擴增實境套件，為學生和教師提供了無需共享物質空間即可進行虛擬面對面交流的工具。

(三) 個性化學習（personalized learning）

　　在共享內容的同時，學習變得更加個性化，讓學生可以自由選擇學習的方式和地點。AMS 正在重新配置平面圖，以開關安靜的空間，學生可以使用自己的設備按照自己的節奏學習。將共享科技定位得更遠，可以在學習社群中實現獨立的、與社交距離的學習。

四、室外環境防疫運用

　　美國已有數千所學校開展某種形式的戶外教育，許多學校已經擁有一個或多個專用花園或戶外教室（Coyle & Bodor, 2020）。戶外活動對學生

的身體、情感和學業都有好處（Wisconsin Department of Public Instruction, 2021）。在室外，病毒傳播的風險降低 20%，並可結合陽光、新鮮空氣和與大自然，以提高參與度和心理健康，為學習增添樂趣（American Modular Systems, 2021）。學校重啟利用室外空間是一種經濟高效的方式，可以減輕室內教室的負擔，同時提供體驗學習的機會以及接觸大自然的健康益處（San Mateo County Office of Education, 2021）。正如 Fields 和 Ward（2020）所述，在 COVID-19 疫情期間，戶外環境可以為學生教學和學校活動提供安全的場所，將教室擴展到校園內外之室外空間，可降低室內空間密度、降低病毒傳播風險，並促進教職員生的健康和福祉，包括減壓、各種強度的身體運動、支持心理健康、親近大自然、創意探索、新鮮空氣和陽光增強免疫系統、減少螢幕時間、安全社交等。因此，COVID-19 疫情牽延，基於緩解策略，讓室外學習變得更為重要，有的將教學移到教室外或校外，有的以室外環境為教室、小田園實作、或環境教育探索，透過體驗學習，了解社區文化和生態環境，開拓學習新視野，並與社區建立更緊密之關係。防疫期間運用室外環境，具體做法如下（Bowie & Dillon, 2021; Coyle & Bodor, 2020; Fields & Ward, 2020; Nair, 2021; Nature Based Education Consortium, 2021）：

(一) 室外環境盤點

1. 校園內的室外環境，包括學校庭院、庭園、戶外劇場、遊戲場、運動場、開放空間、帶樹蔭的綠色空間、屋頂等。例如：學校庭園是室外教室的理想空間，可能已有遮蔭或座椅等基礎設施，而植物、生態現象和園藝活動可以融入一系列課程；大型開放空間、運動場和遊戲場可以同時讓許多學生團體使用；學校屋頂已設置休憩空間、小田園或球場者，更為便利。2. 校園外的室外環境，包括社區人文、社會和自然環境，例如：文化街廓、古蹟、公園、山林溪河，可作為走察、體驗、環保或溯溪等室外學習場域。

(二) 場地選擇因素

1. 身體距離（physical distancing）：如果學生和教師保持 6-12 英尺的身體距離，有多少團體可以使用該空間？這要取決於學習活動，美國有的州規定體育、樂隊和舞蹈需要 12 英尺。2. 無障礙（accessibility）：應為無障

礙環境，以利坐輪椅或有特殊需要的學生使用。3.陰涼處（shade）：現有的樹木或景觀可以提供陰涼處或作為群體之間的區隔。4.噪音和干擾（noise and distractions）：注意室外場地的噪音或干擾，基於運動的活動可使用熱鬧的場地，學習或研究則要使用較安靜的場地。5.設施管理（facilities management）：設施管理包括運用時間、場地整理、器材設置、廢棄物處理等，使之能有效使用。6.安全（safety）：排除室外場地的潛在危險或風險，保持環境安全。

(三) 場地基礎設施

室外學習場地基礎設施，包括：

1. 座位：免費到低成本的座位選擇，包含運用現有的桌椅、用彩色粉筆標記安全距離、現有的健身器材（睡蓮墊、瑜伽墊、健身墊）、防水布（切成正方形作為座位）、野餐或沙灘毯。須注意的是，每件物品都必須成為個別學生工具包的一部分或在每次使用後進行消毒。

2. 遮陽結構和帳篷：帳篷、防水布、遮陽帆和遮陽結構是室外環境因應天氣的重要資源。帳篷應安全地固定，防止被風吹走，要壓低帳篷，每個 10 英尺 ×10 英尺的帳篷區域應承受 100 磅的重量，均勻分布；遮陽結構還可規劃雨水蒐集系統，以利花園養護使用。

3. 室外教學用品：室外場地無法有全套教學用品，多使用低成本的便攜式用品，並考慮將戶外元素和自然現象也納入教學計畫。室外教學用品，主要有：

    (1) 學生室外學習工具包，可用背包或書包為之，可裝水瓶、帽子（用於防晒）、洗手液和其他個人物品。

    (2) 學生用品，有：A.剪貼板（clipboards）可防止紙張被吹走，並提供書寫板面；剪貼板可自製，卡板切成矩形 9 英寸 ×12 英寸（約 23cm×30cm）以利標準尺寸紙張（A4）使用，並用裝訂夾、衣夾或橡皮筋固定紙張，可鼓勵學生個性化或裝飾剪貼板。B.乾擦剪貼板（dry erase clipboards）提供可擦寫板面，以減少對紙張的需求。C.日誌（journals）可用於學生觀察、草圖、資料蒐集或寫作提示等多種用途。

(3) 教師用品，有：A. 便攜式白板和畫架，可用於書寫或展示，有助於引導學生的注意力。B. 鈴聲或其他發聲器，可用於吸引班級注意力或預備訊號。C. 移動推車，可讓教學用品井井有條，並有助於將其運送到室外學習場所。D. 語音放大器，將幫助學生聽到老師的聲音。E. 其他配備，如錐體、粉筆、膠帶、標牌、急救箱、緊急聯繫電話等。

(四) 使用期程調配

校園內的室外學習場地使用，校內教師應協調並排入日課表，以確保每個班級都有戶外時間和使用機會。校園外的室外學習場地使用，如有合租學校，則應指定專人協調空間使用，以防止調度衝突。

(五) 安全注意事項

安全程序應納入室外環境教學計畫，對於室外程序和行為應有訂定明確的期望和規則，以確保每個人的安全。主要包括：1. 了解並遵守學校的緊急程序計畫，包括疏散、封鎖和避難所。2. 遵守學校現有進出校舍安全和洗手程序。3. 確保學生和教職員工在戶外時可以保持至少 6-12 英尺的社交距離。4. 識別現場的潛在風險（絆倒危險、銳利表面等），並與管理人員或監管人員合作解決這些風險。5. 與家長／監護人或學校護士合作，確定有過敏或健康問題的學生。6. 擴充學校對講機，供教師在室外使用，職員工也可以使用手機與管理員、安全官員或護士進行交流。7. 為天氣做好準備，提醒學生在炎熱的天氣攜帶水瓶。戶外教育專家提示，透過觸摸或使用室外溫度計檢查瀝青和金屬的溫度，以確保在豔陽天不會太熱，此一日常工作對學生來說是一項有趣的工作！8. 與家長／監護人溝通，確保學生在寒冷的日子穿著得體，並準備好防晒霜、帽子或其他防護用品。9. 計畫好浴室休息時間。10. 如果班級使用大型開放空間，基於活動安全，應界定班級活動界線。11. 室外空氣品質雖優於室內空氣，但可能接觸花粉的機會更多，且有一些學校位於汙染嚴重的城市地區，教育人員和校護需要監測過敏反應或哮喘風險較高的學生。

(六) 室外教室管理

　　室外教學時間不同於一般課堂，為確保學生在戶外獲得有價值的課程和體驗，應注意：1.明確的期望：外出前對學生的行為訂定明確的期望，讓學生了解「室外」也是教室。2.明確的信號：用一個明確的信號或者使用鈴鐺一樣的發音器，以利在室外吸引學生的注意力。3.研擬教學計畫：戶外教室可以是安靜沉思、積極玩耍、密切觀察、獨立工作、小組主題、努力工作和放鬆的地方；一定要先與學生溝通，討論班級在哪裡工作、在室外待多久、學生要做什麼等。4.安全探索環境：為了讓學生有時間和機會安全的、舒適的探索周圍環境，可將尋寶遊戲這樣的結構化的安全探索活動整合到課程計畫中。5.運用資源，可招募家長或志工來協助管理戶外團體，也可與社區組織和非正規教育工作者合作，以支持室外學習目標。

(七) 特殊教育計畫

　　特教生的室外環境學習有許多考慮因素，尤其是到校園外，應注意：1.明確定義學生室外學習的內容，並在開始室外學習之前與家長會面。2.運用學校小田園或與校外農園合作，以及經營一個農場攤位，讓學生能與教職員工和同學社交互動，學習生活自理。3.為遠程全職學習的學生開發家庭園藝工具包。4.教學器具，如：視覺時間表（visual schedules）提醒室外作息流程；視覺板（visual boards）對非語言學生或英語語言學習者很有幫助，是讓學生在新空間中學習新詞彙的有用方式；計時器用以提醒探索時間；軟墊以利坐在地上移動；在學生照片上貼上姓名標籤，用以標記座位；加重膝墊（weighted lap pads）放在大腿上，透過施加溫和的壓力，提供保持靜止之平靜提醒。5.解決行動不便的學生（輪椅／步行者）的無障礙環境問題，並提供機動性地墊（mobility mats）利於不平整地面（如沙地）之停移。6.對於有聽力或視力問題的學生，提供標牌、輔助聽力設備、降噪耳機、便攜式麥克風／放大器、隔音屏障，以解決室外噪音之干擾。7.應有足夠的陰涼區域或冷卻空間，以供學生休息或需要獨處之地。

(八) 室外教學資源

　　由美國綠色學校庭園（Green Schoolyards America, GSA）協調的全

國 COVID-19 戶外學習計畫（The National COVID-19 Outdoor Learning Initiative）匯集了一個出色的綜合網站，其中包含有用的個案研究、背景研究，以及將綠色校園融入學校教育計畫的建議。重要的是，GSA 和國家 COVID-19 戶外學習計畫利用他們廣泛的設計專業知識來設定配置、設計概念和示例，有助於學區和學校的設施工作人員，這些示意圖展示充分利用校園樹木、安排座位等的方法。其次，美國國家野生動物聯合會的生態學校（National Wildlife Federation's Eco-Schools USA）及其校園棲息地計畫，支持使用校園進行戶外和自然教育，這些計畫為 14,000 所學校提供了學校綠化，以及為室外教室建造花園的廣泛訊息。此外，位於新英格蘭的校園內外諮詢小組（Inside-Outside Advisory Group）是一個旨在增加新英格蘭及其他地區戶外學習的組織聯盟，也同樣制定了指導意見，建議學校使用更多的時間（二分之一學校上課時間）運用學校之外的附近公園和自然區域進行戶外學習。室外學習環境示意圖，參見圖 27。

五、各項設施防疫措施

學校教育設施繁多，各項設施防疫措施的具體做法，臚列如下（馬軍主編，2020；湯志民，2021；San Francisco Department of Public Health, 2020）：

(一) 教室：幼兒園、中小學上課，需注意通風良好，盡可能維持社交距離，不硬性戴口罩。若空間足夠，將座位／桌子隔開至少 1.5m 或以梅花座等形式維持足夠社交距離，或以隔板、屏風進行區隔。若正確配戴口罩，則可豁免社交距離。

(二) 音樂教室：音樂練唱或管樂器練習，可考慮戶外音樂和樂隊練習，並調整舞臺或管弦樂隊的演奏空間，以保持社交距離。

(三) 圖書館：限制圖書館中使用人數，閱讀座位分開或設標誌，以維持閱讀座位之社交距離。

(四) 辦公室：教職員需全程配戴口罩，開放式櫃臺暫時放置透明隔板，以作為區隔。

(五) 會議室：會議應控制時間，定時開窗通風，全程配戴口罩，與會人員應保持社交距離，可採間隔座位，麥克風避免輪用。開會時不得進食，且飲料必須有杯蓋。會議結束後對場地、桌椅、設備進行消毒，

圖 27
室外學習環境示意圖

室外學習環境運用樹蔭、帳篷和座椅配置適宜的學習空間和教學環境

資料來源：*Guide to advocating for outdoor classrooms in coronavirus-era school reopening* (p. 1, 11, 13), by K. J. Coyle and S. Bodor, 2020, North American Association for Environmental Education and National Wildlife Federation. https://www.nwf.org/-/media/Documents/PDFs/NWF-Reports/2020/COVID-19-Outdoor-Classroom-Policy-Guide

完成消毒後需開窗通風 60 分鐘後方可再次使用。

(六) 保健室：應有足夠空間（至少 1 間普通教室大小）或適度擴大，建置進出護理區的單向動線，以及離校次要出口。設置單人隔離空間暫時安置有症狀者，並與無症狀者分開。保健室應保證防疫物資（消毒用品、診療器械、一次性手套、口罩、帽子、鞋套、護目鏡、隔離衣等）配備充足，並妥善保管消毒劑，標識明確，避免誤食或灼傷。

(七) 幼兒園：幼兒社交距離要求較難實施。應加強大人和幼兒戴口罩，勤洗手和加強咳嗽、噴嚏衛生。嚴禁不必要訪客入園，加強幼師、教保員、工作人員和家長的感染預防教育。午睡或小床間距，保持社交距離。多運用戶外空間進行教保活動。

(八) 學校餐廳：入口處應強制對進入之師生，以酒精消毒雙手，並進行體溫監測，發燒或有上呼吸道症狀者，禁止進入。同桌用餐應保持 1.5m 之社交距離或以隔板、屏風區隔。桌與桌之距離，儘量拉開至 1.5m 距離以上。無法保持社交距離時，則應「分時分眾」用餐，以維持足夠的社交距離。工作人員應全程配戴口罩，並隨時正確洗手保持手部衛生。自助餐型態之餐廳，應以適當之阻隔方式，避免食物被飛沫汙染。

(九) 宿舍：宿舍應設置體溫篩查崗，保持通風與清潔，寄宿學生週末返校時需分流進校，避免學生聚集進校。宿舍樓內應設置臨時隔離場所，並遠離於人群密集場所，臨時隔離場所加強通風，保持環境衛生，廢棄物均按感染性廢物放入雙層垃圾袋，其他物品必須經過消毒後才能移出隔離區。被隔離者須配戴醫用外科口罩，禁止離開房間和相互探訪，不得使用集中空調系統。防疫宿舍，可運用機器人送餐。

(十) 健康觀察室或臨時隔離所：健康觀察室或臨時隔離所的設置，應有足夠的空間且相對獨立，不得設在緊靠教室、餐廳以及學生易到達的場所，採光、通風良好，最好有單獨使用的衛生間和洗手設施，要設立提醒標識、要有專人管理，避免其他人員誤入。被觀察人員須配戴醫用外科口罩或醫用防護口罩，禁止離開房間和相互探訪，其嘔吐物、腹瀉物、垃圾，接觸過的物品應及時、嚴格消毒處理。無關人員不得隨意進入，不得使用中央空調系統，定期常規消毒，需在專業部門指導下進行。

(十一) 廁所：配足洗手液、肥皂和擦手紙等，確保大便器、小便池、水龍頭正常使用，保持空氣流通、排氣扇運轉正常，加強開窗通風換氣。拖布和抹布等清潔工具應專區專用，做好標識，避免與其他場所的清潔工具交叉汙染。保持廁所環境衛生清潔，及時清理垃圾，並加強垃圾分類管理（設置廢棄口罩專用垃圾桶），注意及時清理。

(十二) 搭乘校車：應保持車內 1.5m 之社交距離，確定每輛車的學生最大容量，標記或封鎖必須空著的座位。若正確配戴口罩，則可豁免社交距離。駕駛員座位考慮設置透明隔板，搭乘人數較少時，可考慮駕駛後方座位禁止入座，且暫不使用前門上下車。為防止學生上下車交錯，應根據學生下車的順序反向上車（即最先下車者最後上車）。若未能維持適當社交距離，則禁止在車上用餐。校車在二次使用之間，應充分清潔。

(十三) 搭乘電梯：入口處提供洗手液（75% 酒精），限制電梯搭乘人數，設標示提醒嚴禁交談。

(十四) 廊道動線：廊道、樓梯、穿堂、門廳設置動線方向指示標誌，避免人流交會；狹窄走廊、樓梯規劃單向路線，並保持動線流暢。

(十五) 教室空間不足，可善加運用室外空間或其他校園空間進行教學活動，例如：演講廳、體育館、演藝廳、視聽教室、會議室、餐廳、戶外劇場、庭園、運動場等。

(十六) 減少或禁止設施設備共用共享，如體育器材、管樂器、玩具、餐盤等。

(十七) 在人群常聚集之公共區域，如校園、建築入口、洗手間、教室、圖書館、體育館、餐廳等，張貼保持社交距離之標誌。

第三節　防疫運用學習模式

　　校園建築和環境是 COVID-19 疫情教學和學習整備的最大利器，如何善加利用，須依疫情嚴峻程度，採用不同的學習模式，讓校園建築、空間和設備不閒置，並能發揮最大效用。以下分就防疫學習模式運用時機與類型，分別探究說明。

一、防疫學習模式運用時機

美國衛生部（The Department of Health, DOH）基於新興研究和資料彙集，在 COVID-19 疫情期間為學校的 K-12 學生提供面對面學習的科學數據。DOH 建議，當郡縣（county）發病率每 14 天每 10 萬人，病例低於 75 人左右時，學校應謹慎分階段進行面對面學習；如比率高於這個門檻，學校可考慮讓有特殊需要的學生和最年幼的學生回來。此一參考規準，各州雖有不同的指標，但大同小異，利於學校開學後，根據各郡縣每 10 萬人的病例數來制定學習模式（The Washington State Department of Health, 2020）。

例如：亞利桑那州建議在每 14 天每 10 萬人，病例低於 20 人，允許面對面學習（in-person learning）；每 14 天每 10 萬人，有 20-200 個病例，採混合學習（hybrid learning）；每 14 天每 10 萬人，病例大於 200 人則進行遠距學習（remote learning）。加利福尼亞州建議當縣每 14 天每 10 萬人，病例少於 98 人時，允許面對面學習；當縣病例大於 98 人時，則轉為遠距學習。

科羅拉多州建議每 14 天每 10 萬人，病例少於 75 人，鼓勵面對面學習；每 14 天每 10 萬人中，有 75-350 個病例，進行面對面學習，並可選擇提供混合或遠程學習；每 14 天每 10 萬人，超過 350 個病例，K-5 可選擇提供混合和遠距學習，中學可選擇面對面、混合或遠距學習。

馬薩諸塞州每 14 天每 10 萬人，病例低於 140 人，在可行的情況下優先考慮所有學生的面對面學習；當病例高於此數值時，建議混合學習，並盡可能為高需求學生提供面對面學習。明尼蘇達州對 K-12 學生採用交錯方法，每 14 天每 10 萬人，病例大於 100 人起，從小學面對面學習和中學混合學習，過渡到小學混合學習和中學遠距學習；病例大於 500 人，則進行遠距學習。

奧勒岡州建議每 14 天每 10 萬人，病例少於 50 人時，進行面對面學習；50-200 個病例，從小學生開始逐步採用面對面或混合學習；每 14 天每 10 萬人，病例超過 200 人，必須轉為全面遠距學習和有限的面對面學習。西維吉尼亞州每 14 天每 10 萬人，超過 210 個病例時，轉為遠距學習（The Washington State Department of Health, 2020）。以上美國各州間學習模式的狀態度量，如表 17 所示。

表 17

美國各州間學習模式的狀態度量

州	每 14 天 *10 萬人確診率		
	面對面教學 （in-person learning）	混合、分階段或過 渡（hybrid, phased, or transitional）	大多數或年齡較大的學生的 遠距學習（remote learning for most or older students）
亞利桑那	<20	20-200	>200
加利福尼亞	≦ 98		>98
科羅拉多	<75	75-350**	>350**
麻薩諸塞	<140	≧ 140	
明尼蘇達	<100	100-500	>500
奧勒岡	<50	50-200	>200
華盛頓	<50	50-350	>350
西維吉尼亞	<210	≧ 210	

註：＊有些州有每日或每週的指標案例率。以上適用於每 14 天每 10 萬人的近似
　　率。州也可能有額外的指標。

　　＊＊科羅拉多州建議 K-5 的面對面學習，在中等和高程度的學生，可選擇提供
　　混合學習或遠距學習。對高程度學生，面對面仍然是中學的一種選擇。

資料來源：*Tools to prepare for provision of in-person learning among K-12 students*
　　　　　at public and private schools during the COVID-19 pandemic (p. 4), by
　　　　　The Washington State Department of Health, 2020. https://drive.google.
　　　　　com/file/d/1ZX3efFh6K0wE_WiBijmNEXh02ltptJHO/view

　　華盛頓大學（The University of Washington）最近的一篇文獻綜述，以
及疾病建模研究所（Institute for Disease Modeling, IDM）的模型顯示，K-12
學校的傳播風險取決於 COVID-19 的社區感染率和學校的對策。IDM 的後
續報告發現，透過混合學校時間表或分階段的方法（首先讓 K-5 回歸）可
以顯著降低風險；第三模型研究發現，當周圍社區的 R 有效值已經為 1（意
即疾病水平穩定且不增加或平均每個感染 COVID-19 的人感染另一個人）
時，重新開放學校不會顯著增加社區的廣泛傳播，前提是學校實施了足夠防
疫措施，例如：戴口罩、保持社交距離，以及篩查學生和教職員工的症狀。

混合調度的使用，也進一步降低了感染率（The Washington State Department of Health, 2020）。

總之，美國的研究和經驗顯示，嚴格的健康和安全措施可以限制 COVID-19 在學校環境中的傳播。因此，美國 DOH 相當重視面對面學習之實施，建議採取全面而嚴格的健康和安全措施，並依 COVID-19 疫情的高、中、低度級別，對中小學和幼兒園提出面對面學習的推展時機（The Washington State Department of Health, 2020）：

(一) 高度 COVID-19 疫情

在這個級別，建議面對學習，學前班到 5 年級。學校應優先考慮最年幼的學習者（如學前班、幼兒園和 1-3 年級），以及有最高需求的人（如身心障礙、無家可歸或教育弱勢的學生），使用 15 名或更少學生的小組教學。4-5 年級階段，同樣以小組形式進行。

(二) 中度 COVID-19 疫情

在此疫情級別，建議從小學生和中學生開始，謹慎地逐步進行面對面學習。然後隨著時間的推移，每 14 天每 10 萬人，病例降至 200 人以下，在中學後增加高中逐步進行面對面學習。

(三) 低度 COVID-19 疫情

在此疫情級別，建議為所有學生提供面對面學習，優先為小學生提供全日制面對面學習。如果空間允許，可以為中學生和高中生增加全日制面對面學習。

美國 DOH 因應 COVID-19 疫情的學習模式建議，可以幫助當地衛生官員指導和學校行政人員決定在 COVID-19 疫情期間是開始、擴大，還是減少 K-12 學校的面對面教學；同時，還可確保學校能夠實施全面的健康和安全措施，並在學校環境中發現確診時迅速做出反應。須提的是，小學生應該優先面對面學習，因為與年齡較大的孩子相比，他們傳播 COVID-19 的可能性更小，遠距學習更困難。因此，DOH 贊成採取謹慎、分階段的方法

來恢復面對面的學習，建議學校從教職員工、年幼學生（學前班、幼兒園和 1-3 年級），以及無法遠距學習或接受關鍵服務的學生開始，隨著時間的推移，學校可以將更多學生列入到面對面學習模式中（The Washington State Department of Health, 2020）。

二、防疫學習模式運用類型

臺灣防疫實力堅強，2021 年雖面臨 3 級警戒的重大挑戰，校園防疫能嚴格執行門禁管制、量體溫、實名制登錄、減少群聚活動，並落實戴口罩、保持社交距離、勤洗手，同時隨著校園師生優先打疫苗及疫苗覆蓋率大幅提升，在疫情緩解期間，臺灣各級學校仍嚴陣以對，不敢掉以輕心。

基本上，學校建築與空間比家庭更舒適寬敞，學校有足夠的能力照顧中小學生和幼兒園生。在 3 級警戒最嚴峻時刻，雖迅速以線上教學為之因應，卻也發現不少問題，如學生沒有電腦、學校筆電老舊或不足、年幼學生不熟電腦操作、弱勢孩子頓失生活照顧、網路不穩定、實作教學（如舞蹈、家政、理化實驗等）難以進行等，對應於全球學校重啟之經驗，線上學習不是唯一的模式，返校實施面對面的實體教學，成為政府和各級學校的重大目標。

孩子的教育不能等，面對疫情的巨大挑戰，「停課不停學」不能僅以線上學習模式因應。美國 NCIRD（2021）指出，有證據顯示許多嚴格實施預防策略的 K-12 學校已能安全進行面對面教學。美國各州則依疫情嚴峻程度，分別實施面對面學習、混合學習和遠距學習。COVID-19 疫情期間主要學習模式，包括實體學習、線上學習和混合學習等三種，要述如下：

(一) 實體學習

師生返校，善用學校建築實體環境，進行面對面的實體學習。實體學習實施方式，主要有二種：

1. 室內學習，以校園建築為主體，應加強通風採光、空氣品質、環境清潔和消毒，並落實戴口罩、勤洗手、保持社交距離，以利室內實體學習之推展。
2. 室外學習，以學校庭園、戶外劇場、運動場、開放空間和半室外空間為主體，進行室外學習；也可運用社區文化街廊、古蹟、公園、山林溪河

之人文、社會和自然環境，作為室外學習場域。室外學習（尤其到校外）應有縝密學習計畫、室外學習設備，並注意安全以及向學生和家長事先說明，俾利推展。

(二) 線上學習

學生在家（或宿舍），善用桌上型電腦、筆記型電腦或手機／平板之虛擬環境，進行線上學習。教師和學生自備電腦，或由學校提供電腦設備，協助師生優化數位設備和網路環境，並加強弱勢生之支援服務。線上學習實施：

1. 線上學習設備，常用的有二種：(1) 桌上型電腦，須另備耳機或喇叭、麥克風、視訊鏡頭（webcam）。(2) 筆記型電腦，基本上都配備喇叭、麥克風、鏡頭。手機／平板，雖方便且已配備耳機或喇叭、麥克風、鏡頭，但學習效果不若桌上型電腦和筆電。

2. 線上學習系統，在臺灣常用的有 Google Meet、Webex Meetings、Microsoft Teams、Zuvio 等，以及學校自己建立的線上系統。

3. 上線方式，有二種：(1) 同步上線，由教師提供 Google Meet、Microsoft Teams 等同步線上會議室的連結網址，師生同步上線。(2) 非同步上線，教師預錄課程，並將影片放置於學校教學平臺，由學生自行上網觀看影片。

4. 上線位置，教師會在家或到校上線，學生通常在家，有些會到校上線。如好多位學生在同一空間同時上線上課，建議使用「耳機／麥克風」，以免回音。

5. 學校應提供師生線上學習、上網方式之截圖並逐步說明，以利有效實施。

(三) 混合學習

師生部分在校／在家，實體／虛擬環境混合運用，進行混合學習。

COVID-19 疫情變幻無常，開學返校上課，遇有教師或學生確診，則會實施全班停課或全校停課之措施，基於「停課不停學」之原則，會啟動混合學習，主要方式有：

1. 部分實體／線上學習，師生部分在校／在家，在校師生採實體學習，不

在校師生採線上學習。例如：小學低年級可分上下午班，中高年級、中學生可用星期一、三、五和二、四、六分流到校上課，教師和職員也可以不影響校務為原則採分流上班。

2. 同步實體／線上學習：(1) 一間教室同步實體／線上學習，適用於班級學生數少（15 人以下）、社交距離夠，同班有部分學生因故無法到校，則可實施同步實體／線上學習，即在校學生實體學習，不在校學生同步線上學習，教室須另置電腦讓不在校學生上線。(2) 二間教室同步實體／線上學習，適用於班級學生數多（15 人以上）、社交距離不夠，學校教室足夠（如學生分流上課），可利用相鄰二間教室，同步實施實體／線上學習，即同班一部分學生在主教室實體學習，另一部分學生在隔壁教室線上學習。此外，如同校甲、乙二班班級學生人數多（15 人以上），甲班採室內學習，乙班採室外學習，則甲班也可實施二間教室同步實體／線上學習。

須提的是，COVID-19 疫情反覆無常，學校重啟、師生返校上課、實施面對面實體學習，是世界各國政府和各級學校努力之目標。在疫情嚴峻期間，以線上學習應對，適用於短期緊急應變；在後疫情時代，學校學習模式須有長期應變之道。參考美國之經驗和 DOH 之建議，臺灣在 COVID-19 疫情紓緩各級學校採實體學習模式，疫情高度嚴峻應採線上學習模式，而疫情介於兩者之間則應採混合學習模式。惟，不論採用何種學習模式，都不要忽略年幼學生、弱勢學生、特教學生等之學習需求。最重要的是，讓校園建築、空間、環境與設備不閒置，並在 COVID-19 疫情之中依然能發揮作用，成為教師教學和學生學習的最大支柱和支持力量。

COVID-19 改變了生活的常態，改變了教育和孩子的學習模式。2020-2021 年這二年許多國家的學校關閉了，等待重啟，臺灣因應良好，2021 年雖曾遭逢 3 級警戒，卻能突破萬難，讓學生返校回歸正常實體學習，實為不幸中之萬幸。

後疫情時代，教育和學習型態受到空前未有的衝擊，疫情究竟會持續多久，還是會成為教育和學習的常態？2021 年底 COVID-19 的變種病毒繼凶猛的 Delta 之後，又出現令許多先進國家立刻鎖國的 Omicron，讓我們必須將防疫視為防災（如風災、水災、地震等）重要的一環。在校園建築和環

境規劃上，必須有因應策略和新思維，在防疫安全因應對策上，要強化門禁管理、降低傳染風險、維護清潔衛生和保持社交距離。在校園建築防疫規劃上，要從個人空間防疫規劃、教室空間防疫設計、線上學習防疫推展、室外環境防疫運用著手。防疫運用學習模式上，應就疫情嚴峻狀況選用實體學習模式、線上學習模式或混合學習模式，並注意年幼學生、弱勢學生、特教學生等之學習需求。

　　孩子的教育不能等，面對疫情應審慎應對，思考教育應克服萬難，期盼在大家的努力下，能給各級學校師生一個長治久安的校園和永保安康的環境！不管路有多遠，我們要陪伴孩子安全的學習和成長，這是後疫情時代教育的重責大任！

第 8 章 非標準學校設施

假如學生不能來到學校，那麼學校就應該到他們那裡去。

（If children couldn't come to school, the school should come to them.）

～ Mohammed Rezwan, 2015

　　什麼是學校？建築大師 Louis I. Kahn 認為，學校從一個人坐在一棵樹下和一些人交談開始（University of Pennsylvania, 2014）。孔子周遊列國在樹下行教是最好的印證。Castaldi（1994）也指出 2000 多年前希臘和羅馬時代，學校沒有什麼結構，老師和一小群學生在一起就組成「學校」，「教師之所在，就是『學校』之所在」（wherever the teacher was, there was the "school"）；過去 2000 多年，並無所謂的教育設施，有好幾個世紀，教室的設計十分簡陋，所謂「教育的物品」（things of education），充其量只是一些長凳子、桌子、書本、筆、紙張，再加上一塊石黑板的組合，而所謂的學校也只不過是在結構上像信封般的遮掩體（shelters）而已。

　　時至今日，教育設施快速演變，各先進國家為校園建築制定標準，大量投資經費，讓學生能有最優良的學習環境。標準的傳統學校，通常在一個圍牆內，有正式的組織編制（校長、主任、老師、職員工等）、正式的課程（國、英、數、自然、社會、音樂、美術、體育等）和固定的上課時數，並有依標準設置的校舍、校園、運動場等教育設施。學校教育設施的設置功能和目的，是要讓學生有受教場所，並能讓學校教育活動和學生學習能順利進行。學校建築標準的制定在保障學生的基本受教權，並讓教育活動和學習場地有最低的條件或較高的要求。也因為要寫清楚以利遵行，也使學校的設置會有僵化和不具彈性的現象，甚至導致設校的困難。不管先進或落後國家，有的因貧窮、有的因偏遠、有的因戰亂、有的會淹水……，如果，學生有學習需求，學校沒辦法設置標準化學校設施，那麼學校可以什麼方式存在？

一張黑板算不算學校？

一棵樹算不算學校？

一片空地算不算學校？

一艘船算不算學校？

一座橋算不算學校？

　　研究者 2016 年 9 月到斯洛凡尼亞（Slovenia）首都朱布亞那
（Ljubljana），在一處廣場公園看到「美國樹下圖書館」（American Library
Under the Tree），一些年輕人和學生在樹蔭下悠閒地看書。之後在維也納
一家書店買到一本書《不可能的圖書館》（*Improbable Libraries*）（Johnson,
2015），讀到許多感人卻有趣的移動圖書館或學校，讓人重新思考學校存
在的意義、價值和方式。亦即，標準之外是否仍有許多想像不到的學校設施
存在？這些「非標準學校設施」為何存在？有哪些類型？以下擬就非標準學
校設施的基本概念、非標準學校設施的主要案例、學校設施規劃的新思考，
分別探討。

第一節　非標準學校設施的基本概念

　　為提升學校建築水平，確保學生的受教權益，先進國家都會訂定學校建
築標準或基準，如英、美、加拿大、歐盟、澳洲、紐西蘭、日本，並常研修
以因應社會變遷需求。臺灣，早在日據時代就有學校設備標準，臺灣光復之
後（1945 年以後），各種學校校舍或建築設備標準的研訂，規範著臺灣學
校建築的發展。如原訂《國民中小學設備標準》，2002 年修正公布為《國
民中小學設備基準》；1989 年公布《幼稚園設備標準》；2005 年和 2009 年
為配合 95 和 98 課綱，修訂《高級中學設備標準》；2019 年為配合 108 課
綱，修訂《國民小學及國民中學設施設備基準》、《普通型高級中等學校設
備基準》，也公布《幼兒園及其分班基本設施設備標準》。日本，2007 年
分別修正《小學校設置基準》、《中學校設置基準》和《高等學校設置基
準》（姊崎洋一等人，2016）。中國、港澳也有學校設施標準，以香港為
例，校舍設計的歷史，1980 年代為標準設計學校，每樓層 6 間課室排成一
列，連接單邊開放式走廊，禮堂設於二樓，也可當作運動場。2000 年代千

禧學校，小學和中學分別為 L 字型和 U 字型，學校設有 24 或 30 個標準課室、籃球場、圖書館、語言室、特別室，更加入了聯網電腦和多媒體設備，教師室和休息空間也擴展以改善教師的工作環境，建築空間配置可隨土地周圍環境改變。2000 年代後千禧學校，政府在 2005 年起為未來校舍推行「非標準設計」，學校設計首次可以因地制宜，並可因應學校的教育目標來設計（香港建築師學會，2012）。在學校設施標準之內，容許非標準設計，那麼，標準之外非標準學校設施是什麼？

一、非標準學校設施的涵義

世界上有許多國家，有的因貧窮、有的因偏遠、有的因戰亂、有的會淹水……，有許多熱血老師和一群艱困上學學生，跋山涉水、翻山越嶺、跨越沙漠、高空溜索、懸崖藤梯，甚至槍林彈雨之中……，備極艱辛的抵達簡陋甚至沒屋頂的教室，或到一艘船、一個洞穴、一個帳篷、一棵樹下，或到只有一張黑板、一片空地上上課，這樣的教學點或空間，因應時空的需要而生，常也需要公益團體或個人的挹注或捐助，使之持續經營。這些在學校設施標準之外，因地制宜或簡易的學校設施，可以稱之為「非標準學校設施」，或者，我們可以說「非標準學校設施」係指：「因時因地制宜，並能彈性回應學生學習需求的簡易教學空間與設備。」

二、非標準學校設施的特性

標準之外的非標準學校設施，具有下列其中一種或多種特性（湯志民，2016）：

(一) 象徵性

學校是一個場所，需有一個「地方」讓老師和學生可以聚集，這個「聚集地」象徵學校，即使是一間教室、一艘船、一個洞穴、一個帳篷、一棵樹下、一張黑板、一片空地，師生聚集一起交流、學習，就是學校。

(二) 慈善性

許多非標準學校設施需有熱血老師，以及公益團體、非營利組織或愛心

人士捐助、支援、參與、籌募、出錢、出力、出智慧、出時間、集資源，協助籌辦、興建，方能設置與經營。

(三) 學習性

學生求知慾高、向學力強，有強烈的向學之心，方能摸黑起早、跋山涉水、翻山越嶺，甚至躲過槍林彈雨，不畏艱險，艱辛上學，非標準學校設施是為學生學習而存在。

(四) 簡易性

大部分教學依教學專長、學習需求，或公益捐贈，通常沒有規定課程和因應教室，教室設置的數量、面積等都不是重點，教學空間和設備簡易、活動場地和設施因地制宜。

(五) 變動性

傳統的學校和學生的家都會固定在一個地方不會移動，但非標準學校有的會移動（如拖車、船、漂浮學校、海上學校），學生的家有的也會移動（如游牧民族、流動兒童家庭）。

三、非標準學校設施的類型

標準之外的非標準學校設施，大致可分為七種類型（湯志民，2016）：

(一) 貧窮型學校設施

這一類型學校是在都市或偏鄉的貧民窟，或是借用公共空間設學校，學校設施極為簡易，如中國流動兒童學校、尼泊爾竹棚學校、阿富汗集裝箱學校、印度貧民學校（路邊學校、鐵橋下學校、露天學校）、巴基斯坦大樹下學校、辛巴威自由小學、肯亞維科蘇克小學等。

(二) 偏遠型學校設施

這一類型學校地處偏遠，或離縣城 70、80 里，或上學要走很遠的路，上學時間有的 2-4 小時，還要翻山越嶺、攀爬懸崖峭壁或涉水過河，如四川

省懸崖村學校、安徽省大坪教學點、湖北省偏遠學校（柏楊壩鎮響灘小學、順河鎮南崗教學點）、廣西省偏遠學校（弄勇村小學、陳平村小學陳山分校、宣明簡仁小學、宣明頂項小學、宣明納老小學）、青海省智喜學校等。

(三) 游牧型學校設施

這一類型學校主要是因應游牧民族生活型態而設置的學校，學校逐水草而居，或需定點設寄宿學校，如內蒙古馬背小學、西藏的移動小學、甘肅省藏族寄宿學校等。

(四) 水域型學校設施

這一類型學校主要是因應生活在水域，或地勢低雨季易遭洪水阻礙上學，特設置流動或漂浮船作為學校，如奈吉利亞漂浮學校、孟加拉太陽能漂浮學校、柬埔寨洞里薩湖漂浮學校等。

(五) 過渡型學校設施

這一類型學校主要是因應火災或地震等災害而設置臨時性學校，如香港天台小學、尼泊爾鐵皮屋學校、菲律賓震災帳篷教室等。

(六) 邊境型學校設施

這一類型學校主要是生活在異域，為流離失所學生所設置的學校，如泰北學校（清萊省美斯樂蔣家寨華興小學、清邁省唐窩村育群小學、清萊省永泰村治平中學）、緬甸難民流動學校、北韓非法移民流動學校等。

(七) 戰區型學校設施

這一類型學校學生最辛苦，在戰地之中，冒槍林彈雨之危險求學，如敘利亞戰區學校（敘利亞拖車學校、敘利亞洞穴學校、敘利亞難民帳篷學校）、約旦難民營臨時學校、阿富汗戰區學校（阿富汗難民臨時學校、阿富汗女子學校）等。

(八) 非典型學校設施

這一類型學校大致因應學生學習需求而設置，學校設施因地制宜，相當有彈性，如孟加拉農村發展委員會（BRAC）偏遠農村學校、印度赤腳學院、美國瑟谷學校、印尼峇里島綠色學校、福建省橋上學校、加拿大海上課堂（Class Afloat）進修高中、臺灣非典型學校設施（臺北影視音教育機構、新竹縣新光國小司馬庫斯實驗分班、錫安山的高屏伊甸家園）、移動圖書館（蒙古駱駝移動圖書館、哥倫比亞驢子移動圖書館、寮國大象圖書館、孟加拉移動圖書船、印尼馬移動圖書館）等。

第二節　非標準學校設施的主要案例

非標準學校設施有許多案例，主要案例有印度路邊學校、巴基斯坦大樹下的學校、阿富汗集裝箱學校、孟加拉太陽能漂浮學校、福建省橋上學校、加拿大海上課堂（Class Afloat）進修高中等，值得進一步探究其學校設施與辦學運用。

一、印度路邊學校

印度的「路邊學校」（footpath school）（參見圖 28）是由艾哈邁達巴德的工廠主 Kamal Parmar 所創，只有黑板和簡單的課桌椅，用以經營貧民窟孩童的課後計畫，幫助孩子學習諸如閱讀、寫作以及準備升學考試等基本技巧。Parmar 曾和 400 名生活在該地區的學生交談，發現只有 5 個孩子識字，剛開始用自己家裡的工作室騰出作為臨時教室，每天晚上教孩子們，雖然 Parmar 本人也從學校輟學，但他想把自己所知的全部教給這些孩子——從字母表到備考，同時也孜孜不倦地關注每一個學生的知識需求。

這所「路邊學校」一開始僅有 10 名學生，現在增為 155 名學生，從下午 5 點 30 分上課到晚上 9 點，99.9% 的學生每天都會來此上課。Parmar 用一個簡單的策略，成功的吸引更多的學生——在他的學校能夠吃到美味的晚餐。每天上 2 小時課，然後一起吃晚飯，晚餐並不是簡單的提供 Roti-Sabji，而是提供衛生且美味的 Pav-Bhaji、Chana Puri、Idli-Sambhar，甚至還有甜點，許多學生被晚餐吸引到這裡，每年還會帶他們進行一次野炊。

圖 28
印度的「路邊學校」

Kamal Parmar 所創的「路邊學校」從 10 名增爲 155 名學生，免費上課，美味的
晚餐吸引許多學生來上課。

（圖片來源：Humans of Amdavad/Facebook）

資料來源：**印度工人在街邊開學校幫助貧民窟的孩子**，韓宏譯，2016 年 5 月 6
日。https://read01.com/7KykjL.html

「路邊學校」成立之後，15 年中有許多學生已經上了大學且打拚出了成功的事業，有銀行經理、電腦工程師，還有一位女孩正在申請醫科學校，對貧民窟裡長大的孩子來說，這算是一個小小的奇蹟。雖然 Parmar 只上到 7 年級，但他用自創的方法教授這些孩子。首先，要求孩子們閱讀，閱讀之後依據自己的理解提出問題，然後再找出答案，六個月內，用這種方式學習所有的 7 門課——提出問題，找到答案，然後將答案銘記在心裡，在學習的過程中，Parmar 也與他們同步學習一起進步。Parmar 說，馬路學校最好的一點就是不需要招募老師，他的 10 名學生目前回來擔任教師，也得到來自世界各地的幫助，有許多人為這些孩子提供食物——每個月有 20-25 天的晚餐來自於這些慷慨的捐助。有一位馬路學校的志願者 Reema Shah，有一天走過街頭，看到孩子們在學習，於是從摩托車上下來，為他們上了 30 分鐘的課，這些孩子沒有完整的長椅可以落座，沒有安靜的教室空間，車輛帶著噪音從外頭疾馳而過，然而他們卻對老師講的知識投入了百分之百的注意力，讓人深受感動（韓宏譯，2016 年 5 月 6 日）。

二、巴基斯坦大樹下的學校

巴基斯坦阿尤布·汗（Ayub Khan）1986 年在伊斯蘭馬巴德一處街心花園的大樹下創辦這所「大樹下的學校」（參見圖 29）。Ayub 先生的故鄉是旁遮普省的門迪伯哈烏丁（Mandi Bahauddin），1971 年印巴戰爭，父親過世，5 年後為了撫養弟弟和 3 個妹妹，19 歲的 Ayub 來到伊斯蘭馬巴德找工作，他成了一名文職人員，還是當地消防隊的志願者，閒暇時走街串巷，叫賣報紙，兜售紙袋。因此，他常碰到在市井晃蕩的「野孩子」，1986 年他召集了 10 個「野孩子」，他們來自伊斯蘭馬巴德附近的 Katchi Abadis，每天都要去集市聽他講課。起初不勝其煩的店家要趕他們走，Ayub 告訴店家：每個巴基斯坦的孩子都有受教育的權利，槍砲讓人走向歧途，筆讓人擁抱知識，孩子是我們的未來，他們應該擁有知識，過上更快樂的生活。過不久，Ayub 又多了幾個學生是店家送來的孩子，還有街上的乞討兒童，他努力和這些小搗蛋鬼建立信任，還要讓家長們相信，世界上真的可以有免費教育，不會加重他們的經濟負擔。1987 年，學生數量增加到了 300 人。

下午三點半，大樹下的學校坐滿了孩子，有的皺著眉頭托著腮，有的

圖 29
巴基斯坦大樹下的學校

大樹下的學校創辦人阿尤布・汗（Ayub Khan）先生（圖片來源：Citizens Archive of Pakistan）

在大樹下的學校，男生和女生可以一起上課（圖片來源：《侶行》）

高年級學生幫低年級上課（圖片來源：《侶行》）

夕陽西下，孩子們還在學習（圖片來源：《侶行》）

資料來源：**他在巴基斯坦首都的一棵大樹下開了一家露天的學校，提供真正的免費教育**，傅琳淳，2015 年 8 月 27 日，伊斯蘭之光。http://www.hkislam.com/e19/e/action/ShowInfo.php?classid=19&id=6417

做筆記還犯嘀咕，不過多數時間，他們還是會望向正在大聲講課的 Ayub，先生鬚髮半白，神情嚴肅，露天的課堂沒有黑板，他就用一支黑色水筆在大白本子上寫板書，每一行物理公式都字跡工整。此外，大孩子的課程較難，不適合與低年級一起上課，而且有些人還要輔導學弟、學妹，課只能挪到晚上。每天 8 點以後，Ayub 會和大孩子們聚在馬路對面的燈光下，展開新一輪的學習，那是夜裡大樹下唯一的光。有一位高年級的大孩子，出了名的叛逆，向老師投擲石塊，蹺課是家常便飯，覺得學習就是浪費生命，Ayub 沒

有放棄他,反成為班上最守時的大哥哥;也有白天是伐木工,傍晚幹完活就來大樹下聽課,還有一位整天在餐館洗菜,也來大樹下的學校聽講,通過了Ayub 的考試,成為這裡的老師。

迄今,Ayub 平均每天要教近 300 名學生,主要的課程包括數學、英語、烏爾都語、社會科學和伊斯蘭教教義等。現在,大樹下的學校已有2,000 多個出身貧苦的孩子畢業,進入巴基斯坦的政府機關、軍隊、企業和醫院工作。Ayub 說,孩子是我們的未來,他們應該擁抱知識,過更快樂的生活(傅琳淳,2015 年 8 月 27 日)。

三、阿富汗集裝箱學校

聯合國兒童基金會資料顯示,因學校和教育機構過少,阿富汗 860 萬學齡兒童中的 350 萬兒童無法獲得受教育機會。聯合國兒童基金會駐阿富汗副代表巴拉吉博士表示,即便阿富汗政府按照每年新建 500 所學校的進度,滿足所有兒童上學仍需 15 年之久。

阿富汗 14 歲的女孩阿西莎─拉西姆紮達,是 2015 年國際兒童和平獎得主之一,媒體稱之為「阿富汗的馬拉拉」(馬拉拉是一名巴基斯坦女孩,她因堅持女孩上學的權利,遭塔利班槍擊,後獲得 2014 年諾貝爾和平獎)。

阿西莎住在阿富汗首都喀布爾東郊的貧民社區,家境並不寬裕,母親是一所公立學校的食堂服務員,收入微薄,父親則待業在家。這裡的孩子都是因為沒有身分證,無法進入正規學校學習,她在此教孩子們寫字、拼讀。教學地點,說是「學校」,其實是由兩個鐵皮箱一拼,加一塊大鐵板蓋頂的簡易場所。上課前,阿西莎先用力拉出一大塊布鋪在地上,之後在上面鋪紅色與藍色的塑膠地墊,接著搭起一塊木板,貼上紙,當作黑板,這樣像是一間教室了,孩子們就坐在地墊上上課(參見圖 30);阿西莎教上不了學的小朋友簡單的達里語(阿富汗官方語言之一)字母,並帶著孩子們大聲朗讀黑板上寫的「石榴、樹葉、蘋果、紙」和 1-10 的數字。每天,阿西莎在這個集裝箱學校為孩子們上 1 小時課,接著表演一些絕活。學校門口外,就是一個垃圾堆,時而有野狗去翻食,一群孩子尾隨其後,或許這就是貧民社區裡童年的樣子。由於生活在同樣的環境,阿西莎能感受到這些孩子的痛苦,因此想辦法聯繫社會團體和一些政府官員,為社區 300 多名兒童爭取到了上學機會(湯志民,2016;趙乙深、張寧,2015)。

圖 30
阿富汗集裝箱學校

「學校」其實是由兩個鐵皮箱加一塊大鐵板蓋頂的簡易場所，一塊木板貼上紙，
就是黑板，孩子們坐在地墊上上課，阿西莎教他們和表演絕活。

資料來源：**阿富汗：14 歲少女教師的集裝箱學校**，趙乙深、張寧、張偉、郜婕、
　　　　　楊舟，2015 年 11 月 10 日，新華網路電視。〔引自湯志民（2016）。
　　　　　標準之外：學校設施與規劃的新思考。載於中華民國學校建築研究學
　　　　　會（主編），**學校建築研究的回顧與前瞻**（頁 46-133）。作者。〕

四、孟加拉太陽能漂浮學校

　　孟加拉（Bangladesh）有 1.58 億人，66% 住在鄉村。每年雨季期間，上千所學校受迫於洪水而關閉，有上百萬兒童因此而失學。2007 年，就有 150 萬名或 10% 的小學生，受洪水的影響。不幸的是，既使是正常的情況，這些鄉村的學生仍難以進入到學校受教育（Rezwan, 2015）。

　　孟加拉太陽能漂浮學校（Solar-powered floating schools）（參見圖 31）的創造者 Ab-dul Hasanat Mohammed Rezwan，帶領非政府的人道組織「希督來自立基金會」（Shidhulai Swanirvar Sangstha），2002 年起，在雨季期間，延著 Nan-dakuja-Atrai-Boral 河域，以流動的學校、圖書館、電腦設備或其他教學資源，輪流停駐在沿河的村落河邊，展開 240 公里的巡迴教育。載著電腦的船隻，配有太陽能板，可以克服村落缺乏電力的窘境。船隻一到村落河邊，村民或學生可輪流到船上學習、接觸電腦，有工作人員教導他們使用。裝著圖書的船隻，則可讓村民借閱，另外有些船隻，空位較多，成為流動的教室，工作人員可為因水災缺課的學生補充學習，或者為當地民眾開設一些農作或捕魚的實務課程。他們的工作是成功的，第一，他們使交通困難、通訊不便地區的民眾也有受到教育，接收新知的機會；第二，孟加拉北部偏遠地區的民眾，民風還相當保守，通常不讓女孩到遠地求學或讓婦女出遠門，現在學校自己跑到村落來了，婦女開始可以到船上學習了。據統計，流動的學校、圖書館和電腦設備，使用到的有 70% 是婦女，對孟加拉婦女教育極有助益。2005 年「希督來自立基金會」獲得微軟公司「比爾和梅林達蓋茲基金會」（Bill & Melinda Gates Foundations）所設立的「求知新途獎」（Access to Learning Award），利用 100 萬美元獎金將船隻擴充到 50 艘（王岫，2005 年 11 月 9 日）。現在他們一共經營 91 艘漂浮船，有 20 艘漂浮學校，包含 1 艘在教室上方建置操場的新式雙層學校，還有 10 艘裝滿書和電腦的漂浮圖書館、7 艘成人教育中心，幫助的學生已有 9 萬 7,000 人（郝廣才，2019）。

　　Rezwan 說：「假如學生不能來到學校，那麼學校就應該到他們那裡去」（If children couldn't come to school, the school should come to them）。2002 年，Rezwan 以 500 元美元和一臺舊電腦創造出第一艘漂浮學校（the floating school），沿著河域載學生上船上課。一位 7 歲的 2 年級女生 Kakoli

圖 31

孟加拉太陽能漂浮學校

漂浮學校有防水屋頂和太陽能板　漂浮學校沿河域載學生上課

學生在船上認眞上課　學生和社區成人一起看書和使用電腦

雙層漂浮學校　爲社區成人辦教育活動

資料來源：*It's a boat. It's a school. It's a livelihood booster*, by M. Rezwan, 2015. http://sowc2015.unicef.org/stories/its-a-boat-its-a-school-its-a-livelihood-booster/

Khatun 說：我很喜歡漂浮學校，當它到我們的門階，老師要我們上船時，特別興奮，等我長大，我要向她一樣當一名老師教導村裡的孩子。至 2015 年，已有 22 艘漂浮學校可為 1,800 位學童提供教育服務。漂浮學校，一艘船約 55 英尺長（16.76m）、11 英尺寬（3.35m），可容納 30 名學童，船有彈性的木地板、高天花板、防水屋頂和太陽能板（Rezwan, 2015）。但是 Rezwan 希望創造出可以讓孩子奔跑的校園，而非只有上課的教室，因此他打造出一艘雙層漂浮學校，長 65 英尺（19.81m），能同時容納 30 位孩童，船頂還能作為舉辦社區活動的場所（范震華編譯，2015 年 4 月 20 日）。

現在，柬埔寨、奈及利亞、菲律賓、越南、尚比亞也打造出屬於他們自己水域的漂浮學校。

五、福建省橋上學校（Bridge School）

橋上學校（Bridge School）又稱橋上書屋（參見圖 32），位於福建省平和縣崎嶺鄉下石村，2008 年設計和完工，面積約 240m²（28m×8.5m），是中國清華大學建築學院教授李曉東帶領他的學生，在下石村兩座乾隆年間的土樓之間架起的一個橋上的希望小學。學校採用一座鋼鐵結構的新橋跨過溪水，將兩座土樓連在一起，並鋪上木板，裝上玻璃窗，四周再用木條圍起來，讓空間看起來通透又不影響通風及採光，方便小朋友在此學習讀書。所有的材料都是當地取材，像是竹子作成可以調整亮度的百葉窗和地板，而橋上製造出來的空間，就是小朋友上課學習的空間。橋梁的中間有圖書館，社區的民眾可以來這裡借書，教室在圖書館兩端，可打開變成開放舞臺，北側的舞臺可用以表演，南端有遊戲盒學生可溜滑梯。學校沒有上課的期間，橋上的教室還可以當作社區居民活動集會的場所。學校底下還有一座小橋，方便居民在小朋友上課時由底下穿過，避免影響他們上課（Aga Khan Development Network, 2016）。此一設計獲得 2010 年可汗建築獎（The Aga Khan Award for Architecture）殊榮。

圖 32
福建省橋上學校

橋上學校南側入口

橋下有橋跨過溪河

上課教室

學校南側遊戲盒子

資料來源：*Bridge school*, by Aga Khan Development Network, 2016. http://www.
akdn.org/architecture/project/bridge-school

六、加拿大海上課堂（Class Afloat）進修高中

加拿大海上課堂（Class Afloat）進修高中（參見圖 33），創辦於 1984
年，至今 38 年歷史，總部位於加拿大新斯科舍省的哈利法克斯市，是世界
上唯一一所在環球航行的帆船上開設高中和大學課程的學校。海上課堂在
全世界範圍內招收 11、12 年級的高中生、大一，以及 gap year（間隔年）學
生，一般年齡為 16-19 歲。目前已經有 1,500 名「海上課堂」校友，累計航
行了超過 700,000 海里，抵達過全球 250 多個港口。

這是一所海上學校，提供非常奇妙的體驗式教育之旅，在一艘帆船上環
球航行一年，歷經 18 個國家，穿越四大洲，停靠 20 多個港口，還能學習

圖 33
加拿大海上課堂進修高中

「海上課堂」進修高中是一所海上學校

上學術課程

學生在甲板上互動

用餐時間

停靠港口的時間，會安排學生陸地實踐活動

體驗沙漠地區的風土人情

資料來源：**真的有一所海上學校，32 年帶學生遠走天涯**，時尚旅遊，2016年 4 月 22 日。http://fashion.sina.com.cn/l/ds/2016-04-22/0948/doc-ifxrpvcy4276689.shtml

歷史人文、社會學、心理學、海洋學等一大堆課程，拿到國際高中和大學學分。學校說：環遊世界的航行給予青年人全面發展自我的機會，並且能夠鍛鍊他們成為世界公民，還能讓他們建立一生珍視的情誼。

　　學校僅提供一年二學期的課程內容，分別是 9 月至翌年 1 月和 1 月至 6 月。當然，學生也可以僅讀一個學期，也有學生連讀幾年。每天上課時間最多 5 小時，所有學分課程都是用英語授課的。船上典型的一天：(1)7：30 早餐，做好一天準備；(2)8：00 升旗儀式；(3)8：15 至 9：00 清潔船體；(4)9：00 至 19：00（12：30 至 13：30 午餐、17：30 至 18：30 晚餐），其中至少 5 個小時的學術課程；日間執勤，2 個小時，操縱航行、維修船體等；還有自由活動，自己組織學生活動，如學生社團會議、看電影、喝咖啡、合作學習、閱讀小組、樂器演奏等；(5)19：30 至 22：00 晚間活動（學習、社交、社團會議、電影、KTV 等）；(6)22：00 熄燈；(7)22：00 至 8：00 輪班制的夜間執勤（2 小時一班）。想要畢業須上一定數量課，課程由加拿大新斯科舍高中提供，並為當地教育局所認可的高中課程，包括英語、世界歷史、世界地理、政治、經濟、土著文化、心理學、社會學、多媒體等人文社會課程，還包括了生物、化學、物理、海洋學等理科課程。

　　大學學生課程，由加拿大阿卡迪亞大學提供，包括海洋生物學、批判性閱讀和寫作、心理學、營養學、天文學、領導力和社會學。而 Gap year 的學生可以任意選擇高中或大學課程，該校學生取得的學分可以轉到其他學校，並可獲得相應的畢業證書。完成海上課堂一年學習後，獲得的大一學分可以轉進加拿大任何大學和其他國家的很多大學。

　　在停靠港口的時間裡，學校會為學生安排陸地實踐活動，如野外徒步、自然科學探究、體驗沙漠地區的風土人情等。此外，學生需要參加二個志願服務學習專案，分別位於非洲塞內加爾的達卡和多明尼加共和國的巴伊亞。與當地家庭一起生活一段時間，融入當地獨特的文化，全身心投入到志願活動和共同體的建設中，這將給他們一個獨特的機會加深對未開發國家的認識，同時理解自己在世界的位置（時尚旅遊，2016 年 4 月 22 日）。

第三節　學校設施規劃的新思考

　　有什麼事比孩子堅定向學的心更感人？這些非標準學校設施，提供貧窮、偏遠、游牧、水域、災變、異域、戰區的學生彈性學習需求的各式各樣學校與設施，這些學校是為學生學習而存在，只要有學生就有學校。對學校設施規劃有啟發下列新思考：

一、研訂彈性化設備基準

　　現行學校設備標準或基準，都是以一所完整學校的學校建築設施作思考，需有校舍、校園、運動場和附屬設施。但有些偏鄉或校地不足，有學生學習需求，應可考慮研訂因地制宜的「教學點」或教學空間的設備基準。例如：根據《高級中等以下教育階段非學校型態實驗教育實施條例》（2018）之規定，於固定場所辦理團體實驗教育及機構實驗教育者，應符合下列規定：(1) 學生學習活動室內場地使用面積，每人不得少於 $1.5m^2$，其面積不包括室內走廊及樓梯；機構實驗教育除應符合室內場地使用面積規定外，學生學習活動室外面積，每人不得少於 $3m^2$，但機構實驗教育每人之樓地板總面積高於 $4m^2$ 者，不在此限。(2) 教學場地，以地面以上一層至五層樓為原則。(3) 建築物應符合 D-5 使用組別及建築相關法令規定；但有困難或因教學型態有實際需求者，得專案報教育主管機關許可後辦理。(4) 教學場地應符合消防安全規定，總樓地板面積 $200m^2$ 以上者，應指派防火管理人。在標準化之外，這些彈性化學校設施規範之研訂，有利於偏鄉、校地不足、設施缺乏、辦理非學校型態或實驗教育學校之經營與發展，更利於臺灣各鄉鎮之建設，文化、教育扎根了，社區自然會永續互存。

二、提供生活化空間設備

　　對於偏鄉、偏遠學校，生活照顧應列為第一優先。民以食為天，都會地區學校有良好的營養午餐供應系統，或就近回家用餐、帶便當。偏遠地區學校生活困苦，物質生活條件不佳，師生都需要有起居生活和溫飽的照顧。因此其學校設施需求，應優先考量廚房、餐廳或餐飲供應系統之設置；尤其是，對遠途到校無法每天回家的師生，應考量設置宿舍。例如：甘肅省藏族寄宿學校，提供游牧民族學生安定的學習環境；花蓮縣西寶國民小學提供師

生住宿，並以小班教學模式經營，讓偏鄉學校經營更溫馨。這些生活化空間設備，對偏遠地區學校，至為重要，應優先設置，以安定師生生活。

三、購置學習性設施設備

學校建築設備與空間需求，通常由國家標準制定或由學校依課程與教學需求設置，鮮有依學生學習需求規劃，或甚至依學生提出之需求購置。印度赤腳學院配合學生學習能力，提供務實、專業的學習環境與設備，培養出沒有專業文憑的專業人才。美國瑟谷學校依學生學習需求，組構「班級」，設置化學實驗室和皮件工廠，讓學生依興趣和時代潮流學習。此外，英國特倫特河畔斯多克的 Kingsland 小學，2009 年依學生之建議用 2 萬英鎊購置和改裝退役的肖特 S-360 型商用飛機，長 22 公尺，擁有 40 個座位改造成「國王的翅膀」（The King's Wing）作為地理教室，內有可摺疊桌椅、白板和筆記型電腦，讓學生們的夢想隨著神奇的飛機教室起飛（世華多媒體有限公司，2014 年 11 月 27 日）。印度公立阿育王小學（Ashokapuram Primary School）因缺乏固定教室，致學生人數下降，學校乃與西南鐵路公司合作，將 2 節淘汰的舊火車車廂加以翻修，打造火車車廂教室，外部裝設樓梯並用油漆彩繪，內裝風扇、桌椅，車廂也繪製了可愛的插畫作品；這 2 節車廂 1 節作為教室、1 節作為學生會議及活動區，新教室也成功吸引了一批新生就學（吳雯淇，2020）。此一從「學生」或「學習者」需求的校園設施設置模式，提供學校設施規劃與設置之新方向。

四、建置安全性校舍空間

學校建築雖不是遮掩體，但至少要能提供學生可以遮風避雨的安全的建築設施，作為教學和學習環境。有許多學校校舍建築與設備極為簡陋，如尼泊爾竹棚學校、阿富汗集裝箱學校、辛巴威自由小學、肯亞維科蘇克小學等貧窮型學校，尼泊爾鐵皮屋學校、菲律賓震災帳篷教室等過渡型學校，以及泰北邊境學校等，簡易空蕩的設備、破舊的桌椅，或校舍安全岌岌可危。更有甚者，學生在無牆鐵皮屋，或在路邊、鐵橋下、大樹下，甚至在空地上席地而坐，餐風露宿學習，如印度的路邊學校、鐵橋下學校和露天學校、巴基斯坦大樹下的學校、阿富汗難民臨時學校等，連遮風避雨的空間都沒有。校舍安全是學校設施存在的最基本要求，臺灣的地震、颱風災害、水災、土石

流多，校園建築安全不但要優先要求，還應擔負起防災避難公共設施之重責
大任，自不容輕忽。

五、發展移動性學習設施

　　Rezwan 說得很對，如果學生不能來到學校，我們就要把學校送到他們
那裡。對於校舍建築不足、設備簡陋之偏鄉學校，或長期因水災學生無法到
校，或生活在水域之學生，學校設施與學習資源相對缺乏，應設法補足，設
置移動性學習設施是相當有創意之思考。如蒙古馬背小學、西藏的移動小
學、孟加拉太陽能漂浮學校，以及蒙古駱駝、哥倫比亞驢子、寮國大象、印
尼馬之移動圖書館等，都發揮了學校建築設施的最大想像，讓學校或書籍
可以到學生家，提供學習服務，都能因地制宜補充學習之不足。對於臺灣的
偏鄉學校，可比照地震體驗車，設置流動圖書館、流動健檢車（定期牙齒檢
查、塗氟防齲齒）等移動性設施，彌補設施之不足，或添置小型交通車增加
學校教學和學生學習移動能力。此外，也可以比照加拿大海上學校，用船或
汽車設置真正的移動學校，既可增廣見聞，又可擴充學習視野，創意無窮。

六、善用既存性學校設施

　　看到貧窮型、偏遠型、游牧型、水域型、過渡型、邊境型、戰區型學
校，不管學校多窮、學生多少、設施有無，有心、有人、有學校，學生之所
在就是學校之所在，學生不應遷就學校而存在，學校要因學生存在而存在。
臺灣就因為少子女化，對每一位孩子的可能教育都應珍惜且更努力，與世界
各國貧窮落後國家或窮鄉僻壤相比較，臺灣可以算是有遙遠的偏鄉嗎？

　　是我們的心沒有到那裡，或是經濟與經費大過於教育與孩子？安徽省大
坪教學點汪正柏老師，只為了 5 名學生，在那裡教了 38 年；新德里的商店
老闆 Rajesh Kumar Sharma 創建鐵橋下學校，學生從 2 名增為 60 名；印度
的工廠老闆 Kamal Parmar 在路邊辦學校，15 年來學生從 10 名增至 155 名；
巴基斯坦 Ayub Khan 辦「大樹下的學校」，辦了 30 年，學生從 10 名增到
300 名；連 14 歲的女孩阿富汗阿西莎—拉西姆紮達拿二個鐵皮箱也辦起集
裝箱學校，敘利亞戰區在下雨會淹水的洞穴學校都可以上課。請問，獲遠
東建築獎的新校園運動學校，學校建築設施優良，環境優美，還有 10 多名
學生，學校裁併、設施廢置，道理何在？據悉還有一些學校因學生人數不足

40 或 50 名，也面臨併校的壓力。基本上，沒有比學校建築與設施更適合作為學校，有好的校園建築與設施環境，就應善加利用。例如：印尼峇里島綠色學校才成立 8 年就成為有 40 多個國家 300 多名學生的國際學校，每年去參觀想入學的家長絡繹不絕；孟加拉農村發展委員會（BRAC）為偏遠農村辦理 1 間教室學校，福建省橋上也可搭精緻可愛的社區學校，學生與家長可以共讀。這些學校的經營模式，都可供未來臺灣學校設施規劃之參考。尤其是，學校建築與設施已經完成更有責任善加利用，臺灣資源有限，屬於孩子的空間更珍貴！

　　總之，學校設施一定要有校舍、校園、運動場和附屬設施嗎？因應學校條件和學生學習需求，能否因地制宜？印度的路邊學校，只有黑板、簡單的課桌椅和衛生美味的餐點，成功為貧民窟孩童辦理課後學習計畫；巴基斯坦大樹下的學校，運用大樹下空地上課，學生席地而坐；阿富汗集裝箱學校，是由兩個鐵皮箱、一塊大鐵板蓋頂、木板貼上紙當作黑板，孩子們就坐在地墊上上課的簡易教室；孟加拉太陽能漂浮學校是一艘船，可容納 30 名學童，有彈性木地板、高天花板、圖書和電腦設備、防水屋頂和太陽能板，雙層的漂浮學校讓孩子有奔跑的校園，學生上課同時，船頂還能舉辦社區活動；加拿大海上課堂進修高中以帆船當學校。這些非標準學校設施，大致因應學生學習需求而設置，學校設施因地制宜設置，相當有彈性。

　　先進國家對於學校設備標準或基準，都以一所「完整學校」的學校建築設施作思考，需有校舍、校園、運動場和附屬設施。但有些偏鄉或校地不足，或學校地理條件特殊、學校教育理念與學生學習需求，應可因地制宜學校設施。例如：對特偏或地理環境特殊的偏鄉小校，能否比照非學校型態實驗教育的學習活動教室或樓地板有較低標準的彈性要求？學校設施在標準之外，能否研訂有「教學點」或教學空間的設備基準？偏鄉小校是否在住宿、廚房、餐廳或餐飲供應設置上優先考量？學校設施與設備可否依學生學習需求規劃，或甚至依學生提出之需求購置？對於偏鄉學校，能否比照地震體驗車，設置流動圖書館、流動健檢車等移動性設施，彌補設施之不足？能否比照加拿大海上學校，用船或汽車設置真正的移動學校，以增廣見聞？總之，學校設施在標準之外，可依學校地理條件和學生學習需求，設置因地制宜的設施，或提供移動性設施彌補罅漏，以創造對孩子學習最適合之空間。

第9章 AI 智慧校園建構

面部識別技術已經在取代 ID 卡，AR 和 VR 等沉浸式技術正吸引著前瞻的學生並提供新的學習方式，數位 AI 助手正幫助學生進行組織和時間管理，而 5G 互聯網正提供超連結的校園。顯然，……我們正見證智慧校園的崛起。

（Facial recognition tech is already replacing ID cards, immersive technologies such as AR and VR are attracting prospective students and offering new ways to learn, digital AI assistants are helping students with organisation and time management, and 5G internet is delivering ultra-connected campuses. Clearly, ... we're witnessing the emergence of smart campuses.）

～ R. V. Hooijdonk, 2019

1975-1995 年，是世界導入電腦的時代；1995-2015 年，是網路普及全世界的時代；2015-2035 年，是世界盛行人工智慧（artificial intelligence, AI）的時代（三宅陽一郎，2018/2020）。AI、大數據（big data）、雲端（cloud system）、物聯網（Internet of Things, IoT）、5G，琳瑯滿目的「科技」如浪潮般席捲而來（陳鴻基，2020）。也為 AI 智慧校園的發展，奠定堅實的基礎。

智慧校園（smart campus）已成為國際科技發展政策重點，如 2010 年英國伊替沙拉特電信創新中心（Etisalat British Telecom Innovation Centre, EBTIC）提出的智慧校園（The intelligent campus, iCampus）白皮書，美國麻省理工學院與微軟投入 iCampus 產學合作計畫等；亞洲各國亦以政策輔以龐大預算推動大型智慧校園計畫，日本文部科學省學校新政策（School New Deal）計畫打造 21 世紀學校的教育環境，澳洲由環境部與教育部聯手的水精靈地球智慧學校方案（Waterwise Earth Smart Schools Project）著重於

校園智慧綠能管理（財團法人資訊工業策進會，2015）。韓國 2030 未來學校方案（Future School 2030 Project），於西強市完成 150 所智慧校園聚落（陳冠廷，2014），馬來西亞、新加坡、越南和印尼在智慧校園發展上亦相繼跟進（The Digital Education Institute of Institute for Information Industry, 2019）。中國的「新一代人工智慧發展規劃」預計到 2030 年人工智慧理論、技術與應用總體達到世界領先水準；在智慧教育上，利用智慧技術加快推動人才培養模式、教學方法改革，構建包含智慧學習、互動式學習的新型教育體系；開展智慧校園建設，推動人工智慧在教學、管理、資源建設等全流程應用；開發立體綜合教學場、基於大數據智慧的線上學習教育平臺；開發智慧教育助理，建立智慧、快速、全面的教育分析系統；建立以學習者為中心的教育環境，提供精準推送的教育服務，實現日常教育和終身教育定制化（國務院，2017）。「中國教育現代化 2035」的十大戰略任務之一「加快資訊化時代教育變革」，即強調建設智慧化校園，統籌建設一體化智慧化教學、管理與服務平臺（中共中央、國務院，2019）。

臺灣，也體會到智慧校園研發的國際趨勢，為達「建構下世代的智慧學習環境」之願景，教育部（2018）「建置校園智慧網路計畫」在 2017-2020年計投資 26 億元，辦理高級中等以下學校校園內主幹網路提升為光纖線路，建置教室間網路連接，強化可支援行動學習之無線網路存取覆蓋率。在AI 方面，科技部在臺大、清大、交大與成功 4 所大學成立 AI 創新中心，分別就生物醫療 AI、智慧製造、智慧服務，以及生技醫療等議題推動技術發展，國家實驗研究院國家高速網路與計算中心與台灣杉 2 號超級電腦也配合政策，幫助學界發展前瞻 AI 技術（林宗輝，2020）。在 5G 方面，2019 年行政院核定「台灣 5G 行動計畫」（2019-2022 年），預計 4 年投入 204.66億元，全力發展各式 5G 電信加值服務及垂直應用服務，打造臺灣為適合5G 創新運用發展的環境，藉以提升數位競爭力、深化產業創新，實現智慧生活（行政院新聞傳播處，2020）。2020 年，行政院核定「補助 5G 網路建設計畫」（2021-2025 年），5 年投入 266.5 億元，補助電信業者「加速、加量」建置 5G 網路設備與基地臺，目標期盼在 2025 年非偏鄉 5G 人口涵蓋率達 85%（蘇秀慧，2020 年 10 月 19 日）。這些智慧科技的投資與建設，有助於促進臺灣 AI 智慧校園的建置與發展。以下擬就 AI 智慧校園的基本概念、關鍵技術、整體架構、應用系統，分別探析。

第一節　AI 智慧校園的基本概念

　　以下擬就 AI 智慧校園的涵義、AI 智慧校園與數位校園、AI 智慧校園的主要特色，分別要述之。

一、AI 智慧校園的涵義

　　AI 智慧校園的涵義，可從以下學者專家的界定知其梗概。

　　王運武、于長虹（2016）：智慧校園是指以促進資訊技術與教育教學融合、提高學與教的效果為目的，以物聯網、雲端計算、大數據分析等新技術為核心技術，提供一種環境全面感知、智慧型、數據化、網路化、協作型一體化教學、科研、管理和生活服務，並能對教育教學、教育管理進行洞察和預測的智慧學習環境（第 61 頁）。

　　湯志民（2018c）：智慧校園係指資訊科技與教育設施有機融合，以物聯網、雲端計算、大數據等為核心技術，提供環境全面感知、數據化、網路化、整體化之教學、學習、行政、管理和生活服務，使任何人、任何時間、任何地點都能便捷獲取資訊和資源的智慧環境（第 178 頁）。

　　Dong 等人（2020）：「以人為本的學習型智慧校園」（a human-centred learning-oriented smart campus, HLSC）係指透過賦能科技的智慧服務，以增進教育表現和符應利害關係人的興趣，並在智慧城市的脈絡中，與其他跨學科領域進行廣泛互動之教育環境（p. 1）。

　　Min-Allah 和 Alrashed（2020）：智慧校園的通用定義，係利用並整合了智慧物理（smart physical）和數位空間（digital spaces）來建立反映、智慧和改進的服務，以創造生產力、創新和永續的環境。

　　Manning（2020）：智慧校園利用智慧科技來創造新的體驗和服務。這些智慧科技已連接到互聯網並由 AI 驅動，可以改善校園中學生和教職員工各種不同的經驗，如增進經濟援助程序、改善學生服務、減少等待時間、減少合規性錯誤、減少人為錯誤、自動化工作流程、節約能源和資源。

　　Rosenberger（2020）：智慧校園是使用新一代科技，將人工智慧、機器學習、區塊鏈（blockchain）、臉部識別和智慧傳感器等都與物聯網網絡策略性連結之綜合體。

　　綜上並參考湯志民（2020c）之見解，AI 智慧校園（AI smart campus）係指智慧科技與教育設施有機融合，運用人工智慧（AI）、第 5 代行動通訊系統（5G）、物聯網（IoT）、擴增實境（AR）／虛擬實境（VR）／混合實境（MR）／延展實境（XR）、雲端運算、區塊鏈、量子電腦等技術，提供環境全面感知、數據化、網路化、自動化、整體化之教學、學習、行政、管理和生活服務，並能無所不在獲取資訊和資源之智慧教育環境。

二、AI 智慧校園與數位校園

　　傳統校園經由電子校園（e-campus）、數位校園（digital campus），邁向智慧校園（Nie, 2013）。智慧校園是數位校園的進階，數位校園（digit campus）是在傳統校園基礎上構建一個數位空間，實現環境資訊（包括教室、實驗室等）、資源資訊（如圖書、講義、課件等）到應用資訊（包括教學、管理、服務、辦公等）等全部數位化，從而為資源和服務共享提供有效支撐（國家市場監督管理局、中國國家標準化管理委員會，2018）。智慧校園是高階的教育資訊系統，智慧校園的演變是以數位校園的建設和發展為基礎（Nie, 2013），AI 智慧校園則因 AI、5G、IoT、AR／VR／MR（混合實境）、XR（延展實境）、區塊鏈、量子電腦等智慧科技的快速發展和布局，使智慧校園的性能全面進階與提升。Nie（2013）對數位校園和智慧校園之區別有精要之分析，茲參考 Nie 之見解，將數位校園和 AI 智慧校園之區別整理如表 18 所示。

三、AI 智慧校園的主要特色

　　根據 Dong 等人（2020）之研究，「以人為本的學習型智慧校園」（HLSC）有下列六項主要特色：

(一) 環境感知（context-aware）

　　智慧校園通常配備了一整套智慧感應設備，可監控廣泛的物質區域，這為環境感知提供了基礎。環境通常定義為描述智慧校園當前狀態的各種狀況的總和，環境感知主要是指觀察並了解校園內的環境狀況和使用者行為，並提供量身定製的服務以滿足個人需求的能力。環境感知主要由物聯網技術支持，被視為智慧校園的基本特色，可實現一系列個人化服務。

表 18

數位校園和 AI 智慧校園之區別

項目	數位校園	AI 智慧校園
科技環境	區域網 互聯網	人工智慧（AI） 第 5 代行動通訊系統（5G） 物聯網（IoT） 擴增實境（AR）／虛擬實境（VR）／混合實境 （MR）／延展實境（XR） 雲端運算 區塊鏈 社交網路 量子電腦
應用	數位教學資源 遠距教育 數位圖書館 網路管理員	智慧系統的感官能力、互操作性、控制能力 時間序列與預測、圖像處理、音訊處理、自然語言 處理、動態影像處理 智慧教學、智慧學習、智慧行政、智慧管理和智慧 生活
管理系統	孤立系統	系統分享 智慧推送

資料來源：修改自 *Constructing smart campus based on the cloud computing platform and the Internet of Things* (p. 1577), by X. Nie, 2013. https://www.atlantis-press.com/php/download_paper.php?id=4826

（二）數據驅動（data-driven）

　　智慧校園數據是從各種來源，包括傳感設備、教學／學習過程、表現評估、課外活動等，自動即時蒐集而來。借助雲端服務和物聯網，將積累並合理共享大量數據，而對使用者隱私的侵擾最小。從校園提供的大多數智慧功能都基於大數據分析的意義上來說，數據驅動是實現校園智慧化的重要特色。在以學習為導向的智慧校園中，數據驅動的應用程序應主要集中於從數據中提取描述性證據，以支持提高學習績效。

(三) 預測（forecasting）

　　資訊系統生成的大量教育數據為學習歷史觀察和預測未來狀況提供了機會。這種預測功能不僅指預測不久的將來會發生什麼，而且還涉及做出決策以儘早響應未來的事件。智慧校園的預測能力可以提供更易於管理的學習環境，並具有前瞻性。

(四) 身臨其境（immersive）

　　智慧校園的身臨其境的功能可以將虛擬和現實世界的環境混合在一起進行學習，從而為學生提供「在那裡」的感覺，從而豐富了學習經驗。我們實際生活在現實世界中，但是通常可以從現實世界中獲得的知識是有限的。對學生來說，觀察和理解一些已經存在但在現實世界中很少經歷的現象將是一項挑戰。在這種情況下，學生可以從虛擬環境中尋求幫助，以加深了解。身臨其境的學習還可以提高學生在學習活動中的注意力和動機。

(五) 協作（collaborative）

　　在教育領域正在發生從個人學習到協作學習的轉變，這將以教師為中心的教學轉變為以學習者為中心的互動。協作學習可以鼓勵學生之間、教師與學生之間的知識共享。在協作學習環境中，可以透過服務與人之間的互動來創建新知識，這意味著學生可以根據經驗主動創建知識，而不是被動地從老師那裡獲得知識。學生可以扮演各種角色，包括擔任老師來指導他人，這將在新的教育環境中重新定義老師的角色。統計數據顯示，協作學習為學生帶來了許多好處，包括更高的參與度、增加自信心和改善學習成果。基於雲端技術的支持下，透過網路平臺在校園內外的教育社群可實現線上協作。

(六) 無所不在（ubiquitous）

　　由於無線通訊和移動技術的普遍布署，人們現在可以在任何地方學習，不僅可以在物質教室中進行正式學習，還可以在虛擬和移動環境中進行非正式學習。無所不在的學習，也稱為「u學習」（u-learning），被界定為一種學習範式，發生在無處不在的計算環境中，該環境能夠以正確的方式在正確的時間和地點學習正確的事物。智慧校園有望擴大教學／學習的時空範圍，

並為學生提供無所不在的學習環境。在新的環境中，學習者可以在任何時間、任何地點，以任何方式和任何進度學習，從而為個別學生提供自主的適應性學習之無縫學習經驗。

第二節 AI 智慧校園的關鍵技術

AI 智慧校園之建構，深受 AI、5G、IoT、擴增實境（AR）／虛擬實境（VR）／混合實境（MR）／延展實境（XR）、雲端運算、區塊鏈（blockchain）、社交網路等科技發展之影響；尤其是，最近量子電腦、元宇宙的出現和 6G 的研發，更使 AI 智慧校園的發展具有不可限量的潛力。AI 智慧校園有下列八項關鍵技術：

一、人工智慧（AI）

AI 是一門計算科學，讓機器或系統能夠從經驗中學習，適應新的輸入並執行類似人類的任務（Dong et al., 2020）。AI 的發展，每一波的浪潮都有其代表技術，第一波浪潮（1950-1960）的代表技術是符號邏輯（symbolic logic）、第二波浪潮（1980-1990）的代表技術是專家系統（expert system）、第三波浪潮（2010-）的代表技術是機器學習（machine learning）（如圖 34）（陳昇瑋、溫怡玲，2019）。「機器學習」是 AI 技術的核心，透過處理並學習龐大的數據後，利用歸納推理的方式來解決問題，所以當新的數據出現，機器學習模型即能更新自己對於這個世界的理解，並改變它對於原本問題的認知；機器學習分成監督式、非監督式及增強式學習三種學習方法，機器學習結構：資料→特徵擷取→模型→答案（Chen, 2020；陳昇瑋、溫怡玲，2019）。「深度學習」（deep learning）是機器學習的進階，利用多層次的人工神經網路（neural network）透過數據學習，最主要的二種為卷積神經網路（CNN）和遞歸神經網路（RNN），CNN 較適合如圖片、影片等的空間數據類型，圖像識別的技術，也是工業 4.0 的核心技術之一；RNN 則較適合如語音、文字等的序列型數據，非常適合處理自然語言。深度學習的結構：資料→模型（特徵擷取自學）→答案（Chen, 2020）。AI 的應用主要有五方面：(1) 時間序列與預測（time series analysis），是針

圖 34

人工智慧發展簡史

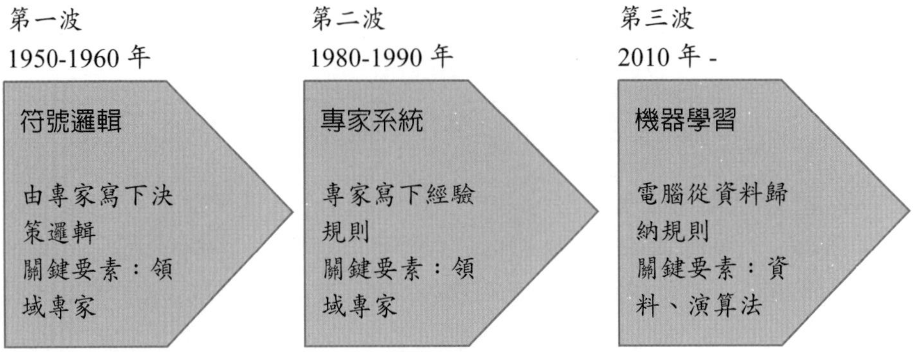

第一波 1950-1960 年	第二波 1980-1990 年	第三波 2010 年 -
符號邏輯 由專家寫下決策邏輯 關鍵要素：領域專家	**專家系統** 專家寫下經驗規則 關鍵要素：領域專家	**機器學習** 電腦從資料歸納規則 關鍵要素：資料、演算法

資料來源：**人工智慧在台灣——產業轉型的契機與挑戰**（頁 81），陳昇瑋、溫怡玲，2019，天下雜誌。

對歷史數據做趨勢分析的手段，常見例子包括風險分析、預測分析和推薦引擎等應用。(2) 圖像處理（image processing），是一個專門處理靜態圖像的領域，最常見的應用包括圖像辨識、人臉辨識和機器視覺。(3) 音訊處理（audio processing），是一個專門處理聲音數據的領域，常見的例子包括語音識別、情感分析和語音搜尋等應用。(4) 自然語言處理（natural language processing），是一個專門分析字詞，處理語言的領域，可以細分為自然語言理解和自然語言生成。(5) 動態影像處理（video processing），是一個專門處理動態影像的領域，常見的應用包括動態偵測（Chen, 2020）。AI 的發展分為三種型態：(1) 弱 AI：弱人工智慧主要專注於單方面的人工智慧。例如：AlphaGo 就是弱 AI 的代表，它專注於圍棋的演算法，無法回答其他問題。(2) 強 AI：強 AI 是在推理、思維、創新等各方面能和人類比肩的人工智慧，能夠完成人類目前從事的腦力活動。(3) 超 AI：超 AI 具有複合型能力，無論是在語言處理、運動控制、知覺、社交和創造力方面都有較為出色的表現；目前處於弱 AI 朝向強 AI 過渡的階段，今後將繼續向雲端 AI、情感 AI 和深度學習 AI 等幾個方面發展（許宏金，2020）。

　　在智慧校園中，由於雲端運算和物聯網為智慧解決方案提供了平臺，因此 AI 是一種將智慧屬性添加到設備和系統的技術。AI 為智慧校園帶來的好處，如自動客製化學習內容、一對一虛擬輔導學生、對教師和學生的心理狀

況的情境意識、預測未來狀況等（Dong et al., 2020）。

二、第 5 代行動通訊網路（5G）

5G 具有傳輸速度更快、高頻寬、高密度及低延遲等特性，有利大數據、AI、IoT、AR／VR／MR／XR 之發展。5G 的傳輸速率比 4G 快 100 倍，延遲比 4G 短 30-50 倍，5G 可在設備之間直接通訊，從而降低了建設基地臺的成本（Xu, Li, Sun, Yang, Yu, Manogaran, Mastorakis, & Mavromoustakis, 2019），行動通訊技術演進史詳見表 19。5G 和 AI 的結合勢必為教育帶來更多變化，AI 可讓 5G 更靈活多變，使以往的「人隨網動」朝「網隨人動」和「網路自治」邁進。5G 將逐漸實現萬物互聯，透過 5G 的應用，IoT 終端也可以直接連結到智慧城市、智慧家庭、智慧物流等諸多方面。Nocchi（2019）指出，一個 4G 基地臺目前支持約 2,000 個設備，但存在一些流量延遲；1 個 5G 基地臺在每平方公里內支持超過 100 萬個連接的設備，而延遲可以忽略。如此巨大的頻寬能輕鬆應對智慧教室、擴增實境（AR）、虛擬實境（VR）所需的繁瑣流量負載。未來 6G 網速可達到 1Tb/s，即 5G 的 100 倍（5G 下載一部 2 小時的高畫質電影只需 2 秒，用 6G 下載則只需 0.01 秒），6G 可透過地面無線和衛星即時系統連接全球的訊號，即便在偏鄉，訊號也可暢達無阻（許宏金，2020）。

5G 為智慧校園帶來的好處，如提供智慧雙師課堂，將名校名師的 4K 高清教學直播課堂傳輸到更多學校，讓更多邊遠地區兒童獲得優質教學資源；遠端全息投影教學，將名師的真人影像同時投射到遠端多個聽課教室，打造自然互動式遠端教學體驗（石小利、葉永松，2019 年 3 月 30 日）。此外，虛擬導航，可讓學生即時進入學習區域（如圖書館和教室）的位置數據庫；移動遠距教學，可讓學生透過自學室的網路教學平臺獲得老師的學習指導；學生學習狀態監控和智慧課堂，可讓教師和學生獲得最新、最好的教學／學習效果（Xu et al., 2019）。

表 19

行動通訊技術演進史

行動通訊技術	功能	峰值速率	頻率
1G（1980s）	通話	2 Kbps	800-900 MHz
2G（1990s）	通話、簡訊、Mail（純文字）	10 Kbps	850-1,900 MHz
3G（2000s）	通話、簡訊、網路、音樂串流	3.8 Mbps	1.6-2.5 GHz
4G（2010s）	通話、簡訊、網路、1080p 影片串流	0.1-1 Gbps	2-8 GHz
5G（2020s）	通話、簡訊、網路、4K 影片串流、VR 直播、自駕車、遠距手術	1-10 Gbps	3-300 GHz

資料來源：**半導體工程**（Semiconductor Engineering）〔引自吳元熙（2019 年 7 月 22 日）。**跟 4G 不一樣在哪？5G 白話文快速看懂技術差異**。數位時代。https://www.bnext.com.tw/article/54075/5g-4g-difference〕

三、物聯網（IoT）

　　IoT 嵌入了電子設備、智慧傳感設備、互聯網和高級通訊技術，將互聯網連接擴展到了物質設備和日常物品上（Dong et al., 2020）。作為互聯網的延伸，IoT 實質上是物物相連的互聯網，但在網路終端增加感測器技術，主要包括射頻識別（radio frequency identification, RFID）、紅外線感應、視頻監控、全球定位、鐳射掃描等，形成人與物、物與物相聯，實現智慧化識別、定位、監控和管理。IoT 和 AI 結合，將使校園變得更有智慧（Malekian, 2020）。根據跨國際科技企業 Cisco 所稱，到 2025 年，IoT 互聯設備的數量將達到 5,000 億左右，這些 IoT 互聯設備可與人和環境互動，並提供智慧校園之創新服務（Malekian, 2020）。

　　在智慧校園中，智慧教學運用 IoT 使教學／學習過程順利進行，讓教職員將更多的精力放在學習活動上，而不是常規的管理上；為教師提供追蹤學生學習進度的資訊平臺，並預先採取對應行動；運用 IoT 技術的情感或心理識別，能追蹤學生學習活動中的認知度，並根據他們的心理狀況相應地重定向學生的注意力（Dong et al., 2020）。在智慧管理上，運用 IoT 可匯集個性

化資訊（如時間表、學習活動、課外活動等）和物理資源資訊（時間、位置、學習參與者、學習任務等），智慧分配教室、辦公室、會議室和住宿等空間資源；即時管理能源資源（如水、暖氣和電）的供應和使用，以滿足個人需求並優化校園節能；管理時間資源，亦即能適當安排校園活動以優化利益相關者的學習／工作效率（Dong et al., 2020）。簡言之，IoT 技術能實現對校園人、事、物和資源的即時動態管理，提供教學／學習（如教室、實驗室管理、學生學習進度／情緒追蹤、圖書識別與借還等）、校園生活（如一卡通或一臉通、考勤管理、收費等）、節能安保（智慧照明、門禁管理等）等方面之服務。

四、擴增實境（AR）、虛擬實境（VR）、混合實境（MR）、 XR（延展實境）

　　AR 是透過攝影機的影像畫面結合某種辨識技術，讓螢幕中的現實場景擴增出虛擬的物件並與之互動的技術，你會同時看到真實世界與虛擬同時並存的內容。VR 是電腦創造出 3D 的虛擬空間，一般會搭配頭戴顯示器，使用者不會看到現實環境，完全沉浸在這個虛擬世界中，當使用者移動或動作時，虛擬世界會有對應的回饋，有身歷其境的臨場感。MR 是 AR 和 VR 的融合，一般也會搭配頭戴顯示器，但是使用者看到的是現實環境，額外再堆疊出虛擬的物件，雖然 MR 和 AR 很相似，但它更強調的是現實與虛擬的混合。延展實境（XR），是 AR、VR、MR 等任何或所有的現實與虛擬融合之技術，都可以視為 XR 的一部分（宇萌數位科技，2020）。Nocchi（2019）指出，混合現實內容和視頻需要高頻寬和低延遲才能實現最佳性能，4G 努力維持 AR 和 VR 體驗所需的流量，但使用 5G 則是無縫的體驗。5G 結合 AI、邊緣計算等技術將極大推動 AR／VR／MR／XR 應用實踐，XR 是元宇宙（Metaverse）虛與實的交匯點與探索入口，將創造一個虛擬和現實完全交融的世界，成為開啟元宇宙時代的重要載體（德勤中國，2021）。

　　在智慧校園中，AR／VR／MR／XR 等技術之運用，為師生提供高質量的沉浸式教學／學習環境，可為教育帶來好處，如激勵學生從不同角度探索課堂教材、協助教導學生無法切實獲得第一手經驗的科目、加強學生和教師之間的協作學習、增強學生對學習任務的認知和專注力、增強學生的創造

力和想像力、幫助學生依自己的進度和方式學習、創建適合各種學習方式的真實學習環境等（Dong et al., 2020）。如醫院手術室運用 5G 和 MR 技術可為偏鄉的醫學生當場示範，科技的運用也可吸引學生參加全球各地的遠距課程；假設一所醫學大學投資配備高解析度相機、MR 護目鏡和高容量無線網絡的教育手術室，借此特殊教育平臺，使遠距離的醫學生能夠跟隨世界級教授的教學和演示艱難的手術操作，而有最高品質的教育（Jurva, Matinmikko-Blue, Niemelä, & Hänninen, 2020）。

五、雲端運算（cloud computing）

雲端運算為智慧校園提供了新的服務模式，它是對分散式、虛擬化的存儲和計算資源進行動態分配、部署，根據使用者需求向使用者提供相應的存儲、計算和平臺服務。雲端運算具有虛擬化、高可靠性、超大規模、無限擴展性、高便利性、低成本、按需服務等特點，提供基礎設施即服務（IaaS）、平臺即服務（PaaS）和軟體即服務（SaaS）等服務方式。由於 AI 晶片（可進行深度學習的晶片）是高投資、高風險、高報酬產業，因此無法放入晶片的 AI 技術，通常以雲端平臺的方式來提供，尤其是公有雲平臺，全球巨擘 Microsoft、Google、Amazon、IBM 都積極發展 AI 基礎設施公有雲，從底層的 AI 程式庫，到各式可即插即用的 AI 服務應用程式介面都有，方便快速組裝各式 AI 應用；例如：IaaS 提供消費者使用處理、儲存、網路和各種基礎運算資源服務；PaaS 提供運算平臺和解決方案服務（陳昇瑋、溫怡玲，2019）。

在智慧校園中，IaaS 層，以學校機房為服務對象，朝向資訊機房虛擬化──「零機房」，提供教學資源共享的現代化雲端教育環境。PaaS 層，可動態擴充配置開發架構，開發者可以快速發展教學服務，節省學校建置雲端應用系統時間。SaaS 層，建構智慧教室、教材與學習資源數位化，提供學校師生雲端教學平臺（傅志雄，2015）。雲端運算可以在非結構化環境中進行學習活動，使學習者可以隨時隨地快速進入線上學習資源和服務，透過基於雲端的學習平臺，可以創建和無縫共享虛擬學習材料，從而擴展了教學的時空範圍，並促進教師和學生之間的協作學習活動（Dong et al., 2020）。「雲端學習服務」輔導教師搭配行動載具（如，智慧型手機、筆記型電腦、

平板電腦、電子書等）教學導入雲端資源與教學管理等系統，提供教師專業成長、教學策略分享、學習歷程管理、學生作品分享等；學生則運用線上學習服務系統，進行課前預習、繳交作業及課後複習。社群功能讓學生與其他同學進行協同學習與互動，凝聚學生學習的合作意願（資訊及科技教育司，2021）。

六、區塊鏈（blockchain）

區塊鏈是藉由密碼學串接並保護資訊內容的分散式多方共享帳本（shared ledger）之系統（陳綠蔚、張國恩主編，2019），也是資料存儲、點對點傳輸、共識機制、加密演算法等電腦技術的集成應用。區塊鏈共有五大特徵：去中心化、開放性、自治性、資訊不可篡改和匿名性。區塊鏈本質上是一個去中心化的分散式帳本資料庫，目的是解決交易信任問題。區塊鏈技術有可能成為「萬物互聯」的一種最底層的協定。在發展階段上，區塊鏈1.0 數位貨幣階段、區塊鏈 2.0 智慧合約階段和區塊鏈 3.0 多行業應用階段的技術架構。區塊鏈模式是平行發展而非質變式演進的，區塊鏈 1.0 模式與2.0 模式目前同時存在於現今社會，而區塊鏈 3.0 已在金融服務、智慧製造、物聯網與供應鏈管理、文化娛樂、民生公益、政府管理等六大方面擴大應用（清華大學人工智能研究院、北京智源人工智能研究院、清華—中國工程院知識智能聯合研究中心，2020）。經濟部技術處（2021 年 2 月 15 日）指出，AI、5G 和 IoT 等創新應用，驅動資料經濟的發展，區塊鏈在資料經濟時代內將扮演重要的關鍵，未來 10 年內將翻轉大多數產業。

區塊鏈在教育應用上，主要在學位證書、學分證明、證書管理、學生檔案管理、MOOCs 認證、學術資源分享、產學合作、大學入學考試和招生、比特幣繳費等方面，涉及到教育機構、課程形式和知識庫等（胡樂樂，2020；香港區塊鏈產業協會，2019；清華大學人工智能研究院等，2020；陳綠蔚、張國恩主編，2019；陳曉郁，2018）。例如：在學習歷程檔案上，學習歷程資料主要是基於學習活動產生的資料，包括時間地點資訊、學習資源資訊、學習過程和學習結果等，只要統一學習歷程資料的標準，區塊鏈就可將學生不同時間、不同地點、不同學科的學習行為資料保存在同一資料庫中，並進行資料分析，保存的資料不可修改，以確保資料的真實性和分析結

果的可信度（陳景燕、鄭志宏、方海光，2021）。此外，區塊鏈為教育機構或組織提供了低成本的共用資源。在國家層面，國家區塊鏈資料庫可以解決本國內部系統中的各級證書的驗證和共用。在全球層面，基於區塊鏈技術的學歷資質資料庫也在嘗試中。例如：索尼全球教育的基於區塊鏈的平臺可以用於評估成績，目標是為全球的學校和大學使用該服務，以便個人可以與雇主等協力廠商共用資料（清華大學人工智能研究院等，2020）。

七、社交網路（social network service）

社交網路是為方便人際交往而形成的虛擬化的網路服務平臺，已成為資訊技術發展的潮流和互聯網向現實世界推進的關鍵力量。社交網路以傳播速度快、成本低、互動性強等特點，成為校園師生維繫實體社會關係、展示自我和互動交流的首選方式。社交網路從早期的電子郵件、BBS 到近年來應用廣泛的微博、微信、Google+、MySpace、Twitter、Facebook、Line，隨著移動互聯技術的興起，社交網路的資訊傳播方式已經完成由「一對多」到多元化傳播模式，成為校園最有效的學習協作和工作協作工具（湯志民，2018c）。

2021 年 10 月 Facebook 改名「Meta」，全力發展元宇宙（Metaverse）。網路連結使人的社交活動和聯繫，克服了時間和空間上的限制，網路的進化 1930 年代以電話／電報／廣電連結，1990 年代以固定的終端連接網路（www），2000 年代以社群網路連結，2007 年透過智慧手機隨時隨地以人為中心連結，2010 年代以 IoT 基於情境相互連結，2020 年代以元宇宙與虛擬情境連結（崔亨旭，2021/2022）。崔亨旭指出：「元宇宙是下一代的網路，即空間網路」，元宇宙是一個由數位構成、無窮無盡的虛擬空間，也是一個存在著多維時空的世界，此一多維空間有著能與使用者互動的情境，元宇宙藍圖中的四個情景，詳如圖 35 所示。元宇宙有七大核心要素：(1) 以時時刻刻連上網路為基礎；(2) 是一個與我們所在的現實世界相連、由數位構成的無限世界，而且物理現實世界與虛擬世界的界線模糊不清；(3) 有一個與使用者分享的虛擬情境，使用者們可以在這情境中進行互動；(4) 能透過多重身分實現多重在場，且每個情境都各自有最佳化、具有沉浸感的使用者經驗；(5) 自帶一個物理上不會停止的時間系統，時間會按系統的週期不斷流逝；(6) 必須使用多模態（multimodal）輸入設備和輸出設備所組成的特

圖 35

元宇宙藍圖中的四個情景

增強現實（Augmentation）

	擴增實境 （Augmented Reality）	生活紀錄 （Life-Logging）	
	把數位化的資訊或事物覆蓋在現實空間上，讓使用者能與其互動的被擴增得有用的現實。（如，精靈寶可夢GO、Google眼鏡）	以個人為中心，記錄與分享日常生活中的資訊和經驗，或以數位形式累積感測器測量到的數據的空間。（如，Facebook、Cyworld）	
與外部互動的（Extemal）			個人的・私人的（Intimate）
	鏡像世界 （Mirror World）	虛擬世界 （Virtual World）	
	以數位形式真實複製、鏡射相連現實世界的世界。（如，數位學生、Google地球、Omnibus）	完全被虛擬化、以數位形式構成的環境，和一切想像都被模擬成電腦圖形後創造出來的世界。（如，虛擬實鏡MMORPG、第二人生）	

虛擬化（Simulation）

資料來源：**元宇宙：科技巨頭爭相投入、無限商機崛起，你準備好了嗎？**（金學民和黃菀婷譯）（頁 34），崔亨旭，2022，英屬維京島商高寶國際公司。（原著出版於 2021）

殊軟硬體組合才能進入元宇宙；(7) 是一個基於數位虛擬經濟的多重平行宇宙。COVID-19 大流行也促使元宇宙熱潮加速擴散，2020-2021 年大多數學生到學校上課時間不到三分之一，這些學生的家有一半以上都變成了學校，線上視訊會議和學習工具急遽發展，YouTube、MOOCs 等線上學習平臺大幅成長，「新冠世代」或「C 世代」（Generation Corona）所生活的物理空間未來可能會整個元宇宙化，C 世代很可能成為第一個待在元宇宙的虛擬空間的時間，比在現實世界中的時間更久的世代。

　　在智慧校園中，因應 COVID-19 疫情許多學校將開學典禮或畢業典禮等重要的年度活動改到線上，例如：加州大學柏克萊分校將校園搬到元宇宙

裡，在《當個創世神》中蓋了「Blockeley University」，並舉行了 2020 年的畢業典禮和二天的音樂祭，學生和教授透過遊戲中的虛擬身分參加活動與交流，每天還有直播活動 5 小時，也邀請貴賓以虛擬分身發表畢業演講，最後虛擬分身們一起將學士帽扔向天空，場面令人印象深刻。韓國順天鄉大學 2021 年新生入學也在元宇宙中舉行，學校將操場和校園搬到元宇宙，還將虛擬的大學棒球外套當作禮物送給虛擬分身們（崔亨旭，2021/2022）。

八、量子電腦（Quantum computer）

　　2019 年，IBM 展示了全球第一臺商用 20 量子位元的量子電腦 IBM Q System One（翁書婷、陳君毅、高敬原，2019）；10 月 Google 提出量子霸權（quantum supremacy）一詞，Google 稱其 54 量子位元處理器「懸鈴木」（Sycamore），能以 4 分鐘跑完當時最快超級電腦需要 2.5 天之計算（李建興，2020）。2020 年 12 月中國科學技術大學成功構建 76 個光子的量子電腦「九章」，在面對「高斯玻色取樣」（Gaussian Bose Sampling）算法時，只需要 200 秒就能迅速解決，比最快的超級電腦要快 100 萬億倍，而 Google 的量子電腦需在 $-273°C$ 的條件下運算，「九章」大部分的過程都只需在常溫下進行（胡僑華，2021 年 1 月 18 日）。2021 年 10 月構建 113 個光子的量子電腦「九章二號」，求解高斯玻色取樣數學問題，比九章快 100 億倍，比目前全球最快的超級計算機快 10 的 24 次方倍（億億億倍），「九章二號」1 毫秒可算出的問題，全球最快超級計算機需 30 萬億年（徐靖，2021；桂運安，2021）。IBM，最近發表全球首款超過 127 量子位元的量子晶片「Eagle」，2022 年底前推出 433 量子位元的量子晶片「Osprey」，2023 年打造出 1,121 量子位元的「Condor」（陳建鈞，2021）。

　　電子電腦採用粒子的看法，量子運算採用波動的看法，也就是說，電子電腦以 0、1 邏輯的分開運算，量子運算則保留 0、1 邏輯以聯集的形式同時存在於一個量子位元（國立臺灣大學，2018）。量子電腦的重點技術在於量子位元的設計，而量子位元的特色是「量子平行性」，也就是量子疊加與量子糾纏（王志洋、陳啟東，2021）。量子電腦，利用量子糾纏與疊加等物理現象，帶動量子力學的第二次革命，人類運算架構演進史，從真空管到量子電腦，體積變小、功能更強（參見表 20），量子電腦受限於運算環境或特定數學運算，至大量商用還有一段時間，初期以雲端運算方式提供服務（翁

表 20

人類運算架構演進史

年代	1940-1965	1956-1964	1964-1971	1971- 現在	將來
運算架構	第一代	第二代	第三代	第四代	第五代
代表元件	真空管	電晶體	積體電路	微處理器	量子電腦
特色	體積很大、速度很慢、價格昂貴	體積變小、速度提升、成本降低	體積非常小、速度更快速、成本極低、耗電量降低	功能更強，且元件的體積更加縮小	運算力強大，不過目前僅有量子電腦雛形

資料來源：**量子電腦是什麼？一文詳解讓 Google、Intel、IBM 與微軟都趨之若鶩的關鍵技術**，翁書婷、陳君毅、高敬原，2019，數位時代。https://www.bnext.com.tw/article/54171/quantum-computer-google-intel-ibm

書婷等人，2019）。一旦量子電腦的商用出現，勢必產生「新人工智慧」，並再度改寫智慧校園的規劃和運作模式。

　　量子電腦的出現，會產生比現有人工智慧強上萬倍的「新人工智慧」（林宏達，2020）。中國國務院（2017）即指出，量子智慧計算理論重點突破量子加速的機器學習方法，建立高性能計算與量子演算法混合模型，形成高效精確自主的量子人工智慧系統架構。2020 年 1 月，美國通過《國家量子計畫法》，由白宮直接領導，建立國家級的量子研究專案。目前商用量子電腦服務裡，IBM、Google、Intel、Honeywell、摩根大通集團都在發展量子電腦；中國緊追在後「BATH」（百度、阿里、騰訊、華為）都成立量子電腦部，阿里巴巴更投入 150 億元人民幣於 2023 年全方位啟動（林宏達，2020）。目前，可用來進行量子計算的系統包括超導體、半導體、光子或離子阱等量子位元系統，IBM 和 Google 即使用超導量子位元作為量子電腦的核心；中央研究院也是採用超導量子位元，並能製作超導量子位元、控制量子位元的狀態，以及具有操作並讀取量子位元的技術（王志洋、陳啟東，2021）。2021 年起，科技部、經濟部及中研院共同合作，未來 5 年將投入 80 億元，引導產、學、研界共同加入量子科技研發、建置產業合作平臺，並在臺南沙崙科學園區設立中研院量子科研基地，整合相關軟硬體及培育人才（行政院新聞傳播處，2021）。

第三節　AI 智慧校園的整體架構

　　AI 智慧校園的整體架構，根據相關研究（王運武和于長虹，2016；國家市場監督管理局、中國國家標準化管理委員會，2018；湯志民，2020c；蔣東興，2016 年 10 月 26 日；Dong et al., 2020; Jurva et al., 2020; The Digital Education Institute of Institute for Information Industry, 2019; Xu et al., 2019），可分為基礎設施層、感知平臺層、網路通訊層、支撐平臺層、應用平臺層、應用終端層、資訊標準與規範體系、資訊安全體系，茲分別要述如下：

一、基礎設施層

　　基礎設施層是智慧校園平臺的基礎設施保障，提供異構通訊網路、廣泛的物聯感智和海量資料匯集存儲，為智慧校園的各種應用提供基礎支持，為大數據挖掘、分析提供資料支撐，包括校園資訊化基礎設施、資料庫與伺服器等。

(一) 校園資訊化基礎設施

　　校園資訊化基礎設施包括網路基礎設施、教學環境基礎設施、教學資源基礎設施、辦公自動化基礎設施、校園服務基礎設施等。

(二) 資料庫與伺服器

　　資料庫與伺服器是智慧校園海量資料匯集存儲系統，配置管理資料庫、用戶資料庫、媒體資料庫等和與之相對應的應用伺服器、文件伺服器、資源伺服器等。

二、感知平臺層

　　感知平臺層主要感測器，包括無線射頻識別（RFID）、感測器網（WSN）、攝像頭（IP Cam）、全球定位系統（global positioning system, GPS）等，其功能在物與物的感知、人與物的感知，以及系統間資訊的即時感知、蒐集和傳遞等，實現對校園人員、設備、資源等資訊的環境感知。感

測器不僅可即時感知人員、設備、資源的相關資訊，還可感知學習者的個體特徵和學習情境。

三、網路通訊層

網路通訊層透過 3G、4G、5G、6G、WiFi、藍牙（Bluetooth）、低功耗區域網協定（ZigBee）等無線通訊技術，以及和網路位址（IPv4/IPv6），主要功能是實現移動網、物聯網、互聯網、校園網、視訊會議網等各類網路的互聯互通，讓校園中人與人、物與物、人與物之間的全面互聯、互通與互動，為隨時、隨地、隨需的各類應用提供高速、泛在的網路條件，從而增強資訊獲取和即時服務的能力。

四、支撐平臺層

支撐平臺層是智慧校園 AI、IoT、雲端運算、大數據、社交網路及其服務能力的核心層，為智慧校園的各類應用服務提供驅動和支撐，包括資料交換、資料處理、資料服務、支撐平臺和統一介面等功能單元。

(一) 資料交換單元，是在基礎設施層資料庫與伺服器的基礎上擴展已有的應用，包括資料存儲、資料匯聚與分類、資料抽取與資料推進等功能模組。

(二) 資料處理單元，包括資料挖掘、資料分析、資料融合和資料可視化等功能模組。

(三) 資料服務單元，包括資料安全服務、資料報表服務、資料共享服務等功能模組。

(四) 支撐平臺單元，包括統一身分認證、權限管理、選單管理和介面服務等功能模組。

(五) 統一介面單元，是智慧校園實現安全性、開放性、可管理性和可移植性的中間件，如應用程式介面（application programming interface, API）、瀏覽器／服務器模式（browser/server, B/S）介面、客戶／服務器模式（client/server, C/S）介面和個性化介面等。

五、應用平臺層

應用平臺層是智慧校園應用與服務的內容，在支撐平臺層的基礎上，構建智慧校園的應用服務系統，包括智慧教學、智慧學習、智慧行政、智慧管理和智慧生活，為師生員工及社會公眾提供無所不在的個性化與智慧化之應用服務。

六、應用終端層

應用終端層是接入存取的資訊門戶和智慧終端，資訊門戶是指教師、學生、家長、校友、管理者和社會公眾等用戶群體，存取者通過統一認證的平臺門戶，以智慧終端（各種瀏覽器及移動終端）安全存取，隨時隨地共享平臺服務和資源。智慧終端是指桌上型電腦、筆電、平板電腦、智慧手機、86吋觸控螢幕、穿戴設備、AR、VR、MR眼鏡、機器人、全息影像（holograms）的3D投影機等，用以接入存取獲取資源和服務。

七、資訊標準與規範體系

智慧校園資訊標準與規範體系，確定了資訊蒐集、資訊交換、資訊處理、資訊服務等歷程的標準和規範，規範了應用系統的數據結構，滿足資訊化建設的要求，為數據融合和服務融合奠定了基礎。

八、資訊安全體系

資訊安全體系是貫穿智慧校園總體框架的多層面安全保障系統，包括物理安全、網路安全、主機安全、應用安全和數據安全。具體要求如下：

(一) 物理安全

是指從校園網路的物理連接層面進行物理的隔離和保護，包含環境安全和設備安全等部分。

(二) 網路安全

按照資訊等級保護的原則，進行邏輯安全區域的劃分和防護，包含結構安全、存取控制、安全審計、邊界完整性檢查、入侵防範、惡意程式碼防護，以及網路設備要求等部分。

(三) 主機安全

資訊系統的電腦伺服器等，部署在安全的物理環境和網路環境。

(四) 應用安全

對智慧校園的各應用系統如科研系統、門戶網站、招生系統、校園一卡通系統、教務系統、財務系統等進行技術防護，以免受攻擊。

(五) 數據安全

數據安全包括多個層次，例如：制度安全、技術安全、運算安全、存儲安全、傳輸安全、產品和服務安全等。數據安全防護系統保障資料的保密性、完整性和可用性，按照資訊系統安全保護等級，具有對資料安全從三方面進行防護──對敏感性數據進行加密、保障數據傳輸安全和建立安全升級身分認證。

智慧校園的整體架構，參見圖 36。

圖 36
智慧校園的整體架構

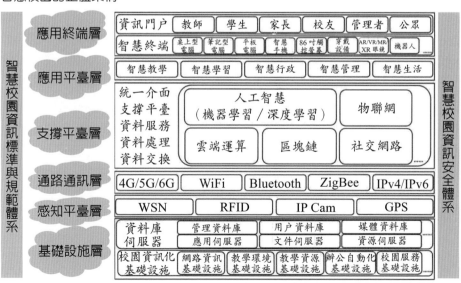

資料來源：修改自 AI 智慧校園的規劃與建置，湯志民，2020a。載於中華民國學校建築研究學會（主編），**建設 AI 智慧學校**（頁 21）。作者。

第四節　AI 智慧校園的應用系統

　　隨著科技的發展，人們的生活、工作和學習方式已發生巨大的變化。學習環境的變化以及對個性化和適應性學習的需求不斷增長，推動了教育領域的改革和發展。智慧校園作為智慧教育系統的高端形式，已經成為現實，並受到了愈來愈多的關注。智慧校園為市民創造了一個智慧的學習環境，使其成為智慧城市框架不可或缺的一部分（Dong et al., 2020）。智慧校園的應用系統，有許多研究（湯志民，2015；Muhamad, Kurniawan, Suhardi, & Yazid, 2017; The Digital Education Institute of Institute for Information Industry, 2019）都採用 EBTIC（2010）之觀點，包括智慧學習、智慧行政、智慧管理、智慧綠能、智慧社群、智慧保健。茲依校園教育主要功能，參考湯志民（2020c）之整合意見，將 AI 智慧校園的應用系統分為智慧教學、智慧學習、智慧行政、智慧管理、智慧生活，以下分別說明之。

一、智慧教學

　　智慧教學主要從教師的角度出發，提供教師的教學需求的應用系統。

　　教師在智慧教學環境下，充分利用各種先進的資訊化技術和資訊資源開展的教學活動。智慧教學系統與數位校園孤立的多媒體教學和數位化教學平臺相較，功能和組成有較大的拓展，涵蓋教學所有環節（教學計畫、教師配當、教室安排、編班、排課、備課、上課、課後互動、輔導答疑、協作學習、考試、作業提交批改、評教、聽課、教研活動等）、數據統計分析、資源按需獲取、教學效果評價、教學效果預測、資源分配管理和預測，定制的資訊傳送的掌上校園，以及大數據為基礎、以學習分析為手段的個性化教學。智慧教學系統能全程感知並記錄學生的學習時間、學習情境、學習狀態、學習效果、學習需求等，並轉化為大數據分析，據此為師生提供基於數據分析的學生評價和診斷結果（王運武和于長虹，2016），以協助教師對不同學生的學習能力和狀態，實施個別化教學或差異化教學。

　　智慧教學主要有教學資源、協同備課、即時授課／答疑、考試命題、專業研修、教學科研等資訊系統（王運武、于長虹，2016；國家市場監督管理局、中國國家標準化管理委員會，2018）：

(一) 教學資源

　　教學資源將教師電子教案、教材（本文、音視頻、PPT、動畫等）根據一定的要求和規則自動聚合為教學資源；教室自動錄播系統可以自動錄製和直播教學實況，並暫存或永久儲存，成為共享資源。主要包括資源製作、資源庫、資源應用等應用單元：(1) 資源製作包括即時生成資源（分類編目、上傳入庫）和課下加工製作資源兩個方面；資源加工製作，主要有：(A) 工具庫：根據教學設計需求，建立完備的編輯、加工的工具庫（圖庫、應用軟件庫等）；(B) 素材庫：根據教學設計需求，建立完備的素材庫（知識點文檔、音視頻資料、圖片等）；(C) 分類編目：能實現對加工製作資源的即時分類編目；(D) 上傳入庫：加工製作的資源具備同步上傳存入資源資料庫的條件。(2) 資源庫中的教學資源包括課件資源、課程資源和測試資源（試題、試卷）等。(3) 資源應用，主要是資源存取，具體要求如下：(A) 根據權限支持用戶在不同操作系統平臺，以及主流瀏覽器等進行存取管理，用戶無需安插件即可通過瀏覽器存取平臺的資源；(B) 具有移動端 APP 功能；(C) 開放權限，為用戶提供統一的檢索目錄，促進資源交易，提高資源流通效率；(D) 資源瀏覽、下載：根據權限，支持用戶對需求資源的實時瀏覽、下載支持視頻無插件播放。

(二) 協同備課

　　透過協同備課系統，教師可以實現跨學校、跨區域、跨文化協同備課，充分發揮集體智慧，利用教師之間的差異性形成的資源優勢，拓展教師的視野，提高教師教學能力。協同備課系統的主要功能：(1) 促進教師教學經驗交流，提升專業能力。(2) 深入研討教學準備、教學實施、教學鞏固、教學回饋、教學管理等各個教學環節，提高備課效果。(3) 深入挖掘教學隱性知識，分享優質教學資源、優質教案等，共創教學智慧。

(三) 即時授課 / 答疑

　　即時授課／答疑系統有利增強師生互動，增進線上學習師生情感。即時授課／答疑系統的主要功能：(1) 師生能進行即時視頻、音訊雙向交流。(2) 文件共享，師生可以方便地分享 Word、PPT、PDF、Photoshop、Flash 等

各種形式的文檔材料。(3) 具有電子白板功能，方便師生輸入文字、標準圖形、進行注解，以及錄製螢幕、錄製視頻的格式轉換。(4) 學生能夠舉手發言，自由組成協同學習小組，進行小組討論交流。(5) 教師能夠遠端控制，對參與即時交互教學的學生進行管理，可以對學生文件共享、螢幕共享、投票權、文字聊天、協同瀏覽等權限進行控制，也可以將教師的部分權限分配給某個學生，可以將學生「踢出」即時交互課堂。

(四) 考試命題

考試命題系統能夠幫助教師方便地完成命題、試卷分析、考試、試卷批閱、錯題分析、成績分析等業務流程，能夠有效降低教師的工作量。

(五) 專業研修

專業研修系統是促進教師專業發展的重要平臺，可以實現教師個人、學校、區域教學組織的知識管理，促進教師團隊合作、共建資源、可持續發展，形成教師發展共同體。智慧研修系統的主要功能：(1) 分享教師專業發展的政策文件、教師培訓通知、教師專業發展典型成功案例等。(2) 建立網路教師研修工作坊，能夠進行專題研修，開展線上培訓專案。(3) 彙聚教師研修資源，支持同課異構、觀課、磨課等，促進教師自主研修。(4) 支援主題討論、校本教研，創設自由交流研討環境。(5) 展示教師風采，記錄教師研修檔案。

(六) 教學科研

教學科研系統是對科研專案、科研成果和科研績效等全方位科研管理的智慧應用系統。智慧科研系統的主要功能：(1) 對科研人員、課題申報、審核、合同、課題過程等進行智慧化管理。(2) 統計課題、著作、論文、專利、獲獎、軟體著作權、標準等科研成果，並與期刊資料庫、專利資料等關聯，自動核實科研成果。(3) 自動甄別科研成果類別與層次，並依據科研成果對科研人員進行績效考核，形成績效考核報告。

二、智慧學習

　　智慧學習主要從學生的角度出發，提供教師的教學需求的應用系統。學生的學習不只正式的在教室，也有其他非正式的合作學習，正式的方式一般被視為被動的，但非正式的方式通常被視為主動的學習過程，非正式的學習是「拉引學習」（pull learning）而不是「填充學習」（push learning），這是很重要的。教師與學生不像以前一樣需同時間在同地方，課程及作業可以遙控傳送，教師可在遠方，可從公開分享的內容中選擇客製化課程，學生或教師的合作可以跨越學校，關懷學生系統可以分析、協助並注意學生的學習循環，智慧科技可以解決傳統學習障礙，像男女合校、跨文化或語言障礙，也有其他許多新的思考典範。智慧學習在整個智慧校園中居核心價值角色，可豐富並提高校園端對端教與學之價值鏈結（EBTIC, 2010）。

　　智慧學習主要有多元學習、數位圖書館、線上學習、個性化學習、無所不在的學習等資訊系統：

(一) 多元學習

　　包括整體式 e 化學習、學生照顧協作系統、即時遠距學習、使用者需求課程和評量、互動式跨校演講和線上教材、客製化課程方案、學生學習徑路分析和其他電子資源等。

(二) 數位圖書館

　　讓師生員工能夠根據權限在數位化圖書、期刊的線上檢索、瀏覽、下載，並能依權限存取查閱或下載館藏的相關檔案和資料。

(三) 線上學習

　　包括支持線上課程、現場直播及互動反饋等，具體要求如下：(1) 線上課程：支持 MOOCs 大規模線上課程和 SPOC 小規模限制性線上課程應用模式等；(2) 現場直播：即時生成資源支持網路或現場同步直播；(3) 互動反饋：支持線上討論、輔導、答疑和相互評價（國家市場監督管理局、中國國家標準化管理委員會，2018；EBTIC, 2010）。

(四) 個性化學習

運用 AI 的個性化的自適應學習平臺，可識別任何學習生態系統中的局部多樣性，擺脫「通用模塊指南」（one module guide for all）的傳統的模式，以數據集，分析和了解個人需求，提供適合學生需求和學習進度的內容之個性化學習（personalised learning），並可依據每一特定學生的學習風格和進度自動調整運作（Seering, 2018）。

(五) 無所不在的學習

無所不在的學習服務是根據學生的現時知識、學習記錄和學習偏好，從全球共享平臺中挖掘最合適的學習材料，並自動傳送到學生的移動終端設備（如智慧手機、平板電腦、筆電等），為學生創造了一個 4A（任何人、任何時間、任何地點，任何設備）無學習障礙的環境，真正實現了在「生活中學習」（learning in life）（Dong et al., 2020）。

三、智慧行政

智慧行政主要從管理者的角度出發，提供管理者的行政業務需求之應用系統。現在的學校行政不再像以前那樣單純，常會牽涉到許多利害關係人。智慧行政包括校務行政、歷程能見度、調適性、自我裝配能力、自動預設和報告等，可以檢視、分析、有效進行並追蹤端對端的學校行政過程，以提升行政業務效率與效能（EBTIC, 2010）。尤其是，整合大數據資料，建立教師、學生、學校、教學設備等之分析決策模型，可有效提升教育決策效能。智慧視訊會議結合虛擬實境、移動通訊技術等，讓身處異地的人們可即時、可視、交互、智慧的身臨其境參與會議，並可錄製、點播，也節省大量出差經費（王運武、于長虹，2016）。

智慧行政包括學校各行政部門的協同辦公系統、人力資源管理、教學管理、科研管理、資產管理、財務管理等辦公自動化資訊系統（國家市場監督管理局、中國國家標準化管理委員會，2018）：

(一) 協同辦公系統

是智慧校園的新型辦公方式，系統具有收發文管理、會議管理、日誌管

理、校務要報、視頻點播、網上業務處理等多種功能模組，並具備與人事管理、學生管理、財務管理、資產管理、教學管理、科研管理等模組鏈接和導航功能。

(二) 人力資源管理系統

統籌管理校內教職員工的就職、在校、離職、退休等，以及學生的入校、在校、畢業等過程，並建立教職員工生的基本（如姓名、年齡、性別、學歷、社會關係等）和動態〔如工作（學習）履歷、任職和升遷、學習軌跡、榮譽和獎勵等〕資訊，系統具有自動生成各類表格和基於內容的查詢功能。

(三) 教學管理系統

包括教師和學生的個人資訊、教學設計、學習計畫、線上註冊、備忘錄等功能模組。其中，個人資訊具備從人力資源系統導入教師和學生的檔案功能；教學設計具備教師資源導入、線上備課、線上輔導、線上組卷、線上評價等功能；學習計畫具備學生資源導人、網上學習、線上答疑、線上評價等功能；備忘錄具備重大事項、重要通知、課程安排等動態資訊提醒和變更等功能。此外，在教務管理上，應具備教務公告、課程資訊（如新開課申報、開課資訊）、教學過程（如電子課表、考試安排、成績登錄、公開課資訊、教學評量、教學建議）、教室資源（如教室預約）、表格下載與資料統計等功能模組。

(四) 科研管理系統

包括科研公告、科研人員基本資訊、項目管理、成果管理、論文管理、獎勵管理、保密管理和表格下載與報表數據統計等應用單元。

(五) 資產管理系統

包括設備、家具、圖書資產、實驗室管理、房屋資產管理。其中，實驗室管理包括實驗室開放基金申請、實驗室安全標識系統、儀器共享服務平臺、實驗室資訊統計上報等功能模組。房屋資產管理，涵蓋全校房屋資產從計畫、審核、招標、使用、維護及分配之所有過程。

(六) 財務管理系統

包括個人收入查詢、匯款查詢、項目經費查詢、校園卡查詢、公積金查詢、納稅申報查詢、銀行代發查詢、工資查詢、統一銀行代發、自助報帳等功能模組。

基本上，智慧行政之建置，國中小應不低於基礎型，高中職不低於拓展型，大專院校不低於高級型。智慧行政的分級及業務內容，參見表21。

表 21
智慧行政的分級及業務內容

業務內容	基礎型（1級）	拓展型（2級）	高級型（3級）
協同辦公系統	必選	必選	必選
人力資源系統	可選	可選	必選
教學管理系統	可選	必選	必選
科研管理系統	—	必選	必選
資產管理系統	可選	可選	必選
財務管理系統	可選	必選	必選

資料來源：**智慧校園總體框架**（第 11 頁），國家市場監督管理局、中國國家標準化管理委員會，2018，中國標準出版社。

四、智慧管理

智慧管理主要從管理者的角度出發，提供管理者對建築、人員安全、效能管控需求之應用系統。智慧管理主要有建築安全管理、校園安全管理和建築節能管理等資訊系統：

(一) 建築效能管理

包括集中式建築管理和維護、自動化緊急系統、自動化逃生系統、保全權限和控制等。例如：整合建築管理系統以追蹤控制暖氣、冷氣系統；中央維持系統可以在設備故障的時候自動警戒、找出錯誤或自我復原；智慧燈光

系統可以讓講堂或教室的燈自動開關或變暗；智慧安全監測像是火災警示系統可以啟動火災警戒網路，把安全門打開並指引人們到最近的出口。智慧安全監控能夠提供智慧辨識，透過螢幕自動監控或分析，追蹤並跟蹤不尋常的活動（EBTIC, 2010）。

(二) 校園安全管理

　　新型設備和強大的分析功能，包括人工智慧（AI）和機器學習，將攝影機與可以檢測聲音、溫度、振動、化學物質等的傳感器結合，從被動數據蒐集器轉變為智慧觀察器，能夠識別和警告潛在問題的安全性，並在事件發生時提供即時洞察力，並幫助確定模式以主動阻止和預防問題（Lack, 2020）。校園安全管理包括校園安全教育、校園監控、運維保障服務、個別安全服務等：

1. 校園安全教育，具備師生員工線上學習安全知識學習、點播相關安全節目和線上接受安全培訓等功能。
2. 校園監控，要建立校園重要區域、重點部位全覆蓋的音視頻或視頻監控系統及視覺化報警系統，具備即時的人員預警管控、車輛預警管控、應急指揮及應急方案等功能。
3. 運維保障服務，採用線上遠端監控和現場巡視相結合的日常安全巡視服務，並對學校重大活動、重要會議的提供現場技術保障，以及基於監控系統設備感知的智能報警、智能監測和現場巡視的故障排除條件，還有設施維備保養服務等（國家市場監督管理局、中國國家標準化管理委員會，2018）。
4. 個別安全服務，「護航無人機」（escort drones）陪伴學生和教職員工從一個地點到另一個地點（Lack, 2020），如晚上從辦公室或教室護送回宿舍。

(三) 建築節能管理

　　因應全球暖化和氣候變遷，建置「綠色校園」、「永續校園」、「智慧能源校園」或「再生能源校園」，是新世紀持續至今的當即之務。建築節能管理包括節能資訊通訊技術和永續性、智能能源保存、智慧感知器管理系統、被動式和主動式設計等（EBTIC, 2010）。主要目標就是減少校園環境

中碳的排放，增加校園建築的能源效率。具體做法，如當前能源用量統計、各區域／建築當前能源用量統計、累計（日／週／月／年）能源用量統計分析、學校再生能源統計分析、需量控制系統、契約容量管理系統、雲端耗能監控、ICT 設備能耗管理、環境監控系統、環境異常警示、節能分析改善、太陽能監控系統、建築物能源管理系統（暖氣和空調、照明、電力設備等監控和自動化）等（湯志民，2015；AbuAlnaaj, Ahmed, & Saboor, 2020）。

五、智慧生活

　　智慧管理主要從教職員生的角度出發，提供校內生活服務需求之應用系統。教職員工和學生是校園活動的主體，在學校除了教學、學習、研究和工作之外，更重要的是生活。智慧校園提供教職員工生在校園日常生活中的用水、用電、食宿、交通、資訊查詢、圖書借閱、醫療健康等應用服務，並力求建置便利性、人性化、智慧化的友善生活環境。例如：北京大學軟件與微電子學院同學從錄取那一刻起，就已通過微信校園卡與校園中的全線資源設備聯繫在一起；錄取通知書的發放、入學報到、宿舍選擇等環節通過點擊手機就可實現；餐卡、水卡、電卡等各類費用的支付，均可通過電子支付來完成；答辯安排、學分審核、預定實驗室、宿舍門禁管理系統等，也可以通過微信輕鬆實現（韓元佳，2018 年 4 月 18 日）。

　　智慧生活主要有校園一卡通或一臉通、家校互聯、迎新系統、社群網絡、文化生活、健康保健、個性化服務、虛擬校園服務等資訊系統（王運武、于長虹，2016；國家市場監督管理局、中國國家標準化管理委員會，2018；鋒之雲科技，2020；Dong et al., 2020; EBTIC, 2010）。

(一) 校園一卡通或一臉通

　　具備身分認證、考勤、門禁、圖書借閱，以及提款、交通、停車、書店、置物櫃、自助餐廳、販賣機等消費等功能，為師生員工提供個人識別、公共資訊、財務管理、消費監控之管理服務。

(二) 家校互聯

　　適用於中小學，學生家長能夠便捷地線上了解學生在校軌跡紀錄，並具備家校互聯服務和互動資訊資料紀錄保存等功能。

(三) 迎新系統

具備對學生報到的業務流程進行全方位管理和服務，幫助了解學校的基本情況儘快適應學校生活，協助學生自助完成繳費、住宿、辦理校園卡等功能。

(四) 社群網絡

社群網絡和通訊、班級網頁、資訊分享、工作協作、社群在地化等功能。

(五) 文化生活

具備提供線上娛樂系統及服務等功能。

(六) 健康保健

連結校內外健康網路，具備健康成長履歷、健康監測、社交測量、校園傷病管理、疾病史管理（平時病假統計與分析、特殊疾病紀錄與管理）、預防性照護、遠距照護系統、中央電子保健紀錄、早期流行病通知、團膳管理（各校食材登錄與管理）等功能。

(七) 個性化服務

具備線上諮詢、線上求助和線上訂購等功能。

(八) 虛擬校園服務

具備校園展示功能，可快速放大、縮小並圖文並茂全方位三維立體展示局部或校園全景；還有校園導航功能，可通過搜尋引擎快速查詢校園配置設計、交通動線、教學及生活環境、建築物內外情景和人文景觀，並定位展示相應目標的路線導引。

新世紀伊始，臺灣的中小學校園班班有電腦還只寫在白皮書中，不到20 年的時間，班班有電腦已成了教室的基本配備，86 吋觸控式螢幕已開始成為大學和中小學教室的新配備。近幾年，5G、IoT、AR／VR／MR、

AI、雲端運算、區塊鏈和量子電腦等智慧科技快速崛起，使校園環境與設施更具智慧化、人性化和永續性，朝向 AI 智慧校園大步邁進。AI 智慧校園在全世界的大學校院中快速發展，對中小學也逐漸顯現革命性的發展趨向，虛實相應、轉換、互動、融合的校園環境，更立體、更溫馨、更有趣而令人期待。2045 年是 AI 的技術奇點，未來量子電腦的商用化、6G 的發展和元宇宙（metaverse）的開創，將使 AI 智慧校園科幻式的實現！

　　科技走得愈快，愈要有人文關懷，AI 智慧校園的建置，要以人為核心，以教育、生活和學習為主體。AI 智慧校園的建構與推展，還有漫漫長路，智慧校園與智慧城市的整合、資訊專業推動團隊的組成、軟硬體系統的盤整、智慧教學／學習的推展、智慧科技創新人才的培育、校園環境和設施的投資、智慧科技設備的建置、資訊標準的規範，尤其是資訊安全的維護和保障，每一環節，都是挑戰，克服重重挑戰，才能邁向人類發展史的新里程碑，呈現教育設施前所未有的風貌！

第 **10** 章　學校建築新展望

我們的學校美麗而令人驚嘆，但建築正在經歷重新設計，學校建築設計應反映出符合我們 21 世紀思想家、創新者和領導者的需求。
（Our schools are beautiful and stunning, but architecture is going through a redesign, and school architecture should mirror that design to match the needs of our 21st century thinkers, innovators and leaders.）

〜 Chicago Mayor Rahm Emanuel, 2015

　　21 世紀學生所需之技能，以分析推理、複雜的問題解決、團隊工作最為重要；這些技能不同於傳統的學科能力，學校設計也應有相應之教育實用性。因此，許多國際案例開創「新的教學和學習取向」，並要求「新設計」能支持新教育願景。例如：美國 21 世紀學校基金、加州大學伯克萊分校城市＋學校中心、全國學校設施委員會及美國綠色學校中心，於 2016 年共同啟動了「PK-12 基礎設施初步規劃」（Planning for PK-12 Infrastructure Initiative, P4si Initiative），P4si 計畫的目標：加快改革和改進 PK-12 基礎設施系統的努力，為所有孩子提供健康、安全、教育適宜、環境永續，以及社區共享的公立學校建築和場地（Filardo & Vincent, 2017）。由歐洲 10 國教育部參與指導的歐洲學校網盟互動工作小組（European Schoolnet Interactive Classroom Working Group），2012 年提出未來教室實驗室（the future classroom lab, FCL）為學生提供彈性學習空間，以支持 21 世紀的教學（Bannister, 2017）。芬蘭因應 2016 年的國家新課程，正進行一波學校新建和整修，這些新建和整修學校的設計，併入開放計畫學習空間。澳洲「構築教育改革」（the Building the Education Revolution）方案，投資澳幣 162 億元用以興建或更新所有小學轉型為新「學習空間」並執行「彈性學習」教學法，使之成為 21 世紀的學習空間（Harrison & Hutton, 2014; Victoria Department of Education and Early Childhood Development, 2013）。紐西蘭

為 21 世紀學習者，提供彈性的現代化學習環境，能激勵學校思考教學的創意，以及在正式環境之外讓學生能獨立或跨班使用之休憩空間（Daniels, Tse, Stables, & Cox, 2019）。

臺灣的學校建築經歷 60 年的發展，大致而言，從 1960 年代重視「工程」的標準化建築和安全，逐漸進入強調造形創新和人文關懷，為學校建築「工程」注入新生命力；新世紀伊始，挹注更多永續、活化、美學、性別、科技、優質的概念，再為學校建築「工程」融入更多教育意涵；近 10 年，因應數位科技、經濟發展和社會急遽變遷，學校建築逐漸邁向動態、虛擬、複合的校園建置和經營型態，也面臨更大的挑戰（湯志民，2018d）。展望未來，學校建築與校園規劃如何契合教育需求，以資永續發展？以下就未來的教育挑戰和目標、學校建築的發展方向、學校建築的未來展望，分別探究，以供未來學校規劃之參考。

第一節　未來的教育挑戰和目標

「未來」（future）是將到而尚未到的時間，也是一種期待的情境，尤其是對成長、進展和發展的關切（The American Heritage Dictionaries, 2011）。OECD（2014）認為「未來思考」（futures thinking）是在反映下一個 10、15、20 或更多年的基本的變遷（fundamental change）；未來本是不可預測的，但教育決策者和管理者，需要計畫並將未來列入考量。

一、面對世界變遷和教育的挑戰

經濟合作暨發展組織（The Organisation for Economic Co-operation and Development, OECD, 2018）指出，社會正迅速而深刻地變化，面對瞬息萬變的世界有三項挑戰：

(一) 環境

氣候變遷和自然資源的枯竭，需要緊急行動和適應。

(二) 經濟

科學知識正在創造新的機會和解決方案，可以豐富我們的生活，同時在各個領域推動顛覆性的變革浪潮，現在是創建新的經濟、社會和制度模式，以追求所有人更美好生活的時候。然而，前所未有的科學技術創新，尤其是生物技術和人工智慧領域，正在引發關於人類是什麼的基本問題。其次，地方、國家和區域層面的金融相互依存，創造了全球價值鏈和共享經濟，但也普遍存在不確定性並面臨經濟風險和危機。大規模創建、使用和共享的數據，在擴增和提高效率的同時，也帶來了網絡安全和隱私保護的新問題。

(三) 社交

例如：隨著全球人口持續增長，移民、城市化以及日益增加的社會和文化多樣性正在重塑國家和社群。其次，世界大部分地區，生活水平和生活機會的不平等正在擴大，而經常與民粹主義政治交織在一起的衝突，以及戰爭和恐怖主義的威脅，也正在升級。

這些全球趨勢在未來幾十年內都會影響個人生活，面對日益動盪、不確定、複雜和模棱兩可的世界，教育可以改變人們接受所面臨的挑戰。而面對未來，教育仍有待克服之挑戰。OECD（2018）在不同國家與許多利害關係開展的工作中，界定了 2030 年教育的五個共同挑戰：

(一) 面對家長、大學和雇主的需求和要求，學校正在面臨課程超載（curriculum overload）。因此，學生往往沒有足夠的時間來掌握關鍵的學科概念，或者去培養友誼、睡覺和運動以平衡生活。該是將我們學生的注意力從「更多的學習時間」轉移到「優質的學習時間」（quality learning time）的時候了。

(二) 課程改革在認可、決策、實施和影響之間存在時間差。課程意圖與學習成果之間的差距通常太大。

(三) 學生要參與學習並獲得更深的理解，必須有高品質的內容。

(四) 課程在創新的同時要保證公平；所有學生，而不僅是少數人，都必須受益於社會、經濟和科技的變革。

(五) 仔細規劃和校準對改革的有效實施，至關重要。

二、2030 年的教育目標

面對全球環境、經濟、社交和教育的挑戰，OECD（2018）指出，應有更廣泛的教育目標：個人和集體福祉（individual and collective well-being）。在21世紀，「福祉」不只是物質資源的獲取，如收入和財富、工作和薪資以及住房；還包括生活品質，如健康、公民參與、社會連結、教育、安全、生活滿意度和環境。教育在發展知識、技能、態度和價值觀方面發揮著至關重要的作用，使人們能夠為包容性和永續性的未來做出貢獻並從中受益。教育的目標不僅是讓年輕人為工作做好準備，也要讓學生具備公民參與、主動和負責的技能。

OECD（2018）提出 2030 年學習架構（Learning Framework 2030）（參見圖37）為教育系統的未來提供了願景和一些基礎原則。學習框架背後的概念是「共同代理」（co-agency），這是一種互動的、相互支持的關係，幫助學習者朝著他們的重要目標前進，在此不僅是學生，還有教師、學校管理者、家長和社區，每個人都是學習者。特別是有兩個因素可以幫助學習者啟用代理。第一個是個性化的學習環境，支持和激勵每位學生培養自己的熱情，將不同的學習體驗和機會聯繫起來，並與他人合作設計自己的學習項目和過程。第二是建立堅實的基礎：閱讀和計算仍至關重要。在數位轉型時代，隨著大數據的到來，數位素養和數據素養變得愈來愈重要，身體健康和心理健康也是如此。為未來做好最充分準備的學生是變革推動者，他們可以對周圍的環境產生積極的影響，影響未來，了解他人的意圖、行動和感受，並預期他們所做事情的短期和長期之結果。

為未來做好準備的學生需要的「素養」（competencies）是透過反思、期望和行動來運用知識、技能、態度和價值觀，以培養與世界接觸所需相互關聯的能力。學生所需廣泛和專業的「知識」，包括「學科知識」、「跨學科知識」、「認識知識」（epistemic knowledge）——能知道如何像數學家、歷史學家或科學家一樣思考，以及「程序知識」（procedural knowledge）——理解事情是如何完成和製作的。學生在未知和不斷變化的環境中應用知識，為此需要廣泛的「技能」，包括「認知和後設認知技能」（cognitive and meta-cognitive skills）——如批判性思考、創造性思考、學習如何學和自我調節，「社交和情感技能」（social and emotional skills）——如同理心、自我效能和協作，以及「身體和實踐技能」

（physical and practical skills）——如使用新的資訊和通訊技術設備。「態度和價值觀」——如動機、信任、對多樣性的尊重和美德，將調節這種更廣泛的知識和技能的使用。雖然，人類生活因不同文化觀點和個性特徵所產生的價值觀和態度的多樣性而豐富，但仍有一些人類價值觀（例如：尊重生命、人類尊嚴、尊重環境等）是不可妥協的（OECD, 2018）。

　　如果學生要在生活的各個方面發揮積極作用，他們將需要在各種環境中穿越不確定性：時間（過去、現在、未來）、社會空間（家庭、社區、地區、國家和世界）和數位空間。同時，還需要與自然世界接觸，欣賞它的脆弱、複雜和價值。

　　OECD所建立的核心素養（key competencies）在2030年學習架構中以「轉型素養」（transformative competencies）來界定三個進階素養：創造新價值、調和緊張和困境（reconciling tensions and dilemmas）、負責任。因此，2030年的教育目標，將使學生具有改造社會和塑造未來的素養（OECD, 2018）。

圖37
OECD 2030 **學習架構**

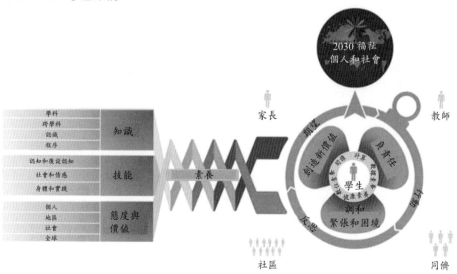

資料來源：*The future of education and skills: Education 2030, by* The Organisation for Economic Co-operation and Development [OECD](2018). https://www.oecd.org/education/2030/E2030%20Position%20Paper%20(05.04.2018).pdf

第二節 學校建築的發展方向

學校建築的發展方向可從學校建築新政策的推展、臺灣學校建築的發展脈絡等二方面，分別探究。

一、學校建築新政策的推展

臺灣學校建築新政策的推展受教育和建築新觀念與研究的影響，也是學校建築發展脈絡的推進動力。學校建築新政策的推展，最重要的基礎在於學校建築設施設備基準的研訂，如《幼兒園及其分班基本設施設備標準》（2019）、《國民小學及國民中學設施設備基準》（2019）、《普通型高級中等學校設備基準》（2019）、《高級中等以下學校及其分校分部設立變更停辦辦法》（2019）、《職業學校群科課程暫行設備標準》（2005）、《專科以上學校及其分校分部專科部技術型高級中等學校部設立變更停辦辦法》（2019）等，對校地選擇、校地配置、校舍建築、普通教室、運動場地、學校庭園和附屬設施等之空間和設備或校舍樓地板面積，皆有原則性或具體之規定，為臺灣學校建築的發展，奠立基礎。

教育部自1970年起，推展許多學校空間的新政策，例如：訂定多期「發展與改進國民教育計畫」，改善國中小的各項教學設施。1993年起更大幅調整國民教育經費的補助額度，至2000年每年投資100-200多億元（教育部，2009a）；1996年起推動「教育優先區計畫」，以改善文化不利地區教育條件；1998-2007年推動「降低國民中小學班級學生人數計畫」，補助地方政府降低班級學生人數所需的硬體建築。

1999年921震災，重創中投地區學校，教育部繼而推展「新校園運動」，南投縣重建學校以「最美麗的校園在南投」作收。此後，新校園運動的精神，成為臺灣校園建築規劃的一股清流與重要支柱。

2006-2008年，教育部「國民中小學老舊校舍整建計畫」，補助172億元整建（以拆除重建為主）356校，7,615間教室；2009-2012年，教育部「加速國中小老舊校舍及相關設備補強整建計畫」，補助國中小老舊校舍拆除重建228校，4,576間教室（100億元）和耐震補強931棟（116億元）計216億元（教育部，2009a）。2013-2014年編列國中小老舊危險校舍及充實設

備經費 6.2 億元，國中小校舍耐震補強經費 36.8 億元（教育部教育經費分配審議委員會，2013）。2009-2019 年完成 Is 值 80 以下校舍耐震能力改善，2020-2022 年「公立高級中等以下學校校舍耐震能力改善計畫」，計 166.42 億元，以改善 Is 值 80-100 校舍之耐震能力（教育部，2019b），預計至 2022 年底，高級中等以下學校 Is 值 80-100 之校舍耐震能力皆可達耐震標準（教育部，2021b）。

　　行政院（2001）於「8100 臺灣啟動」計畫中，投資 3 億元推動綠建築方案，進行永續校園改造推廣第一期計畫。2002 年，教育部開始推行永續校園計畫，2003 年發布《教育部補助永續校園局部改造計畫作業要點》，2002-2013 年，永續校園局部改造計畫計補助個別案 349 校、整合案 527 校、獎勵案 33 校、示範案 17 校、推廣案 3 校、永續大學 24 校；2014 年核定補助個別案 50 校、整合案 14 校（教育部，2014a）。2018 年更名為《教育部補助永續循環校園探索及示範計畫作業要點》，其中示範計畫，每校補助上限為 610 萬元（包括先期規劃費、資本門經費），示範主題主要有五項：(1) 能源循環最佳化主題：包括節約能源措施與作為、再生能源應用、智慧電力系統與調控、因地制宜最佳化調控模式等。(2) 資源循環主題：包括資源及材料回收再利用、再生材之透水鋪面應用、雨水再生水利用、洗滌用中水再利用、自然淨化水循環處理、省水器材等。(3) 基地永續對應主題：包括校園微氣候調適、鋪面降溫處理、校園通風路徑創造與確保、地表土壤改良、親和性圍籬、多層次生態綠化、環境防災對應調適（兼防災調節儲存池）等。(4) 生態循環主題：包括校園植被循環與土壤循環、落葉與廚餘堆肥、食農教育場域（可結合社區農業為佳）、確保校園與社區之生物鏈。(5) 健康建築主題：包括採用健康建材與自然素材、室內環境改善（採用可更換易維修保養者為佳）、教室節能降溫與微氣候控制課題（教育部補助永續循環校園探索及示範計畫作業要點，2019）。

　　2003 年，教育部頒布「國民中小學閒置校舍活化再利用示範計畫」；2006 年起，教育部每年研訂「推動國民中小學校舍空間活化利用與發展特色學校計畫」，2007-2011 年總補助經費約計 2 億 4,000 萬元（林志成、陳新平、邱富源、李宜樺和童柏捷，2014）；2013 年教育部國民及學前教育署續推動「國民中小學營造空間美學與發展特色學校」等計畫，至 2013 年 9 月，整併校後之閒置校舍空間已活化 185 校，國中小空餘教室已活化國

小 6,585 間，國中 2,323 間（教育部，2014b）。教育部國民及學前教育署（2019c）修正公布「公立國民中學及國民小學校園（舍）空間多元活化注意事項」，校園（舍）空間活化應注意文教公益為先、校園（舍）安全為要、資訊公開透明、簽訂行政契約、兼顧多元需求、社區參與對話和落實永續發展等原則。校園（舍）空間活化之用途，包括：(1) 幼兒園；(2) 實驗教育機構；(3) 社會教育機構；(4) 社區大學；(5) 休閒運動設施；(6) 社會福利設施；(7) 觀光服務設施；(8) 藝文展演場所；(9) 產業發展機構；(10) 社區集會場所；(11) 一般辦公處所；(12) 校外宿舍；(13) 校內非教學目的設施等。例如：位處偏僻的竹崎國小文光分班廢校後，嘉義縣政府於 102 年爭取台塑企業認養，103 年完成興建文光國際英語村並正式啟用，安排全縣 5 年級學生進行 5 天 4 夜英語教學，並將該英語村教室變身成機場出入境、候機室、CHECK IN 報到櫃檯、行李托運及安檢動線、商務艙及餐車等情境教室，讓學生可以身歷其境，引發自主學習的動機，透過外籍教師和學生的接觸交流，以及主題式教學內容，讓學生自然而然開口說英語，建立國際觀（教育部，2021c）。

2003 年起，教育部訂定《教育部補助改善無障礙校園環境原則》，補助各直轄市和縣市政府，以及所屬大學校院、國私立高中職（含特殊學校），改善無障礙建築設施及設備（教育部，2011），2009-2011 年教育部依內政部《建築物無障礙設施設計規範》，補助國私立高中職 721 校次計 6 億元，以落實提供無障礙校園環境（林純真，2012），2013-2014 年教育部補助大專校院改善無障礙校園環境計 1.5 億元，補助中小學改善無障礙校園環境計 3.1 億元（教育部教育經費分配審議委員會，2013）。依《教育部國民及學前教育署補助改善無障礙校園環境原則》（2021）之規定，補助中小學、特教學校和幼兒園，設置無障礙昇降機（每座最高新臺幣 400 萬元），其他無障礙設施，每校最高以補助新臺幣 200 萬元為原則。

2004 年《性別平等教育法》通過後，教育部函文各大學就女子更衣室等設施納入考量，以提高女子運動需求（教育部，2010a）。2006 年編印《友善吧！校園：國民中小學友善校園評估手冊》（殷寶寧，2006），建構人身安全空間指標，以達到友善空間之目的；2009 年編印《無性別偏見的校園空間手冊》（畢恆達，2009）。2010 年，教育部公布《性別平等教育白皮書》，期能促進性別地位之實質平等，厚植並建立性別平等之教育資源

與環境，以及建立民主、平等、正義及友善之教育環境；性別平等教育空間
與資源之政策目標為「充實並整合資源，打造安全與友善校園」，重視提升
校園空間之安全性與管理機制，並建立安全、健康、重視差異需求、社區關
係、無障礙、無性別偏見的校園環境（教育部，2010a）。此外，依《性別
平等教育法》（2018）之規定，學校應提供性別平等之學習環境，尊重及考
量學生與教職員工之不同性別、性別特質、性別認同或性傾向，並建立安全
之校園空間。

　　2009 年，全臺灣的國中小電腦教室完成設備更新，並達到班班可上
網，以及完成國中小「多功能 e 化數位教室」和「多功能 e 化專科教室」之
建置，2010 年提出《2010 創造公平數位機會白皮書》，積極增建與擴充學
校資訊科技，建置數位學習環境（教育部，2009b、2010b）。2011 年，教
育部進一步推出「教育雲」計畫，使臺灣的數位學習進入雲端時代。2016
年，教育部「教育雲：校園數位學習普及服務計畫」（2017-2020），投資
新臺幣 5.1 億元，建置雲端計算整合平臺、終身教育 ID、教育資源匯集、普
及雲端服務、巨量資料分析環境、個人化資料服務（教育部，2016）。為達
「建構下世代的智慧學習環境」之願景，教育部（2018）「建置校園智慧網
路計畫」在 2017-2020 年計投資 26 億元，辦理高級中等以下學校校園內主
幹網路提升為光纖線路，建置教室間網路連接，強化可支援行動學習之無線
網路存取覆蓋率。至 2020 年，建置中小學校園智慧網路環境，提升校內主
幹網路為光纖線路之比率達 95%；提升國中小每班教室網路速度為具高可用
性的有線網路接取點及無線網路接取點，且頻寬具 Giga 介接能力之比率達
95%；公立高級中等學校光纖到校頻寬 100Mbps 以上之比率達 99%；中小
學累計完成 54,493 間智慧教室資訊設備之建置（教育部，2021b、2021d）。

　　2013 年，教育部提出「美感教育中長程計畫：第一期五年計畫（103 年
至 107 年）」，擬投資 41 億 9,854 萬 5,000 元，其中與校園建築有關者，
包括「創造美感環境，推廣生活美學」之發展策略，以及「補助中小學辦理
校園美感環境再造計畫，發展特色學校」之行動方案（教育部，2013）。教
育部師資培育及藝術教育司（2020）的「高級中等以下學校校園美感環境再
造計畫」，協助中小學推展：(1) 校園空間美學：學校特色與區域歷史文化
鏈結、校園空間美學與學校文化色彩規劃、校園景觀與環境行為改善、歷史
空間改造與再生等面向。(2) 校園生態美學：生態資源循環系統營造、社區

生態美感建構、生態場域學習載具設置等面向。(3) 校園美感教育課程：校園生態美學教育、校園歷史文化空間教育、配合校園美感環境改造過程相關配套課程規劃。(4) 校園與社區美學：校園美學與社區環境營造、學校與社區及社群互動關係、建構區域重要教育場域。教育部師資培育及藝術教育司（2019）的「學美‧美學——校園美感設計實踐計畫」，更與財團法人臺灣設計創意中心合作，將「設計思考」（design thinking）理念帶入校園，協助中小學改造裝置藝術、圖書館，以及創意設計走廊、指標系統、營養午餐餐具等，讓「美學」融入校園生活情境中。

此外，臺北市推動優質化工程，2005-2010 年整體改善高中職和國中小學 69 校，計投資新臺幣 30 億 6,000 萬元（康宗虎，2009）；2005 年，臺北市推動優質校園營造，2016 年配合設計之都推動「校園角落美學」。新北市政府教育局推展活化校園，特色學校和卓越學校，宜蘭縣中小學轉型樹立臺灣的典範，基隆市政府教育處推展創意空間和優質校園，南投縣和臺中市 921 地震校園重建推動新校園運動，嘉義縣、臺南市、高雄市也相繼推動校園空間美學和好旺角等，使校園環境品質和教育效能大幅提升。

上述教育部局處，所推展的校園環境政策，主要為改善教學設施、推展新校園運動、老舊校舍整建、耐震補強、永續校園、閒置空間再利用、無障礙設施、性別平等空間、資訊科技、空間美學、優質校園營造等，有助於落實安全、精緻、耐震、永續、活化和再利用、友善、智慧、美學的學校建築新理念。這些學校建築新政策之推動，促使臺灣學校建築與空間，朝向新世紀的優質校園大步邁進。

二、臺灣學校建築的發展脈絡

學校是教育的空間，學校建築是支持與實踐教育的場域。學校建築與校園規劃會隨著時代的進展、社會的變遷、經濟的發展、教育革新理念，以及學校建築研究和新政策的推動，逐步轉型與發展。臺灣學校建築的發展脈絡，參考湯志民（2012c、2018d）之分析，以每 10 年做一分段重點說明：

(一)1960 年代標準化校舍的興建

1960 年代，國中校舍是標準化設計的代表，以 1968 年校舍「波浪式屋

頂」和「標準圖」（十種）為其特色，波浪式屋頂象徵「倫理、民主與科學」、「九年國民教育」、「成為一個活活潑潑的好學生」。而今大多數波浪式屋頂校舍，因年久失修，並因應新校舍興建，大都拆除重建，僅有少數保存完好仍在使用，例如：宜蘭縣國華國中波浪式屋頂的賢文樓（現為普通教室），文化局列為歷史建築。

(二)1970 年代學校建築的更新

1970 年代，「危險教室」係國民中小學學校建築上的一個特殊問題，包括老舊校舍、老背少結構和海砂屋等，教育部在 1977-1981 年度 5 年內，計改建國民中小學危險教室 22,530 間。其次，學校建築的進展，雖然校地在擴充中，校舍也積極的修、改或重建，但各項設施設備缺乏，卻顯而易見，尤其是體育設施，簡陋的風雨操場（通常為力霸式輕鋼架結構，1983年之後因危險禁用）為大宗，體育館和游泳池的數量則極為有限。

(三)1980 年代新學校建築的萌芽

1980 年代，臺灣學校建築規劃，有較長足的進步，不僅新興大學和中小學等各級學校發展迅速，各縣市陸續出現學校建築整體規劃新建築。尤其是，宜蘭縣首創全縣中小學校園更新，成為臺灣學校建築更新和發展的新典範，無圍牆的新學校塑造出獨特風格，迄今無出其右。

(四)1990 年代學校建築的轉型

1990 年代，臺北市、新北市、桃園市等，在學校建築的規劃和轉型中，推出無障礙環境、開放空間、班群教室、學科教室、古蹟共構、文化情境等空間革新理念，大放異彩。例如：1996 年創校的金門縣金湖國中採閩南馬背式建築造形，為學校建築的本土文化風格，立下典範。此外，1996年臺北市政府都市發展局研訂《臺北市舊市府大樓原址暨建成國中都市設計準則》，臺北市建成國中規劃新校舍與歷史性建築（當代美術館）共構。

(五)2000 年代永續與優質新校園

21 世紀伊始，921 震災學校重建拉開序幕，教育部推展「新校園運

動」，南投縣和臺中縣等震災重建學校以嶄新的面貌，出現於新世紀。隨之，學校建築學術研究和教育部及縣市教育局處的相繼推展，綠色學校、綠建築、永續校園、友善校園、公共藝術、資訊科技、耐震設計、創意校園、性別空間、空間美學、校園活化、閒置空間再利用、優質化工程等，使臺灣的學校建築產生令人振奮的新風貌。尤其是，2005 年起臺北市系統性推動優質校園營造，推展安全健康、人文藝術、自然科技、學習資源之校園，為臺灣建構 21 世紀的優質新校園。

(六)2010 年代雲端與營運複合化

21 世紀經過 10 年之蛻變，學校建築湧入更多革新觀念，包括智慧綠建築、教育雲端、未來教室、未來學校、智慧校園、社區學校、委外經營、複合使用、環境共生、資源共享、融合課程教學等，尤其是空間領導理論更臻成熟，使學校建築的革新與發展，更具動態性、複雜性、永續性與未來性。學校建築從靜態的建築空間，成為動態、永續的校園空間，更扮演引領未來發展的教育與文化環境。

臺灣學校建築與空間的演變，從個別興建到整體規劃，封閉到開放、有圍牆到無圍牆、單一功能到多用途、廠房校舍到創意空間、造形單調到寓富美感、危險教室到安全耐震、粉筆板到 e 化教室、單一教室到班群教室和學科教室、老舊校舍到古蹟共構、綠化美化到綠建築、動線不良到無障礙環境，更發展到性別平等空間，有些立法強制（如綠建築、無障礙設施、公共藝術、耐震設計、性別平等空間等）、有些依課程教學需求（如資訊科技、教育雲端、班群教室、學科教室、創意和教學空間等）、有些因應社區文化（如無圍牆、古蹟共構等）、有些因應人口和經濟發展（如閒置空間再利用、委外經營、複合使用、優質化工程等），符合整體化、教育化、生活化、人性化、開放化、彈性化、多樣化、現代化和社區化的世界各國優質校園的發展趨勢（湯志民，2006a），此一兼具安全與健康、自然與科技、人文與藝術、學習與生活的永續與優質校園新空間，以及雲端與營運複合化的空間領導環境，期待 2020 年代的持續革新與發展，以邁向 2030 年的新里程碑。

第三節　學校建築的未來展望

　　學校建築的未來展望可從學校建築的未來趨勢、學校建築規劃的新展望等二方面，分別探究。

一、學校建築的未來趨勢

　　站在 2020 年代的新起點，面向未來 8 年，許多社會背景因素，例如：少子女化、高齡化，尤其是進入智慧科技時代、新世代學習模式，以及 COVID-19 疫情的全球性蔓延，對學校建築和校園規劃的未來發展，會有許多影響趨勢和新思維。

　　湯志民（2017b）提出四個學校建築新航向：1. 友善校園（friendly school）重視空間的品質和溫潤，關懷校園和社區環境內外空間的對應關係；2. 有生命力校園（alive school）重視時間的發展和脈絡，強調校園故事開創、傳承和延續在時間展延的勾稽；3. 永續校園（sustainable school）重視人境的關係和環保，回應校園和地球暖化的人境互動責任；4. 科技校園（technology school）重視虛實的環境和連結，發揮學校和虛擬世界的虛實轉換與融合效應。

　　Kovachevich 等（2018）指出，未來學校需要積極塑造學校環境，以提供發展未來技能和培養自力更生的機會，有六項重要研究發現：1. 未來的工作力將建立在學生的協作；2. 學生和學習空間需在環境上多用心；3. 科技能為家庭和學校帶來新的學習機會；4. 未來的學校模式是自我指導的，以及超越學校生活的教育；5. 學校將是整個社區使用的多目的空間；6. 室內外空間需要模組化並具適應性。

　　Tse 等（2019）主編《未來學校教育的建築設計：當代教育願景》（*Designing buildings for the future of schooling: Contemporary visions for education*）一書，全書論述重點包括：1. 教育建築的新參數──創造學習空間或設置教育房舍；2. 學校是革新教學的賦能者；3. 學校走廊、教室之配置對教學法和社交行為的影響；4. 小學的設計須增進學習；5. 在學校設計中出現雇主、使用者和設計者之多團體協作；6. 健康、舒適和認知成效的學校設計；7. 學校和共融式設計。

　　HMC 建築團隊（HMC Architects, 2020）強調，許多學區都在投資更彈性的學習空間（flexible learning spaces），這與過時的「牢房和鐘聲」模式（cells and bells model）形成鮮明對比。現在教育的最大趨勢之一是關注學生的社交和情感之福祉與發展，就像關注智力發展一樣。因應 21 世紀 pre K-12 的教育目的──認識多樣性、創建無邊界的學習空間、提高數位流暢性、鼓勵好奇心、促進永續性，以及創建通往真實世界的門；因此，pre K-12 最重要的學校設計趨勢是：1. 創造彈性的空間；2. 結合親近自然設計原則（incorporating biophilic design principles）；3. 將科技融入教室。

　　Buxton（2020）說明在 COVID-19 疫情期間，返校上課，學校建築才面臨真正的嚴峻考驗。顯然，擁有彈性空間、寬敞的流通區域、充足的教室和具有戶外教學潛力的學校，最能確保在學校安全的移動，也較易限制班級「泡泡」（bubbles）之交疊。因此 COVID-19 疫情對學校設計顯示，需要有充足的空氣、通風良好的空間，這些空間要夠大，以便進行學習和活動，並保持一定的社交距離；此外，要有充足戶外空間，用之於教學和活動，並減輕室內環境的壓力。

　　Taylor（2020）提出讓 K-12 學校舒適、安全和效率的最重要設施管理趨勢：1. 安全保障：強化安全門廳、戶外設計、開放視線；2. 教室配置：納入彈性的學習空間（如學習工作室、學習中心、團體教室、一對一教室）、為課程提供數位環境、運用科技與其他教室互動；3. 設施環境和有效性：安裝 LED 燈、升級或更換空調／溫度控制、改善音響和空氣品質、獲綠建築認證。

　　著名建築團隊 SGPA（2020）提出疫情之後 K-12 校園設計趨勢：1. 戶外教學空間；2. 適應性強的協作空間；3. 增加自然通風選項；4. 空調系統（HVAC）優化新鮮空氣和過濾；5. 可重新配置的教室家具；6. 社交距離標示。

　　Bowie 和 Dillon（2021）提及，近幾年出現六種教育趨勢：1. 學校領導者對健康學校設計（healthy school design）採整體取向；2. 學校正在創建健康中心（wellness centers）或靜思室；3. 更多學校正在考慮採用混合校園模式（hybrid campus model）；4. 更多的教練指導和更少的直接教學；5. 學生有更多戶外學習經驗；6. 愈來愈多的學校將所有空間視為學習空間。這些可能會對學校設計產生影響，並改變學生學習的方式和地點。

　　FitzGerald（2022）指出，大學、中小學正努力應對全球疫情的影響，學

校設計趨勢強調安全和舒適，同時促進學校社群和學校精神。2022 年值得關注的九大教育設計趨勢：1. 安全的設計；2. 重新配置面積和空間規劃；3. 小規模的社群空間（community spaces）；4. 安全可靠的教室個性化（classroom personalization）；5. 有意義的使用色彩；6. 更個性化的私密環境；7. 聲響；8. 有家的舒適感；9. 保持綠色永續。

綜上，學校建築與校園規劃的未來趨勢，主要有友善校園、有生命力校園、永續校園、科技校園、舒適、安全和效率的設施管理，以及學校是社區使用的多目的空間等；因應數位時代和新世紀學習風格之影響，重視學習空間、協作空間、彈性學習空間、社群空間等；2020 年受 COVID-19 疫情影響，特別重視健康學校設計、保持社交距離、室外教學空間、室內空氣品質、自然通風等，這些都是建構優質學校環境，值得關切和重視的發展方向與重點。

二、學校建築規劃的新展望

臺灣學校建築規劃的發展脈絡，從 1960 年代起每 10 年蛻變，由標準化校舍的興建，及學校建築的更新、新學校建築的萌芽、學校建築的轉型、永續與優質新校園，到 2010 年代的雲端與營運複合化；現正立於 2020 年代的起點，面對未來 8 年，學校建築與校園規劃需要符應 2030 年的教育發展目標，也要因應社會背景因素，以及 COVID-19 疫情的持續影響，掌握未來規劃趨勢。基此，展望 2030 年，臺灣學校建築規劃，有七大努力方向：

(一) 運用學校建築新基準革新空間

帶動變革和專業成長的跨國團隊 U2B Staff（2019）指出，今天的學校和教室設計是因應 19 世紀需求的遺跡，傳統的學校建築是站在過去和未來之間的最後一張骨牌，推倒此一「牢房和鐘聲」（cells and bells）的學校建築，並規劃能激勵學生創造力和主動學習的革新空間，正是對未來的期待。

新公布的《國民小學及國民中學設施設備基準》（2019）、《普通型高級中等學校設備基準》（2019），因應 108 課綱需求，高中「多用途專科教室」用以跨班自由選修、專題與跨領域課程和彈性學習，面積可依 45、90、135、180m² 彈性組合設置，並可依課程和教學需要擴充為互動型專科

教室。國中小教室面積 $117m^2$（室內面積 $72m^2$＋ 走廊），以及「多目的空間」、「特色教室」（國小 $117\text{-}175.5m^2$，國中 $117\text{-}234m^2$，含走廊）、圖書館（2-5 間教室大小）、演藝廳 $700m^2$ 以上、體育館 $800\text{-}1,600m^2$，必要時可增設風雨球場。這些比其原規定更大或新增空間，利於中小學因應課程和教學之需，可有更大的彈性規劃。新近以新基準規劃重建、增建、整建、改建、修建或優質化工程之學校建築，可融合既有校舍和閒置空間整體規劃，因應室內外課程、教學和活動之需縝密思考，未來 8 年之內將會出現更多樣、充足、適用之革新空間。

(二) 規劃具教育生命力的學校建築

Tse 等（2019）強調「人」、「場所」、「建築」、「時間」和「目的」是學校革新的情境變項，此一論述與湯志民（2006a）學校建築規劃理念契合。學校「建築」是教育「人」的「場所」，應符應教育理念和「目的」，經歷「時間」的淬鍊，使之具有教育生命力。有生命故事的學校具有歷史、文化、活力、內涵、感動、激勵人心的特質，學校的生命力和故事由所有人共同參與創造，從空間願景、規劃、方案、設計、施工、營運，每一階段都有參與人的血汗和動人故事，歷史、文化、故事，代代相傳（湯志民，2017b）。

學校是「境教」空間，不是「工程」架構，學校建築更重要的是具有教育力量，使之成為友善校園、具有生命故事、展現教育動能。友善校園具有溫馨、歡迎、親和、便捷、安全、關照的特質，學校設施要讓所有人共同平等使用、善用、好用（湯志民，2017b）。校園具有生命故事，要將學校歷史、文化、活力、內涵、感動、激勵人心的特質，融合成學校建築的蘊意內涵。校園展現教育動能，則要能運用「空間領導」推展優質校園營造，在安全健康、人文藝術、自然科技和學習資源上，學校建築成為教育扎根、孕育和推展的園地。未來的 10 年對學校建築規劃更大的期待，自然是發揮「最大的教具」、「第三位老師」、「三度空間的教科書」之理念，使之成為具有教育生命力的學校建築。

(三) 系統整合與發展校園智慧科技

21 世紀進入工業 4.0 及數位時代，物聯網（IoT）、大數據、人工智慧（AI）快速發展，虛擬與實境結合，教育和生活在虛實之間穿梭，開創出無窮盡可能的數位科技校園（湯志民，2017b）。2020 年受 COVID-19 疫情的影響，線上學習、虛擬情境、智慧環境的建置，成為學校建築規劃莫之能禦的新浪潮。

湯志民（2020c）將智慧校園的整體架構，分為基礎設施層、感知平臺層、網路通訊層、支撐平臺層、應用平臺層、應用終端層、資訊標準與規範體系、資訊安全體系；其中，應用平臺層包括智慧教學、智慧學習、智慧行政、智慧管理和智慧生活，為師生員工及社會公眾提供無所不在的個性化與智慧化之應用服務。放眼世界，大學是智慧校園發展的大本營，臺灣的中小學校園智慧科技系統紛雜，結合虛實情境的翻轉教育（flip education）、混合式學習環境（blended learning environment）之運用，尚難有效發揮整體力量。未來 8 年系統整合與發展校園智慧科技，將 AI、IoT、5G／6G、AR／VR／MR／XR 雲端運算、區塊鏈、社交網路、量子電腦、元宇宙與智慧校園體系整體建構，可能會創造出跨越學校建築實體成效的嶄新虛實整合校園。

(四) 融合綠建築發展綠色永續校園

基於健康環境和永續發展，綠建築是學校建築規劃最核心和最重要的理念之一。臺灣推展綠建築和永續校園，自 2002 年起迄今已近 20 年，新建築雖有不少亮麗成果，但仍有許多學校因規劃不當致使教室太熱、校舍噪音多、不通風、空氣品質不佳等問題；COVID-19 疫情使學校建築的自然採光、通風、空氣品質等健康環境更受重視。因此，期待結合綠建築與永續教育，長遠發展綠色永續校園，以提供安全、健康、舒適的教育環境。

綠色永續校園具有環保、節能、減碳、自然、生態的特質，並讓所有人與物平等使用校園環境。綠色永續校園，要讓師生有良好的音環境、光環境、通風換氣環境，教室要有良好的溫濕度、空氣品質，學校多用綠建材、建築輕量化，朝簡易風格設計，校園重自然生態，生物愈多樣愈好，多種植喬木，校園空氣清新，綠色是永續校園的泉源（湯志民，2017b）。綠

色永續校園之發展，湯志民（2019c）分為推動淨零能建築（net zero energy buildings）、推展碳中和學校建築（carbon neutral school buildings）、運用再生能源、使用永續建材、採模組化結構、善用現有空間、發展永續教育、開展永續校園等八項趨勢與重點，並以「少即多」來詮釋「永續發展」，而長遠發展要使能耗達到「生態循環」之平衡。未來 8 年學校建築規劃，要以綠建築為基底，融合環保教育、生態教育、食農教育、永續教育，朝綠色永續校園大步邁進。

(五) 有效發展複合化營運社區學校

學校是社區的中心，也是社區重要的文教據點與生活空間。Brubaker（1998）即提出社區學校（community schools）是 21 世紀學校的趨勢之一，並提供多樣的社會服務。Bartels 和 Pampe（2020）也認為，學校應開放和融合為學區的「全天候教育中心」（all-day education centers）。因應社區學校發展，學校營運複合化將日益複雜，有待學校建築整體規劃、有效發展。

學校是公共財，基於校園開放、社區學校之理念，以及因應少子女化和高齡化需求，將使學校營運深度複合化，以增進學校與社區使用效益。例如：(1) 縣市政府或鄉鎮公所出資在學校內興建圖書館、活動中心、游泳池或停車場；(2) 學校設置英語村、特色教室或資源空間與他校分享使用；(3) 學校空間與設備和社區共用，如設置社區大學、樂齡學習中心、新移民學習中心；(4) 學校建築設施（如游泳池、體育館）委外經營（OT），與社區共同使用；(6) 學校設置非營利幼兒園和托嬰中心。未來 8 年學校建築規劃，應有效發展複合化營運模式，以利朝向社區學校穩定邁進。

(六) 積極轉型發展新世代學習空間

長期以來，學校建築的空間需求和模式，都是以課程和教學需求為主要思考；較少以學生為中心或主體，思考學生上課／下課、正式／非正式、團體／個人、被動／主動、實體／虛擬等之學習需求，規劃相應之學習空間。新世代學習空間的規劃，將是學校建築發展的新里程碑和分水嶺。

新世代學習空間應以學生為中心，採多模式、多中心（或無中心）的空間配置和彈性家具，並以 ICT 為基礎設計，以符應多元和多樣學習需求的

空間與設施。新世代學習空間的規劃重點，包括協作孵化器（collaborative incubator）、發表空間、陳列空間、方案空間、專業重點實驗室、多用途空間、有趣的空間、虛擬空間、個人吊艙（individual pod）、休憩空間、支援空間（supply space）、室外學習空間，以及透明視界、彈性家具和豐沛的科技（湯志民，2020b）。未來 8 年應積極運用室內外環境和廊道角落，建立多模式和可重組空間，提供高科技設備和可移動家具，轉型發展新世代學習空間，以符應新世代學生的學習風格、興趣和需求。

(七) 後疫情時代空間規劃的新思考

　　2020 年 COVID-19 疫情大爆發，形成全球危機，揭開後疫情時代序幕。COVID-19 造成世界各國大部分大學、中小學和幼兒園關閉，學生學習中斷等重大問題。學校開學和重啟，成為世界各國關切的重大政策，並以校園師生的健康和安全為首要任務。

　　受 COVID-19 影響，特別重視健康學校設計、室內空氣品質、自然通風、保持社交距離、運用室外教學空間等。對校園安全和環境規劃策略而言，湯志民（2021）認為最重要的是強化門禁管理、降低防疫風險、維護清潔衛生、保持社交距離、防疫空間規劃。孩子的教育不能等，面對疫情的巨大挑戰，「停課不停學」不能僅以線上學習模式因應。學校建築與空間比家庭更舒適寬敞，可隨疫情變化規劃三種模式轉銜運用：1.「返校上課模式」，師生返校，善用學校建築實體環境，並加強通風採光、空氣品質、維護環境衛生、保持社交距離，以及增加室外教學等。2.「在家線上學習模式」，學生在家，善用虛擬環境，優化數位科技設備，並加強弱勢生支援服務。3.「混合運用模式」，學生部分在校／在家，實體／虛擬環境混合運用。未來 8 年面對後疫情時代，學校空間規劃與運用要有新思考，才能給學校師生一個長治久安的校園和永保安康的環境！

　　學校是教育的場所，肩負境教功能，學校建築與校園規劃應適時反映時代的教育需求。展望 2030 年的教育，主要透過反思、期望和行動來運用知識、技能、態度和價值觀，以培養學生具有改造社會和塑造未來的能力。

　　臺灣的學校建築經過 60 年的蛻變，因應未來教育需求與學校建築未來趨勢，展望 2030 年臺灣學校建築與校園規劃，有七大努力方向：1. 運用學校建築新基準革新空間；2. 規劃具教育生命力的學校建築；3. 系統整合與發展校園智慧科技；4. 融合綠建築發展綠色永續校園；5. 有效發展複合化營運社區學校；6. 積極轉型發展新世代學習空間；7. 後疫情時代空間規劃的新思考。期盼 2030 年，因有符應需求的學校建築與校園規劃，臺灣的教育會更好！

參考文獻

一 ﹇中文部分﹈

中央流行疫情指揮中心（2020a）。各級學校、幼兒園、實驗教育機構及團體、補習班、兒童課後照顧中心及托育機構因應中國大陸新型冠狀病毒肺炎疫情開學前後之防護建議及健康管理措施。**教育部學校衛生資訊網**。https://cpd.moe.gov.tw/articleInfo.php?id=2495

中央流行疫情指揮中心（2020b）。**「COVID-19（武漢肺炎）」因應指引：社交距離注意事項**。https://www.cdc.gov.tw/File/Get/LtS8RsN4j2kCcgziZzfGmA

中央流行疫情指揮中心（2020c）。**「COVID-19（武漢肺炎）」因應指引：公眾集會**。http://www.tdes.tyc.edu.tw/tdestyc/uploads/tadnews/tmp/2739/e884e3c5d1e54cc.PDF#e884e3c5d1e54cc.PDF

中共中央、國務院（2019）。中國教育現代化2035。**中華人民共和國中央人民政府**。http://www.gov.cn/zhengce/2019-02/23/content_5367987.htm

中華人民共和國建設部（2019）。**綠色建築評價標準**（GB/T 50378-2019）。http://www.jianbiaoku.com/webarbs/book/65238/3953496.shtml

中華民國中小學校長協會、國家教育研究院（2021）。**中小學校長專業素養總說明**（教育部委託研究）。https://www.hhjhs.tp.edu.tw/ezfiles/0/1000/attach/53/pta_3806_6244666_05891.pdf

內政部建築研究所（2018）。**綠建築**。智慧綠建築資訊網。https://smartgreen.abri.gov.tw/art.php?no=37&SubJt=簡要介紹

內政部建築研究所（2020）。**優良綠建築**。智慧綠建築資訊網。https://smart-green.abri.gov.tw/cp.aspx?n=14205

王志洋、陳啟東（2021）。量子世代產學布局。**科學人知識庫，237**。https://sa.ylib.com/MagArticle.aspx?id=5177&utm_source=UDN

王受之（1997）。**世界現代設計**。藝術家。

王受之（2012）。**世界現代建築史**（第二版）。中國建築工業。

王岫（2005 年 11 月 9 日）。流動的學校、流動的電腦──孟加拉國的故事。**聯合報**，E7。

王岳川（1993）。**後現代主義文化研究**。淑馨。

王運武、于長虹（2016）。**智慧校園：實現智慧教育的必由之路**。電子工業出版社。

王鑫（1998）。**地球環境教育與永續發展教育**。http://www.gcc.ntu.edu.tw/gcrc_publication/globlechange/8806/Ch%E8%82%86.htm

世華多媒體有限公司（2014 年 11 月 27 日）。**英國特倫特河畔斯多克‧小學生飛機教室裡上課**。星洲網生活誌。http://www.sinchew.com.my/node/1525578

幼兒園及其分班基本設施設備標準（2019 年 7 月 10 日）

石小利、葉永松（2019 年 3 月 30 日）。**龍崗學子有福了！全國首批 5G 智慧校園專案就在你身邊**。騰訊網。https://new.qq.com/omn/20190330/20190330A0GFR7.html

宇萌數位科技（2020）。**AR VR MR XR 的概念**。https://www.arplanet.com.tw/about_ar1/

老碘（1996）。**後現代建築**。揚智文化。

行政院新聞傳播處（2020）。**台灣 5G 行動計畫**。https://www.ey.gov.tw/Page/5A8A0CB5B41DA11E/087b4ed8-8c79-49f2-90c3-6fb22d740488

行政院新聞傳播處（2021 年 12 月 2 日）。**跨部會籌組量子國家隊，5 年投入 80 億元提升我國量子科技實力**。https://www.ey.gov.tw/Page/9277F759E41CCD91/70498197-800f-4148-a93c-242e2411727b

吳元熙（2019 年 7 月 22 日）。跟 4G 不一樣在哪？5G 白話文快速看懂技術差異。**數位時代**。https://www.bnext.com.tw/article/54075/5g-4g-difference

吳怡靜（2016）。教育強國，芬蘭啟動新教改。**天下雜誌**，598。http://www.cw.com.tw/article/article.action?id=5076498

吳清山（2004）。學校創新經營的理念與策略。**教師天地**，128，30-44。

吳清山（2007）。後現代思潮與教育改革。載於黃乃熒（主編），**後現代思潮與教育發展**（頁 27-53）。心理。

吳清山（2018）。地方本位教育。**教育脈動**，14。https://pulse.naer.edu.tw/Home/Content/6264a366-1262-4a2c-8ff1-3ad23c868ccb?insId=53c08c25-348a-4842-a50d-3ec06527cefe&CurrentPage=1&parentName= 第 14 期 %20%3A 實驗教育與另類教育

吳雯淇（2020 年 2 月 1 日）。**苦無固定教室！印度小學把舊火車廂變教室，讓就學率增加**。KAIROS 風向新聞。https://kairos.news/176471

吳煥加（1996）。**20 世紀西方建築名作**。河南科學技術出版社。

呂賢玲（2019）。**新北市國民中學學校設施品質、教師創新教學與學生學習成效關係之研究**（未出版碩士論文）。政治大學學校行政碩士在職專班。

李建興（2020）。**趕上 Honeywell，IBM 量子電腦達 QV64 效能里程碑**。https://www.ithome.com.tw/news/139552

李乾朗（1992）。**臺灣近代建築之風格**。室內雜誌社。

李乾朗（1995）。**臺灣建築百年（1895-1995）**。室內雜誌社。

沈清松（1993）。從現代到後現代。**哲學雜誌**，4，4-25。

宜蘭縣立慈心華德福教育實驗高級中等學校（2022 年 1 月 8 日）。**主、副課程**。https://www.waldorf.ilc.edu.tw/main/

性別平等教育法（2018 年 12 月 28 日）

林本、李祖壽（1970）。課程類型。載於王雲五主編（1970），**雲五社會科學大辭典**（第八冊）：教育學（第 134-139 頁）。商務印書館。

林宏達（2020）。台灣成為全球第 7 使用先進量子電腦國家，幕後關鍵推手曝光！**財訊**，603。https://www.wealth.com.tw/home/articles/24756

林志成、陳新平、邱富源、李宜樺和童柏捷（2014）。**教育部 102-103 年「國民中小學空間美學發展特色學校暨整併後校園活化再利用諮詢交流平臺（網站）維護管理系統建置及實地訪視工作專案計畫」期中報告**。國立新竹教育大學。

林宗輝（2020）。**百分百本土自製超級電腦國家隊台灣杉二號，翻轉 AI 產業實力**。財訊。https://www.wealth.com.tw/home/articles/26535

林純真（2012）。特殊教育。載於張鈿富主編，**中華民國教育年報（民國一○○年）**（頁 313-357）。國家教育研究院。

林憲德（2004）。**永續校園的生態與節能計畫**。詹氏書局。

林憲德（主編）（2003）。**綠建築解說與評估手冊（2003 年更新版）**。內政部建築研究所。

林憲德（主編）（2010）。**綠建築解說與評估手冊（2009 年版）**。內政部建築研究所。

林憲德（主編）（2012）。**綠色校園建設參考手冊**。內政部建築研究所。

林憲德、林子平、蔡耀賢（主編）（2019）。**綠建築評估手冊──基本型（2019**

Edition）。內政部建築研究所。

胡僑華（2021 年 1 月 18 日）。「九章」量子電腦問世。風傳媒。https://www.storm.mg/article/3378630?page=1

胡樂樂（2020）。區塊鏈技術在國外基礎教育中的應用。http://blockchain.people.com.cn/n1/2020/0908/c417685-31853944.html

范震華編譯（2015 年 4 月 20 日）。適應洪災──孟加拉讓學校、農場通通浮起來。環境通訊網。http://enw.e-info.org.tw/content/2669

香港建築師學會（2012）。香港校舍設計的歷史。file:///C:/Users/User/Desktop/DAT07_Chi_History%20of%20school%20design_Worksheet.pdf

香港區塊鏈產業協會（2019）。區塊鏈革新教育行業的四種方式。https://www.hk-blockchainindustry.com/zh/education-2019/

夏紓（2008）。從古典到後現代：桂冠建築師與世界經典建築。信實文化。

孫全文（1987）。論後現代建築。詹氏書局。

孫全文（2004）。當代建築思潮與評論。田園城市。

徐靖（2021 年 10 月 27 日）。我國在兩種物理體系實現量子計算優越性。人民日報，12 版。http://finance.people.com.cn/BIG5/n1/2021/1027/c1004-32265189.html

桂運安（2021 年 10 月 27 日）。「九章二號」量子計算原型機問世。中國科學報，1 版。http://kjt.ah.gov.cn/kjzx/mtjj/120629521.html

殷寶寧（2006）。友善吧！校園：國民中小學友善校園評估手冊。教育部。

秦夢群（2010）。教育領導：理論與應用。五南圖書公司。

秦夢群（主編）（2007）。學校行政。五南圖書公司。

翁書婷、陳君毅、高敬原（2019）。量子電腦是什麼？一文詳解讓 Google、Intel、IBM 與微軟都趨之若鶩的關鍵技術。數位時代。https://www.bnext.com.tw/article/54171/quantum-computer-google-intel-ibm

財團法人台灣建築中心（2021）。綠建築標章節約效益。http://gb.tabc.org.tw/modules/pages/benefit

財團法人資訊工業策進會（2015）。國際智慧校園研討會活動簡介。http://www.epark.org.tw/2015_digital_taipei/sa.php

郝廣才（2019）。別想逆天而行　順勢而為才是王道。今周刊，1157。https://www.businesstoday.com.tw/article/category/154685/post/201902200050/ 別想

逆天而行 %20%20 順勢而為才是王道

馬軍（主編）（2020）。**中小學新型冠狀病毒肺炎防控指南**。人民衛生出版社。http://www.moe.gov.cn/jyb_xwfb/gzdt_gzdt/s5987/202003/W020200318426085422790.pdf

高宣揚（1999）。**後現代論**。五南圖書公司。

高級中等以下教育階段非學校型態實驗教育實施條例（2018 年 1 月 31 日）

高級中等以下學校及其分校分部設立變更停辦辦法（2019 年 1 月 15 日）

高燦榮（1993）。**臺灣古厝鑑賞**。南天書局。

國民小學及國民中學設施設備基準（2019 年 7 月 24 日）

國立成功大學、中國醫藥大學、亞洲大學（2020）。**大專校院嚴重特殊傳染性肺炎防治工作綱要**。教育部學校衛生資訊網。https://cpd.moe.gov.tw/articleInfo.php?id=2576

國立臺北科技大學（2017）。**水利署及其所轄機關設施碳中和潛力評估研究**。經濟部水利署。

國立臺灣大學（2018）。**提升到類量子的高階人工智慧**。https://www.ntu.edu.tw/spotlight/2018/1331_20180109.html

國家市場監督管理局、中國國家標準化管理委員會（2018）。**智慧校園總體框架**。中國標準出版社。

國家衛生健康委辦公廳、教育部辦公廳（2021）。**中小學校新冠肺炎疫情防控技術方案**（第四版）。中華人民共和國中央人民政府。http://www.gov.cn/zhengce/zhengceku/2021-08/23/content_5632879.htm

國務院（2017）。**新一代人工智慧發展規劃**。中華人民共和國中央人民政府。http://www.gov.cn/zhengce/content/2017-07/20/content_5211996.htm

基隆市政府編印（2008）。**為孩子打造另一個家：蘊含語言想像、生態關懷的校園環境營造**。作者。

專科以上學校及其分校分部專科部技術型高級中等學校部設立變更停辦辦法（2019 年 10 月 31 日）

崔亨旭（2022）。**元宇宙：科技巨頭爭相投入、無限商機崛起，你準備好了嗎？**（金學民和黃菀婷譯）？英屬維京島商高寶國際公司。（原著出版於 2021）

康宗虎（2009）。推動校園優質化‧改善教學環境。**臺北市教育 e 週報**，406。http://enews.tp.edu.tw/paper_show.aspx?EDM=EPS200907141525267MD

教育部（2003）。**創造力教育白皮書**。https://depart.moe.edu.tw/ED2700/News_
　　Content.aspx?n=610D3420E334D5EF&sms=B64EDFC9507A06FA&s=6AD1C
　　070596F82A6

教育部（2009a）。**加速國中小老舊校舍及相關設備補強整建計畫**（核定本）。
　　https://epaper.edu.tw/files/topical/409重大政策-2-2加速國中小老舊校舍及相
　　關設備補強整建計畫.pdf

教育部（2009b）。**教育部中小學資訊教育白皮書（2008-2011）**。教育部全球資訊
　　網。http://www.edu.tw/files/site_content/B0010/97-100year.pdf

教育部（2010a）。**性別平等教育白皮書**。http://www.edu.tw/userfiles/url/20120920
　　154102/99.03性別平等教育白皮書.pdf

教育部（2010b）。**2010創造公平數位機會白皮書**。教育部全球資訊網。http://www.
　　edu.tw/files/site_content/B0039/99.06%202010創造公平數位機會白皮書.pdf

教育部（2011）。**教育部補助改善無障礙校園環境原則**。http://edu.law.moe.gov.tw/
　　LawContent.aspx?id=FL032801

教育部（2013）。**教育部美感教育中長程計畫：第一期五年計畫**（103年至107年）。
　　http://www.edu.tw/userfiles%5Curl%5C20130827103728/1020827簽陳核定版-
　　美感教育第一期五年計畫.pdf

教育部（2014a）。**永續校園局部改造計畫——歷年補助名單**（91-102）。永續校園
　　全球資訊網。http://www.esdtaiwan.edu.tw/index_c_context.asp?Display=Scri
　　pt&ScriptFile=select_map_year.htm

教育部（2014b）。**國中小空間已活化最新數據**。校園空間活化再生資源網。http://
　　revival.moe.edu.tw/NewsDetail.asp?View=24

教育部（2016）。**教育雲：校園數位學習普及服務計畫（2017-2020）**。https://
　　ws.moe.edu.tw/Download.ashx?u...n...icon=..pdf

教育部（2017年4月28日）。**107學年度落實多元選修，108學年度新課綱穩健實
　　施**。教育部全球資訊網。https://www.edu.tw/News_Content.aspx?n=9E7AC8
　　5F1954DDA8&s=D0F033700D0680CC

教育部（2018）。**建置校園智慧網路計畫**。https://www.ey.gov.tw

教育部（2019a）。**中華民國教育統計**（民國108年版）。作者。

教育部（2019b）。**高級中等以下學校校舍耐震能力改善計畫**（109-111年度）（核
　　定本）。https://ws.moe.edu.tw/Download.ashx?u=..pdf

教育部（2020）。**教育部通報：各級學校集會活動辦理及校園防疫措施**。https://www.ntnu.edu.tw/ncov/userfiles/files/ 教育部通報 /13 各級學校集會活動辦理及校園防疫措施 -109_3_27（發布）.pdf

教育部（2021a）。**十二年國民基本教育課程綱要—總綱**。國家教育研究院。https://www.naer.edu.tw/upload/1/16/doc/288 /（111 學年度實施）十二年國教課程綱要總綱.pdf

教育部（2021b）。**立法院第 10 屆第 3 會期教育部業務概況報告**。教育部全球資訊網。https://ws.moe.edu.tw/001/Upload/3/relfile/8723/79370/ffb163ac-3dd6-40f5-a2c7-312e86104ff6.pdf

教育部（2021c）。**教育資源再利用！活化校園空間發展特色學校**。行政院中部聯合服務中心。https://eycc.ey.gov.tw/Page/9FAC64F67005E355/a6721c84-e837-4e9d-9f62-163b9f110f3c

教育部（2021d）。**教育部 109 年度施政績效報告**。教育部全球資訊網。https://ws.moe.edu.tw/001/Upload/3/relfile/8717/79324/4352210b-7966-45ff-ad4b-99f8f9525ee7.pdf

教育部師資培育及藝術教育司（2019 年 3 月 18 日）。**首創教育界與設計界攜手合作「學美・美學——校園美感設計實踐計畫」**。教育部全球資訊網。https://www.edu.tw/News_Content.aspx?n=9E7AC85F1954DDA8&sms=169B8E91BB75571F&s=9203E4288CD11938

教育部師資培育及藝術教育司（2020）。**教育部補助高級中等以下學校校園美感環境再造計畫**。https://caepo.org/plan/80

教育部國民及學前教育署（2017）。推動國民中小學營造空間美學與發展特色學校實施計畫。**教育部全國中小學特色學校資訊網**。http://ss.delt.nthu.edu.tw/plan_con.php?id=55

教育部國民及學前教育署（2018）。**108 年度教育優先區計畫**。作者。

教育部國民及學前教育署（2019a）。教育部國民及學前教育署補助國民中小學充實設施設備作業要點。**行政院公報，25**（160）。https://gazette.nat.gov.tw/egFront/detail.do?metaid=109500&log=detailLog

教育部國民及學前教育署（2019b）。**行政院核定「公立高級中等以下學校校舍耐震能力改善計畫」完成校舍耐震能力改善最後一塊拼圖，守護師生安全**。教育部全球資訊網。https://www.edu.tw/News_Content.aspx?n=9E7AC85F1954DDA8&s

=1D9F293B446104FD

教育部國民及學前教育署（2019c）。**公立國民中學及國民小學校園（舍）空間多元活化注意事項**。教育部校園空間活化再生資源網。http://ssdelt.nhps.tp.edu.tw/index.php?action=msg_detail&cid=2&id=41

教育部國民及學前教育署補助改善無障礙校園環境原則（2021 年 2 月 8 日）

教育部教育經費分配審議委員會（2013）。**102 年度教育部教育經費分配審議委員會第 3 次會議**。教育部。

教育部補助永續循環校園探索及示範計畫作業要點（2019 年 11 月 28 日）

清華大學人工智能研究院、北京智源人工智能研究院、清華—中國工程院知識智能聯合研究中心（2020）。**區塊鏈發展研究報告 2020：區塊鏈技術**。https://static.aminer.cn/misc/pdf/blockchain20.pdf

現代主義建築（2022, January 16）。**維基百科**。https://zh.wikipedia.org/wiki/%E7%8E%B0%E4%BB%A3%E4%B8%BB%E4%B9%89%E5%BB%BA%E7%AD%91

畢恆達（2009）。**無性別偏見的校園空間手冊**。教育部。

許宏金（2020）。**5G 革命**。碁峰資訊。

郭丁熒（2010）。何處有塵埃？～學校教育不公平之探究。**教育研究與發展期刊，6**（3），31-59。

郭實渝（2007）。後現代思潮與傳統文化教育——兩個論辯的探討。載於黃乃熒（主編），**後現代思潮與教育發展**（頁 139-160）。心理出版社。

陳昇瑋、溫怡玲（2019）。**人工智慧在台灣——產業轉型的契機與挑戰**。天下雜誌。

陳冠廷（2014）。**雲端教育時代：智慧校園的推動與建置**〔PowerPoint Slides〕。http://www.kh.edu.tw/filemanage/upload/1839/ 講座 _ 資策會 _ 智慧校園建置與推動（高雄市教育局 _20140611）_Public.pdf

陳建鈞（2021 年 11 月 17 日）。**BM 發表最新量子晶片「Eagle」！喊出兩年内超越傳統電腦、逼近量子霸權**。數位時代。https://www.bnext.com.tw/article/66213/ibm-quantum-chip-eagle

陳景燕、鄭志宏、方海光（2021）。區塊鏈教育技術應用模式及趨勢分析。**中小學信息技術教育，8**，137-139。https://m.fx361.com/news/2021/0910/8833421.html

陳綠蔚、張國恩（主編）（2019）。**區塊鏈 + 時代的社經變革與創新思維**。財團法

人中技社。

陳曉郁（2018）。**高等教育與前瞻：區塊鏈在高等教育上的應用**。https://portal.stpi. narl.org.tw/index/article/10415

陳鴻基（2020）。智慧科技在臺灣：走在未來 50 年浪頭上的智慧風潮。載於黃齊元（主編），**從 AI 到 AI+：臺灣零售、醫療、基礎建設、金融、製造、農牧、運動產業第一線的數位轉型**（第 19-41 頁）。真文化。

陳麒任（2020）。**我國近零能源建築推動進程與策略之研究**（內政部建築研究所自行研究報告）。內政部建築研究所。https://www.abri.gov.tw/News_Content_ Table.aspx?n=807&s=214331

傅志雄（2015）。臺南市教育雲服務應用發展。**政府機關資訊通報，331**，1-10。 https://ws.ndc.gov.tw/Download.ashx?u=LzAwMS9hZG1pbmlzdHJhdG9yLzE wL1JlbEZpbGUvNTU2Ni82ODkzLzAwNjI4NDJfMy5wZGY%3D&n=cGFyd DIucGRm&icon=..pdf

傅朝卿（1999）。**日治時期臺灣建築（1895-1945）**。大地地理。

傅朝卿（2013）。**臺灣建築的式樣脈絡**。五南圖書公司。

傅琳淳（2015 年 8 月 27 日）。**他在巴基斯坦首都的一棵大樹下開了一家露天的學校，提供真正的免費教育**。伊斯蘭之光。http://www.hkislam.com/e19/e/action/Show Info.php?classid=19&id=6417

普通型高級中等學校設備基準（2019 年 8 月 15 日）

時尚旅遊（2016 年 4 月 22 日）。**真的有一所海上學校，32 年帶學生遠走天涯**。 http://fashion.sina.com.cn/l/ds/2016-04-22/0948/doc-ifxrpvcy4276689.shtml

湯志民（1991）。**臺北市國民小學學校建築規畫、環境知覺與學生行為之相關研究**（未出版博士論文）。國立政治大學教育學系。

湯志民（2000）。學校空間革新的思維──「人─境」互動。載於中華民國學校建築研究學會（主編），**二十一世紀學校建築與設施**（第 15-62 頁）。作者。

湯志民（2003）。學校綠建築規劃之探析。載於中華民國學校建築研究學會（主編），**永續發展的校園與建築**（第 11-80 頁）。作者。

湯志民（2006a）。**學校建築與校園規劃**（第三版）。五南圖書公司。

湯志民（2006b）。政大附中創新經營的理念與策略。**教育研究，145**，59-72。

湯志民（2006c）。學校創新經營的藍海策略。載於政治大學教育學院主辦，**2006 海峽兩岸教育發展與改革學術研討會會議手冊**（頁 34-66）。作者。

湯志民（2006d）。**臺灣的學校建築**（第二版）。五南圖書公司。

湯志民（2008a）。空間領導：理念與策略。**教育研究，174，**18-38。

湯志民（2008b）。**領導的新理論：空間領導**。澳門教育暨青年局、廣東省教育廳主辦，2008 校長論壇，2008 年 10 月 10 日至 12 日。

湯志民（2008c）。教育領導新論：空間領導的理念與策略。載於臺北市政府教育局、臺灣教育政策與評鑑學會、中華民國教育行政學會、暨大教育政策與行政系、市教大教育行政與評鑑所、中小學校長培育中心主辦，**2008 年教育品質與教育評鑑會議手冊暨論文集（一）**（第 35-56 頁）。作者。

湯志民（2009a）。空間領導方式之探析。**至聖鮮師，65，**19-24。

湯志民（2009b）。教育領導與學校環境。**教育研究，181，**16-28。

湯志民（2009c）。優質校園營造：2010 新趨勢。載於康宗虎等編輯，**2009 學校建築研究：校園建築優質化**（頁 9-49）。臺北市政府教育局、中華民國學校建築研究學會。

湯志民（2011a）。學校空間領導指標建構探析。**教育研究，209，**68-84。

湯志民（2011b）。學校建築與規劃：未來 10 年的新脈絡與新策略。**教育行政研究，**1（1），155-186。

湯志民（2012a）。臺北市和新北市國民中小學空間領導方式之研究。**教育與心理研究，**35（1），1-28。

湯志民（2012b）。未來校園規劃：問題、趨勢與發展。載於中國教育學會（主編），**2020 教育願景**（頁 197-230）。學富文化。

湯志民（2012c）。學校空間的蛻變：學校建築的新境界。載於何福田（主編），**臺灣教育的亮點**（頁 101-114）。屏東教育大學。

湯志民（2013a）。空間領導：原則與理論基礎。**教育行政研究，**3（2），1-30。

湯志民（2013b）。後現代校園建築。載於湯志民主編，**後現代教育與發展**（頁 193-217）。高等教育。

湯志民（2014）。**校園規劃新論**。五南圖書公司。

湯志民（2015）。教育設施 4.0：智慧校園。載於中華民國學校建築研究學會、臺北市政府教育局（主編），**2015 學校建築研究：學校建築的創新與精進**（頁 97-134）。中華民國學校建築研究學會。

湯志民（2016）。標準之外：學校設施與規劃的新思考。載於中華民國學校建築研究學會（主編），**學校建築研究的回顧與前瞻**（頁 46-133）。作者。

湯志民（2017a）。課程新發展與教育空間規劃。載於中華民國學校建築研究學會（主編），**學校建築與課程發展**（頁 1-82）。作者。

湯志民（2017b）。學校建築的新航向——校長空間領導的新思維。載於中國教育學會（主編），**教育新航向——校長領導與學校創新**（頁 115-144）。學富文化公司。

湯志民（2018a）。優質學校校園營造 4.0 指標及其意涵。**教師天地**，207。https://quarterly.tiec.tp.edu.tw/Client.aspx?FunctionId=JournalList&ItemId=207

湯志民（2018b）。學校建築之最——中小學特色學校建築。載於中華民國學校建築研究學會（主編），**學校建築與特色發展**（第 3-59 頁）。中華民國學校建築研究學會。

湯志民（2018c）。智慧校園（Smart Campus）的行政管理與運作。載於中國教育學會主編，**邁向教育 4.0：智慧學校的想像與建構**（第 173-201 頁）。學富文化公司。

湯志民（2018d）。臺灣國民中學學校建築發展與革新。**教育研究集刊**，64（4），37-76。

湯志民（2019a）。面向未來的學習空間——新世代學習空間之探究。載於中華民國學校建築研究學會（主編），**學校建築與學生學習**（頁 1-55）。中華民國學校建築研究學會。

湯志民（2019b）。教育設施影響教育公平。載於中國教育學會（主編），**教育的展望——人才培育與永續發展**（第 171-201 頁）。學富文化公司。

湯志民（2019c）。綠建築理念與永續校園之發展。**教育研究**，300，47-63。

湯志民（2020a）。主動學習空間的理念與規劃。載於中國教育學會（主編），**培育未來公民——有力學習與創新教育**（第 73-105 頁）。學富文化公司。

湯志民（2020b）。新世代學習空間：理念與規劃。**學校行政雙月刊**，128，1-18。

湯志民（2020c）。AI 智慧校園的規劃與建置。載於中華民國學校建築研究學會（主編），**建設 AI 智慧學校**（頁 3-44）。作者。

湯志民（2021）。後疫情時代校園安全與環境規劃策略。**教育研究**，323，4-21。

湯志民、王馨敏（2000）。學校建築與社區空間資源共享之探討。載於中華民國學校建築研究學會主編，**二十一世紀的學校建築與設施**（第 163-184 頁）。作者。

湯志民、呂思杰、楊茵茵（2020）。校長空間領導、教育設施品質與學生學習成

效關係之研究。**教育與心理研究，43（3），1-28。

湯志民、陳詩媛、簡宜珍（2016）。國民小學校長空間領導、組織學習與教學效能關係之研究。**教育與心理研究，39（1），1-28。

湯志民、劉侑承、劉冠廷、曾雅慧（2010）。**臺北縣市國民中小學學校創新經營——空間領導之研究。**國立政治大學教育學系。（行政院國家科學委員會補助專題研究計畫 NSC98-2410-H-004-014）

湯志民、魏琦和施佩吟（2013）。**國民小學校長空間領導、教師組織承諾與學校效能關係之研究。**國立政治大學教育學系。（行政院國家科學委員會補助專題研究計畫 NSC 101-2410-H-004-131）

湯志民和廖文靜（2000）。教學空間的革新。載於中國教育學會主編，**新世紀的教育願景**（頁 157-180）。臺灣書店。

黃玉英（2004）。**臺北市公立國民中學學校建築規劃現況與學生學業成就之相關研究**（未出版碩士論文）。國立政治大學教育學系。

黃光雄、蔡清田（2015）。**課程發展與設計新論**。五南圖書公司。

黃政傑（1991）。**課程設計**。東華書局。

新北市政府教育局（2021 月 3 月 2 日）。**第二屆新北創新教育加速器 Demo Day 競賽**。https://www.ntpc.edu.tw/home.jsp?id=d127e0ce0f4f407b&act=be4f48068b2b0031&dataserno=7c85869309f68f579e69bcae68e9e14b&mserno=cdfca8f4e3eeb6df81e43a5af771c42f

楊裕富（2002）。後現代建築。載於楊裕富、林萬福（主編），**後現代設計藝術**（頁 73-94）。田園城市。

溫明麗（2007）。後現代對教育專業的衝擊——打造一個既批判又感恩的教育希望。黃乃熒（主編），**後現代思潮與教育發展**（頁 139-160）。心理出版社。

經濟部技術處（2021 年 2 月 15 日）。**區塊鏈**。https://www.moea.gov.tw/MNS/doit/content/Content.aspx?menu_id=34617

葉純宜、林明澄、陳小妮、王復德（2005）。紫外線殺菌效能探討。**感染控制雜誌，15（5），293-300。https://doi.org/10.6526/ICJ.200510_15(5).0003

葉連祺（2011）。教育領導研究突破之初步思考。載於臺北市立教育大學教育行政與評鑑研究所等主辦，**「建國百年教育行政與評鑑：挑戰與展望」學術研討會會議手冊暨論文集**（477-1～477-20 頁）。臺北市立教育大學。

詹棟樑（2002）。**後現代主義教育思潮**。渤海堂。

詹詒絜（2020）。國際「淨零」建築系統帶你一起節電、降排、省水、減廢。**綠建築雜誌，68**。https://www.greenschool.moe.edu.tw/_serverinfo/system/ 國際「淨零」建築系統 %20 帶你一起節電、降排、省水、減廢 %20_%20 環境資訊中心 .pdf

資訊及科技教育司（2021 年 12 月 22 日）。**教育雲**。教育部全球資訊網。https://depart.moe.edu.tw/ED2700/cp.aspx?n=0A29FF40DDCD03DD&s=76DEFC2ADD08BAF1

廖文靜（2011）。**學校設施品質與教育成果相關之研究**（未出版博士論文）。國立政治大學。

彰化縣政府教育局（2005）。**永續校園創意空間規劃**。http://www.boe.chc.edu.tw/boepage/%E5%9C%8B%E6%95%99%E8%AA%B2%E8%B3%87%E6%96%99%E5%A4%BE/%E5%89%B5%E6%84%8F%E6%B0%B8%E7%BA%8C%E8%A8%88%E7%95%AB.doc

臺北市立大學（2021）。**2021 全國學校經營與教學創新 KDP 國際認證獎簡章**。https://www.esjh.chc.edu.tw/storage/074529/posts/908/files/2021%E5%85%A8%E5%9C%8B%E5%AD%B8%E6%A0%A1%E7%B6%93%E7%87%9F%E8%88%87%E6%95%99%E5%AD%B8%E5%89%B5%E6%96%B0KDP%E5%9C%8B%E9%9A%9B%E8%AA%8D%E8%AD%89%E7%8D%8E%20%E7%B0%A1%E7%AB%A0.odt

臺北縣政府（2005）。**臺北縣九十四學年度「校園創意空間經營暨環境教育融入課程研習」實施計畫**。http://edu.tpc.edu.tw/edu/ftproot/C/15262.pdf

臺南市政府教育局（2007）。**九十六年度臺南市「創意校園營造──創意學習步道計畫」**。http://www.wyes.tn.edu.tw/pub/upload/%E5%89%B5%E6%84%8F%E5%AD%B8%E7%BF%92%E6%AD%A5%E9%81%93%E8%A8%88%E7%95%AB.doc

趙乙深、張寧（2015 年 11 月 10 日）。**阿富汗馬拉拉：14 歲少女在鐵皮集裝箱學校當老師**。壹讀。https://read01.com/zh-mo/DAE0m4.html#.YlphKehBxaR

德勤中國（2021）。**元宇宙系列白皮書──未來已來：全球 XR 產業洞察**。https://pdf.dfcfw.com/pdf/H3_AP202112151534720317_1.pdf?1639583608000.pdf

潘鑫宏（2004）。**台灣後現代建築研究──1972-2003 年公共建築**（未出版碩士論文），國立雲林科技大學。

潘鑫宏、楊裕富（無日期）。**後現代建築發展脈絡探討**。http://home.educities.edu.
　　tw/tsuiyh/go/depo01019.html

蔣東興（2016）。**高校智慧校園建設探索與實踐**〔PowerPoint Slides〕。http://www.
　　ict.edu.cn/uploadfile/2016/1109/20161109104200410.pdf

衛生福利部疾病管制署（2021）。COVID-19。https://www.cdc.gov.tw/

鋒之雲科技（2020）。**賦能智慧校園打造「一臉通」**。https://read01.com/J83j26L.
　　html#.X3Xb6mgzZaQ

謝文全（2004）。**教育行政學**（第二版）。高等教育。

謝文全（主編）（2006）。**教育行政學：理論與案例**。五南圖書公司。

韓元佳（2018 年 4 月 18 日）。互聯網企業紛紛與大學合作，人工智能走進高校
　　教室。**北京晨報**。http://big5.xinhuanet.com/gate/big5/www.xinhuanet.com/for
　　tune/2018-04/18/c_1122700197.htm

韓宏譯（2016 年 5 月 6 日）。**印度工人在街邊開學校幫助貧民窟的孩子**。https://
　　read01.com/7KykjL.html

職業學校群科課程暫行設備標準（2005 年 11 月 9 日）

蘇秀慧（2020 年 10 月 19 日）。5G 建設補助逾 266 億，年底開跑。**中國時報**，
　　A6。

二 日文部分

三宅陽一郎（2020）。**零基礎 AI 入門書：看圖就懂的 AI 應用實作**（衛宮紘譯）。世
　　茂。（原著出版於 2018）

姉崎洋一、荒牧重人、小川正人、喜多明人、清水敏、户波江二、廣澤明、吉岡
　　直子（2016）。**解說教育六法**。三省堂。

建築思潮研究所編（2004）。**環境共生建築──多樣な省エネ・環境技術の應用**。建
　　築資料研究社。

三 英文部分

Abramson, B. (2003). Brain research and learning in the classroom. *School Planning & Management, 42*(5), 62.

AbuAlnaaj, K., Ahmed, V., & Saboor, S. (2020). *A strategic framework for smart campus.* In IEOM Society International, Proceedings of the International Conference on Industrial Engineering and Operations Management (pp. 790-798), Dubai, UAE. http://www.ieomsociety.org/ieom2020/papers/488.pdf

Aga Khan Development Network (2016). *Bridge school.* http://www.akdn.org/architecture/project/bridge-school

Ahmodu, O. L., Adaramaja, S. A., & Adeyemi, A. B. (2018). *Impact of school facilities on students' academic performance in Oshodi-Isolo L. G. A. senior secondary schools, Lagos state.* https://www.researchgate.net/publication/326466002_IMPACT_OF_SCHOOL_FACILITIES_ON_STUDENTS'_ACADEMIC_PERFORMANCE_IN_OSHODI-ISOLO_L_G_A_SENIOR_SECONDARY_SCHOOLS_LAGOS_STATE

Ahoy, C. K. (2007). *Leadership in educational facilities administration.* The Association of Physical Plant Administrators.

Akom, A. (2017). *Five megatrends that will shape the future of green schools.* https://greenschoolsnationalnetwork.org/five-megatrends-will-shape-future-green-schools/

Al-Enezi, M. M. (2002). *A study of the relationship between school building conditions and academic achievement of twelfth grade students in Kuwaiti public high schools* (Unpublished doctoral dissertation). Virginia Polytechnic Institute and State University.

Alexander, D., & Lewis, L. (2014). *Condition of America's public school facilities: 2012-13* (NCES 2014-022). U.S. Department of Education, National Center for Education Statistics.

Ali, N., Khan, A. B., & Ahmad, T. (2020). Effects of school building on academic achievement of secondary school students in Southern KP, Pakistan. *Global Educational Studies Review, 5*(2), 28-34. https://doi.org/10.31703/gesr.2020(V-II).04

American Academy of Pediatrics (2020). *COVID-19 planning considerations: Guidance for school re-entry*. https://services.aap.org/en/pages/2019-novel-coronavirus-covid-19-infections/clinical-guidance/covid-19-planning-considerations-return-to-in-person-education-in-schools/

American Academy of Pediatrics (2021). *COVID-19 guidance for safe schools*. https://www.aap.org/en/pages/2019-novel-coronavirus-covid-19-infections/clinical-guidance/covid-19-planning-considerations-return-to-in-person-education-in-schools/

American Modular Systems (2021). *Top 5 modular classroom design trends for 2021*. https://www.americanmodular.com/top-5-modular-classroom-design-trends/

Architectus (2017). *Trends in school design*. http://www.architectus.com.au/en/publications/articles/trends-school-design

Argyris, C., & Schön, D. A. (1978). *Organizational learning: A theory of action perspective*. Addison-Wesley Publishing.

Ariani, M. G., & Mirdad, F. (2016). The effect of school design on student performance. *International Education Studies, 9*(1), 175-181.

Ark, T. V. (2017). 10 green schools, 10 trends making schools greener. *Green School, Bali*. https://www.linkedin.com/pulse/10-green-schools-trends-making-greener-tom-vander-ark

Atkinson, T. (2018). *5 Sustainable classroom design trends for 2018*. http://www.teachhub.com/5-sustainable-school-design-trends-2018

Azzi-Huck, K., & Shmis, T. (2020). *Managing the impact of COVID-19 on education systems around the world: How countries are preparing, coping, and planning for recovery*. World Bank. https://blogs.worldbank.org/education/managing-impact-covid-19-education-systems-around-world-how-countries-are-preparing

Baepler, P., Brooks, D. C., & Walker, J. D. (Eds.) (2014). *Active learning spaces*. Jossey-Bass.

Bailey, J. (2009). *A synthesis of studies pertaining to school building condition, student achievement, student behavior, and student attitudes* (Unpublished doctoral dissertation). Virginia Polytechnic Institute & State University.

Baker, B. D. (2019, August 27). *School finance 101: School facilities matter! In so many ways (How could they not?)*. National Education Policy Center. https://nepc.colorado.edu/blog/school-facilities-matter

Baker, L., & Bernstein, H. (2012). The impact of school buildings on student health and performance: A call for research. http://www.acefacilities.org/Search.aspx?Keyword=&Publisher=&Type=&Role=School%20Administrators&Category=&Page=7&Sort=DocTitle%20ASC

Bannister, D. (2017). *Guidelines on exploring and adapting learning spaces in schools*. European Schoolnet. http://files.eun.org/fcl/Learning_spaces_guidelines_Final.pdf

Barr, S. K., Cross, J. E., & Dunbar, B. H. (2014). *The whole-school sustainability framework: Guiding principles for integrating sustainability into all aspects of a school organization*. https://centerforgreenschools.org/sites/default/files/resource-files/Whole-School_Sustainability_Framework.pdf

Bartels, K., & Pampe, B. (2020). Sustainability in school buildings: Planning processes and spatial concepts. In S. Hofmeister (Ed.). *School buildings: Spaces for learning and the community* (pp. 6-13). Detail Business Information GmbH.

Bauscher, R., & Poe, E. M. (2018). *Educational facilities: Planning, modernization, and management* (5th ed.). Rowman & Littlefield.

Benade, L. (2019). Flexible learning spaces: Inclusive by design? *New Zealand Journal of Educational Studies, 54*(8). https://doi.org/10.1007/s40841-019-00127-2

Berliner, D. C. (2014). *Effects of inequity and poverty vs. teachers and schooling on America's youth*. https://pdfs.semanticscholar.org/11e1/b9b898c-097be95ac07993e94d582b6d92f4d.pdf?_ga=2.102067848.824103185.1566284008-842334105.1558093908

Berner, M. M. (1993). Building conditions, parental involvement, and student achievement in the District of Columbia public school system. *Urban Education, 28*(1), 6-29.

Berrs, M., & Summers, T. (2018). Educational equity and the classroom: Designing learning-ready spaces for all students. *EDUCAUSE Review, 53*(3). https://

er.educause.edu/articles/2018/5/educational-equity-and-the-classroom-designing-learning-ready-spaces-for-all-students

Best, S., & Kellner, D. (1994)。後現代理論——批判的質疑（朱元鴻、馬彥彬、方孝鼎、張崇熙、李世明譯）。巨流。（原著出版於 1991）

Birney, A., Kellard, B., & Reed, J. (2011). *The journey of sustainable schools: Developing and embedding sustainability*. https://assets.publishing.service.gov.uk/government/uploads/system/uploads/attachment_data/file/339991/the-journey-of-sustainable-schools-developing-and-embedding-sustainability.pdf

Blackmore, J., Bateman, D., Loughlin, J., O'Mara, J., & Aranda, G. (2011). *Research into the connection between built learning spaces and student outcomes: Literature review*. Education Policy and Research Division, Department of Education and Early Childhood Development, State of Victoria.

Blake, M. (2014). *Trends in 21st-Century school design*. http://marks-thomas.com/2014/07/trends-21st-century-school-design/

Boadi, K. (2002). *The concept of sustainable development: A critical analysis*. http://www.ises.abo.fi/kurser/nat/Ecolecon/Seminars/Kwasi_Boadi_Sust_dev.pdf

Bolman, L. G., & Deal, T. E. (1991). *Reframing organizations*: *Artistry, choice, and leadership*. Jossey-Bass.

Bowie, L., & Dillon, R. (2021). *6 educational trends that are changing school design*. https://www.demcointeriors.com/blog/6-educational-trends-that-are-changing-school-design/

Branham, D. (2004). The wise man builds his house upon the rock: The effects of inadequate school infrastructure on student performance. *Social Science Quarterly, 85*(5), 1112-1128. DOI: 10.1111/j.0038-4941.2004.00266.x

Brubaker, C. W. (1998). *Planning and designing schools*. McGraw-Hill.

Buckley, J., Schneider, M., & Shang, Y. (2004). *The effects of school facility quality on teacher retention in urban school districts*. National Clearinghouse for Educational Facilities.

Bullock, C. (2007). *The relationship between school building conditions and student achievement at the middle school level in the Commonwealth of Virginia*. https://vtechworks.lib.vt.edu/handle/10919/28749

Bush, T. (2003). *Theory of educational leadership and management* (3rd ed.). SAGE Publications.

Buxton, W. (2020). *Rethink: What has Covid-19 taught us about designing schools?* https://www.ribaj.com/intelligence/post-pandemic-school-design-drmm-ahmm-van-heyningen-and-haward-hampshire-cc-property-services

Byers, T., & Lippman, P. C. (2018). *Classroom design should follow evidence, not architectural fads.* http://theconversation.com/classroom-design-should-follow-evidence-not-architectural-fads-89861

Byers, T., Imms, W., & Hartnell-Young, E. (2018). Comparative analysis of the impact of traditional versus innovative learning environment on student attitudes and learning outcomes. *Studies in Educational Evaluation, 58,* 167-177.

California Department of Education (2020). *Stronger together: A guidebook for the safe reopening of California's public schools.* https://www.cde.ca.gov/ls/he/hn/strongertogether.asp

Camden Council (2016). *Supporting sustainable schools in Camden.* https://www.camden.gov.uk/ccm/content/environment/events-and-initiatives/sustainability-task-force--/file-storage/supporting-sustainable-schools-in-camden---appendix-d/

Campbell, A. (2017). *Designing the learning space for generation next.* https://www.school-news.com.au/property/learning-space-design-for-the-new-generation/

Casanova, D., Napoli, R. D., & Leijon, M. (2017). Which space? Whose space? An experience in involving students and teachers in space design. *Teaching in Higher Education.* https://doi.org/10.1080/13562517.2017.1414785

Castaldi, B. (1994). *Educational facilities: Planning, modernization, and management* (4th ed.). Allyn and Bacon, Inc.

Centers for Disease Control and Prevention (2020). *Operating schools during COVID-19: CDC's considerations operating schools.* https://www.hsdl.org/?view&did=843500

Centers for Disease Control and Prevention (2021). *Ventilation in schools and childcare programs.* https://www.cdc.gov/coronavirus/2019-ncov/community/schools-childcare/ventilation.html

Chan, T. C. (1979). *The impact of school building age on pupil achievement*. Office of School Facilities Planning, Greenville School District. (ERIC Document Reproduction Service No. ED 191 138)

Chapman, M. P. (2006). *American places: In search of the twenty-first century campus*. American Council on Education/Praeger series on higher education.

Chen, M. (2020)。人工智慧 AI：澈底掌握人工智慧的定義、趨勢以及商業應用。https://oosga.com/artificial-intelligence/

Cheng, G., English, S., & Filardo, M. (2011). *Facilities: Fairness and effects—Evidence and recommendations concerning the impact of school facilities on civil rights and student achievement*. http://www.21csf.org/csf-home/publications/ImpactSchoolFacilitiesCivilRightsAug2011.pdf

Chiu, P. H. P., & Cheng, S. H. (2017). Effects of active learning classrooms on student learning: A two-year empirical investigation on student perceptions and academic performance. *Higher Education Research & Development, 36*(2), 269-279.

College of the Mainland (2019). *Next generation student experience*. http://www.compass2025.com/nextgen-learning-envoironments.html

Cordogan Clark Group, & Ittner Architects (2020). *COVID-19 school design guidelines*. https://www.nsba.org/-/media/NSBA/Resources/coronavirus/ittner-covid-school-design-guidelinesreport-82420.pdf

Cotterell, J. L. (1984). Effects of school architectural design on student and teacher anxiety. *Environment and Behavior, 16*(4), 455-479.

Coyle, K. J., & Bodor, S. (2020). *Guide to advocating for outdoor classrooms in coronavirus-era school reopening*. North American Association for Environmental Education and National Wildlife Federation. https://www.nwf.org/-/media/Documents/PDFs/NWF-Reports/2020/COVID-19-Outdoor-Classroom-Policy-Guide

CSArch (2020). *Post-Coronavirus: Re-imagining the design of educational facilities*. https://www.csarchpc.com/insights/post-coronavirus-re-imagining-the-design-of-educational-facilities

Daniels, H.,Tse, H. M., Stables, A., & Cox, S. (2019). School design matters. In H. M.

Tse, H. Daniels, A. Stables, & S. Cox (Eds.). *Designing buildings for the future of schooling: Contemporary visions for education* (pp. 41-65). Routledge.

Department of Education and Skill (2020). *Planning and preparing for return to school: COVID-19 response plan for safe reopening of post primary schools.* https://www.gov.ie/en/publication/99b85-planning-and-preparing-for-return-to-school-covid-19-response-plan-for-safe-reopening-of-schools/

Dong, Z. Y., Zhang, Y., Yip, C., Swift, S., & Beswick, K. (2020). Smart campus: Definition, framework, technologies, and services. *IET Smart Cities, 2*(1), 43-54. https://doi.org/10.1049/iet-smc.2019.0072.

Dude Solutions (2018). *4 step to more sustainable school buildings in 2018.* https://www.dudesolutions.com/blog/guest-blog-4-steps-to-more-sustainable-school-buildings-in-2018#

Durán-Narucki, V. (2008). School building condition, school attendance, and academic achievement in New York City public schools: A mediation model. *Journal of Environmental Psychology, 28*, 278-286. https://pdfcoffee.com/qdownload/school-building-condition-school-attendance-and-academic-achievement-in-new-york-city-public-schools-a-mediation-model-pdf-free.html

Earthman, G. I., Cash, C. S., & Van Berkum, D. (1996). Student achievement and behavior and school building condition. *Journal of School Business Management, 8*(3), 26-37.

Earthman, G., & Lemasters, L. K. (2011). The influence of school building conditions on students and teachers: A theory-based research program (1993-2011). *The American Clearinghouse on Educational Facilities Journal, 1*(1), 15-36.

Earthman, G. I. (2017a). Planning for school building equity: The British Columbia experience. *Educational Planning, 24*(1), 31-38.

Earthman, G. I. (2017b). The relationship between school building condition and student achievement: A critical examination of the literature. *Journal of Ethical Educational Leadership, 4*(3), 1-16. http://www.cojeel.org

Edley Jr. C., & Kimner, H. (2018). *Education equity in California: A review of getting down to facts II findings.* https://gettingdowntofacts.com/sites/default/files/2018-09/GDTFII_Equity%20Review.pdf

Educational Central (2014, August 22). *Sustainable schools, but at what cost?* Education Central.co.nz. https://educationcentral.co.nz/sustainable-schools-but-at-what-cost/

Edwards, M. M. (1991). *Building conditions, parental involvement and student achievement in the D.C. public school system* (Unpublished master's thesis). Georgetown University.

Elkington, S. (2019). Future learning spaces in higher education. In S. Elkington & B. Bligh (Eds.). *Future learning spaces: Space, technology and pedagogy* (pp. 3-4). [Research Report] Advance HE. https://telearn.archives-ouvertes.fr/hal-02266834/document

Enderle, J. (2019). School construction continues to increase. *School Planning & Management*. https://webspm.com/articles/2019/01/01/school-construction.aspx

Environment Bureau (2018). *What is sustainable development?* https://www.enb.gov.hk/en/susdev/public/sap.htm

Etisalat British Telecom Innovation Centre (EBTIC)(2010). *White paper on the intelligent campus(iCampus): End-to-end learning lifecycle of a knowedge ecosystem.* https://www.yumpu.com/en/document/view/42062218/the-intelligent-campus-icampus

European Chemical Industry Council (2002). *Sustainable development: The concept.* http://www.cefic.org/

Fickes, M. (2019). Deep breaths. *School planning & management.* https://webspm.com/articles/2019/01/01/indoor-air-quality.aspx

Field, S., Kuczera, M., & Pont, B. (2007). *No more failures: Ten steps to equity in education.* OECD.

Fields, K., & Ward, S. (2020). *Outdoor learning NYC: A toolkit for schools.* https://www.nwf.org/-/media/Documents/PDFs/Eco-Schools/Activities/NWF-Outdoor-Learning-Toolkit_FINAL.ashx?la=en&hash=EAF7E6FBBEA5553BF64324734BFD134E883E8052

Filardo, M. (2016). *State of our schools: America's K-12 facilities 2016.* 21st Century School Fund.

Filardo, M., & Vincent, J. M. (2017). *Adequate & equitable U.S. PK-12 infrastruc-*

ture: Priority actions for systemic reform. 21st Century School Fund, Center for Cities + Schools, National Council on School Facilities, and Center for Green Schools. https://files.eric.ed.gov/fulltext/ED581636.pdf

Filardo, M., Vincent, J. M., & Sullivan, K. (2018). *Education equity requires modern school facilities: The case for federal funding for school infrastructure.* https://static1.squarespace.com/static/5a6ca11af9a61e2c7be7423e/t/5ba23b3688251b659c2f9eff/1537358671343/Education+Equity+Requires+Modern+School+Facilities.pdf

Filardo, M., Vincent, J. M., & Sullivan, K. (2019). How crumbling school facilities perpetuate inequality. *Phi Delta Kappan, 100*(8), 27-31. https://kappanonline.org/how-crumbling-school-facilities-perpetuate-inequality-filardo-vincent-sullivan/

FirstLine Schools (2022). *Edible schoolyard New Orleans*: *A signature program of FirstLine Schools.* https://esynola.org/

Fisher, K. (2005a). *Research into identifying effective learning environments.* https://www.oecd.org/education/innovation-education/37905387.pdf

Fisher, K. (2005b). *Linking pedagogy and space: Proposed planning principles.* https://www.education.vic.gov.au/documents/school/principals/infrastructure/pedagogyspace.pdf

Fisk, W. J., Paulson, J. A., Kolbe, L. J., & Barnett, C. L. (2016). Significance of the school physical environment-A commentary. *Journal of School Health, 86*(7), 483-487. DOI 10.1111/josh.12400

FitzGerald, R. (2022). *Look out for these 9 education design trends in 2022.* https://parterreflooring.com/educational-design-trends/

Florida Department of Education (2010). *Green school design.* http://www.fldoe.org/edfacil/pdf/gsdg.pdf

Fokkema, D., & Bertens, H. (1992)。**走向後現代主義**（王寧、顧棟華、黃桂友、趙白生譯）。淑馨。（著出版於 1986）

Ford, A. Y. (2016). *The relationship between science classroom facility conditions and ninth grade students' attitudes toward science* (Unpublished Doctoral Dissertations and Projects). Liberty University.

Gelfand, L. (2010). *Sustainable school architecture: Design for primary and secondary school.* John Wiley & Sons, Inc.

Gibson, H. J. (2012). New school facilities and their association with student achievement. *The American Clearinghouse on Educational Facilities Journal, 2*(2), 45-59.

Green Building Council Australia (2021). *Why design or build a green school?* https://www.gbca.org.au/green-star/why-use-green-star/why-design-or-build-a-green-school/

Green School Bali (2022). *A school beyond the boundaries of the bamboo campus.* https://www.greenschool.org/bali/environment/

Gunter, T., & Shao, J. (2016). Synthesizing the effect of building condition quality on academic performance. *Education Finance and Policy, 1*(11), 97-123. doi:10.1162/EDFP_a_00181

Haines, K., & Maurice-Takerei, L. (2019). The impact of new collaborative learning spaces on tertiary teacher practice. *Journal of Learning Spaces, 8*(2), 12-24.

Hall, E. T. (1966). *The hidden dimension.* Doubleday.

Handwork, D. (2020). COVID-19's impact on facilities cybersecurity. *Facilities Manager, 36*(4), 36-37.

Hanson, M., & Andres, J. (2017). Intelligent buildings. *School Planning & Management.* https://webspm.com/articles/2017/12/01/intelligent-buildings.aspx

Harrison, A., & Hutton, L. (2014). *Design for the changing educational landscape: Space, place and the future of learning.* Routledge.

HIGHER ED IQ (2018). *Designing classrooms for the modern learner: How Silverton Primary School is co-creating flexible learning spaces with students.* https://higherediq.wordpress.com/category/new-generation-learning-spaces/

Hilliard, A., & Jackson, B. T. (2011). Current trends in educational leadership for student success plus facilities planning and designing. *Contemporary Issues in Education Research, 4*(1). http://cluteonline.com/journals/index.php/CIER/article/view/976

Hines, E. W. (1996). *Building condition and student achievement and behavior* (Unpublished doctoral dissertation). Virginia Polytechnic Institute and State University.

HMC Architects (2020). *How pre K-12 school design trends set students up for success*. https://hmcarchitects.com/news/how-pre-k-12-school-design-trends-set-students-up-for-success-2020-02-19/

Hooijdonk, R. V. (2019). *Smart campuses are the future of higher education*. https://www.richardvanhooijdonk.com/blog/en/smart-campuses-are-the-future-of-higher-education/

Howard, W. C. (2005). Leadership: Four styles. *Education, 126*(2), 384-391.

Imms, W. (2016). New generation learning environments: How can we find out if what works is working. In W. Imms, B. Cleveland, & K. Fisher (Eds.). *Evaluating learning environments: Snapshots of emerging issues, methods and knowledge* (pp. 21-34). Sense Publishers.

Imms, W., Cleveland, B., & Fisher, K. (2016). Pursuing that elusive evidence about what works in learning environment design. In W. Imms, B. Cleveland, & K. Fisher (Eds.). *Evaluating learning environments: Snapshots of emerging issues, methods and knowledge* (pp. 3-18). Sense Publishers.

Jencks, C. (1998)。後現代建築語言（吳介禎譯）。田園城市。（原著出版於 1991）

Jencks, C. (2011). *The story of post-modernism*. John Wiley & Sons Ltd.

Jimenez-Eliaeson, T. (2016). Schools should be fun places. *School planning & management*. https://webspm.com/articles/2016/07/01/fun-school-space.aspx?admgarea=planningdesign

Jobson, A. (2018). Sustainable interior design. *School planning & management*. https://webspm.com/articles/2018/05/01/sustainable-interior-design.aspx

Johnson, A. (2015). *Improbable libraries*. Thames & Hudson.

Jones, M. (2021, March 22). *CDC revises social distancing guidelines in schools to 3 feet*. Spaces4learning. https://spaces4learning.com/articles/2021/03/22/cdc-revises-social-distancing-guidelines-in-schools-to-3-feet.aspx

Jurva, R., Matinmikko-Blue, M., Niemelä, V., & Hänninen, T. (2020). *Smart campus 5G and IoT network preparations for operational mode: Specification to deploy data and network management*. ITS Online Event, 14-17 June 2020, International Telecommunications Society (ITS), Calgary.

Kariippanon, K. E., Cliff, D. P., Lancaster, S. L., Okely, A. D., & Parrish, A. M. (2018). Perceived interplay between flexible learning spaces and teaching, learning and student wellbeing. *Learning Environments Research, 21*(3), 301-320. https://doi.org/10.1007/s10984-017-9254-9

Kariippanon, K. E., Cliff, D. P., Lancaster, S. J., Okely, A. D., & Parrish, A. M. (2019). Flexible learning spaces facilitate interaction, collaboration and behavioural engagement in secondary school. *PLoS ONE, 14*(10), 1-13. https://doi.org/10.1371/journal.pone.0223607

Kazi, S. M. (2016). Sustainable schools. *The Energy and Resources Institute*. http://www.teriin.org/opinion/sustainable-schools

Kennedy, M. (2018). Grading for green. *American School & University*. https://www.asumag.com/green/grading-green

Kennedy, M. (2020). San Diego Jewish Academy embarks on solar installation. *American School & University*. https://www.asumag.com/green/sustainability-initiatives/article/21150264/solar-installation-san-diego-jewish-academy

Kovachevich, A., Roberts, J., Northey, M., Darcy, L., & Macken, J. (2018). *Future of schools*. ARUP. https://www.arup.com/-/media/arup/files/publications/f/futureofschools2018.pdf

Kuo, M. H., & McLean, G. N. (2006). An examination of western learning organizations through key orientations to learning. *The Journal of Human Resource and Adult Learning, 2*(1), 143-149.

Lack, R. (2020). Smart campus, safe campus. *Education It Reporter*. https://educationitreporter.com/2020/01/29/smart-campus-safe-campus/

Lackney, J. A. (2007). 33 Educational design principles for schools and community learning centers. *School Design Studio*. http://schoolstudio.typepad.com/school_design_studio/33-educational-design-pri.html

Lackney, J. A., & Picus, L. O. (2005). *School facilities: Overview, maintenance and modernization*. https://education.stateuniversity.com/pages/2394/School-Facilities.html

Lafortune, J., & Schönholzer, D. (2018). *Do school facilities matter? Measuring the effects of capital expenditures on student and neighborhood outcomes*. https://www.aeaweb.org/conference/2019/preliminary/paper/2iN6Hbs4

Langdon, D. (2014, Oct 17). *AD Classics: Wexner Center for the Arts/Peter Eisenman*. ArchDaily. https://www.archdaily.com/557986/ad-classics-wexner-center-for-the-arts-peter-eisenman

Lanham, III. J. W. (1999). *Relating building and classroom conditions with student achievement in Virginia's elementary schools* (Unpublished doctoral dissertation). Virginia Polytechnic Institute and State University.

Lehman, T. (2022). *Designing schools for net zero energy*. https://fhai.com/insights/designing-schools-for-net-zero-energy/

Leigh Jr., R. M. (2012). *School facility conditions and the relationship between teacher attitudes* (Unpublished Doctor Dissertation). The Faculty of Virginia Polytechnic Institute and State University.

Lemasters, L. K. (1997). *A synthesis of studies pertaining to facilities, student achievement, and student behavior* (Unpublished doctoral dissertation). Virginia Polytechnic Institute & State University.

Lewis, M. (2000). *Where children learn: Facilities conditions and student test performance in Milwaukee public schools*. Council of Educational Facility Planners International. http://www.cefpi.org/pdf/issue12.pdf

Loveland, J. (2002). Daylighting and sustainability. *Environmental Design + Construction, 5*(5), 28-32.

Lunenburg, F. C., & Ornstein, A. (2022). *Educational administration: Concepts & practices* (7th ed.). SAGE Publications, Inc.

Mahat, M., Bradbeer, C., Byers, T., & Imms, W. (2018). *Innovative learning environments and teacher change: Defining key concepts*. University of Melbourne, LEaRN.

Maisnam, P., & Singh, M. (2021). The physical and manpower facilities and its impact on academic achievement: A comparative study of the government and private secondary schools in imphal east district, Manipur. *Palarch's Journal of Archaeology of Egypt/Egyptology, 18*(4), 6712-6726. https://archives.palarch.nl/index.php/jae/article/download/7325/6964/14352

Malekian, R. (2020). *Smart campus*. Malmö University. https://mau.se/en/

Malone, D. (Ed.) (2017). A school in Denmark is clad in 12,000 solar panels. *Building Design & Construction*. https://www.bdcnetwork.com/DenmarkSchool

Maxwell, L. E. (1999). *School building renovation and student performance: One district's experience*. (ERIC Document Reproduction Service No. ED443 272)

Maxwell, L. E. (2016). School building condition, social climate, student attendance and academic achievement: A mediation model. *Journal of Environmental Psychology, 46*, 206-216.

Mill, D., Eley, C., Ander, G., & Duhon, G. (2002). *The collaborative for high performance schools: Building a new generation of sustainable schools*. http://www.energy.ca.gov/papers/2002-08-18-aceee-presentations/PANEL-06-MILLS.PDF

Min-Allah, N., & Alrashed, S. (2020). Smart campus—A sketch. *Sustainable Cities and Society, 59*. https://doi.org/10.1016/j.scs.2020.102231

Moore, D. P. (1999). Sustainable schools: An investment in our future. *School Planning & Management, 38*(5), 10-11.

Muhamad, W., Kurniawan, N. B., Suhardi, S., & Yazid, S. (2017). *Smart campus features, technologies, and applications: A systematic literature review*. https://zapdf.com/smart-campus-features-technologies-and-applications-a-system.html

MUSE School CA (2018). *Our story*. https://www.museschool.org/page/about/history

Nair, P. (2021). *Outdoor learning: Leave classroom behind* (Special COVID-19 Issue). Association for Learning Environments.

Nair, P., Fielding, R., & Lackney, J. (2013). *The language of school design: Design patterns for 21st century schools* (revised ed.). Design.com.

Nambiar, R. M. K., Nor, N. M., Ismall, K., & Adam, S. (2017). New learning spaces and transformations in teacher pedagogy and student learning behavior in the language learning classroom. *The Southeast Asian Journal of English Language Studies, 23*(4), 29-40.

National Center for Immunization and Respiratory Diseases (2021, May 15). *Operational strategy for K-12 schools through phased prevention*. Centers for Disease Control and Prevention https://www.cdc.gov/coronavirus/2019-ncov/

community/schools-childcare/operation-strategy.html?CDC_AA_refVal=https%3A%2F%2Fwww.cdc.gov%2Fcoronavirus%2F2019-ncov%2Fcommunity%2Fschools-childcare%2Fschools.html

National Center for Immunization and Respiratory Diseases (2022, January 13). *Guidance for COVID-19 prevention in K-12 schools*. Centers for Disease Control and Prevention. https://www.cdc.gov/coronavirus/2019-ncov/community/schools-childcare/k-12-guidance.html?CDC_AA_refVal=https%3A%2F%2Fwww.cdc.gov%2Fcoronavirus%2F2019-ncov%2Fcommunity%2Fschools-childcare%2Foperation-strategy.html

National Office Furniture and Nancy Sturm of the Sextant Group (2017). *Designing for high-impact learning spaces. Interiors+sources*. https://www.interiorsandsources.com/article-details/articleid/21094/viewall/true?title=designing%20for%20high-impact%20learning%20spaces

Nature Based Education Consortium (2021). *Outdoor learning: Quick reference guide*. https://c0080af2-884f-4b70-ac8c-1b70e61cd62b.filesusr.com/ugd/bc196f_d4039c8ebd954e9cb30c8878086eea61.pdf?index=true

Nazari, K., & Pihie, Z. A. L. (2012). Assessing learning organization dimensions and demographic factors in technical and vocational colleges in Iran. *International Journal of Business and Social Science, 3*(3), 210-219.

Neilson, C. A., & Zimmerman, S. D. (2014). The effect of school construction on test scores, school enrollment, and home prices. *Journal of Public Economics, 120*, 18-31.

New York City Department of Education (2021). New York City mayor vows to have all-electric city school bus fleet by 2035. *American School & University*. https://www.asumag.com/facilities-management/transportation-parking/article/21162185/new-york-city-mayor-vows-to-have-allelectric-city-school-bus-fleet-by-2035

Nie, X. (2013). *Constructing smart campus based on the cloud computing platform and the internet of things*. https://www.atlantis-press.com/php/download_paper.php?id=4826

Nocchi, P. (2019). *5 ways 5G will make classrooms smarter*. https://www.gettingsmart.com/2019/04/5-ways-5g-will-make-classrooms-smarter/

NSW Department of Education (2019). *Flexible learning space by design.* https:// education.nsw.gov.au/teaching-and-learning/school-learning-environments-and-change/future-focused-professional-learning/future-focused-courses/flexible-learning-space-by-design-face-to-face

NSW Office of Environment and Heritage (2013). *An introduction to NABERS.* http://www.nabers.gov.au/public/WebPages/ContentStandard.aspx?module=10 &template=3&include=Intro.htm&side=EventTertiary.htm

Ohrenschall, M. (1999). *Better learning in better buildings: Sustainable design of school facilities helps educational mission.* http://www.newsdatd.com/enernet/ conweb/ conweb43.html#cw43-4

O'Neill, D. J. (2000). *The impact of school facilities on student achievement, behavior, attendance, and teacher turnover rate at selected Texas middle schools in region XIII ESC* (Unpublished doctoral dissertation). Texas A&M University.

Organisation for Economic Co-operation and Development (OECD) (2013). *Innovation learning environments.* OECD iLibrary.

Organisation for Economic Co-operation and Development (OECD) (2017). *OECD framework for a module on physical learning environment.* http://www.oecd. org/education/OECD-FRAMEWORK-FOR-A-MODULE-ON-THE-PHYSI-CAL-LEARNING-ENVIRONMENT.pdf

Organisation for Economic Cooperation and Development (OECD) (2019). *Innovative learning environments.* http://www.oecd.org/education/ceri/innovative-learningenvironmentspublication.htm

Patrix, M. (2017). *The influence of innovative learning environments on student learning in a mainstream secondary school context* (Unplished master's thesis). Auckland University of Technology.

Peter, J. (2015). *School buildings in 2015: Designing for students.* Retrieved from https://continuingeducation.bnpmedia.com/courses/agc-glass-company-north-america/school-buildings-in-2015-designing-for-students/1/

Poison, S. (2011)。建築大師 Peter Eisenman 設計美國俄亥俄州立大學衛克斯納視覺藝術中心設計裝修風格一覽。http://zsense.net/architect-peter-eisenman-designed-

the-ohio-state-university-visual-arts-center-wake-wisner-design-decor-glance.
html

Preiser, W. F. E. (2002). Continuous quality improvement through post-occupancy
evaluation feedback. *Journal of Corporate Real Estate, 5*(1), 42-56.

Qian, F., & Yang, L. (2018). Green campus environmental design based on sustain-
able theory. *Journal of Clean Energy Technologies, 6*(2), 159-164. https://doi.
org/10.18178/jocet.2018.6.2.453

Radcliffe, D., Wilson, H., Powell, D., & Tibbetts, B. (2008). *Designing next genera-
tion places of learning: Collaboration at the pedagogy-space-technology nexus.*
http://citeseerx.ist.psu.edu/viewdoc/download?doi=10.1.1.215.788&rep=rep1&t
ype=pdf

Ramli, A., & Zain, R. M. (2018). T*he impact of facilities on student's academic
achievement.* http://www.sci-int.com/pdf/636613109483179335.edited.pdf

Rezwan, M. (2015). *It's a boat. It's a school. It's a livelihood booster.* http://
sowc2015.unicef.org/stories/its-a-boat-its-a-school-its-a-livelihood-booster/

Rosenberger (2020). *IoT network applications smart campus.* https://www.rosen-
bergerap.com/newsDetail.html?id=84

Ructtinger, L., & Stevens, R. (2017). *Learning spaces literature review.* https://edu-
cation.nsw.gov.au

San Francisco Department of Public Health (2020). *Guidance for TK-12 schools for
school year 2021-2022.* https://www.sfdph.org/dph/alerts/covid-guidance/2020-
33-Guidance-TK12-Schools.pdf

San Mateo County Office of Education (2021). *Outdoor learning.* https://www.
smcoe.org/for-schools/environmental-literacy/outdoor-learning.html

Sasnett, B., & Ross, T. (2007). Leadership frames and perceptions of effectiveness
among health information management program directors. *Perspectives in
Health Information Management, 4.* http://www.ncbi.nlm.nih.gov/pmc/articles/
PMC2047298/

Sawers, K. M., Wicks, D., Mvududu, N., Seeley, L., & Copeland, R. (2016). What
drives student engagement: Is it learning space, instructor behavior, or teaching
philosophy? *Journal of Learning Spaces, 5*(2), 26-38.

Schneider, M. (2002). *Do school facilities affect academic outcomes*? National Clearinghouse for Educational Facilities.

Schoff, L. V. (2002). *Energy efficiency and the learning environment: Let's focus first on the kids*. http://www.ase.org/greenschools/perspectives-schoff.htm

Second Nature (2022, January 29). *Carbon neutral colleges and universities*. Climate Leadership Network. https://secondnature.org/climate-action-guidance/carbon-neutral-colleges-and-universities/

Seering, J. (2018). *AI is changing how subjects are taught at universities*. https://aspioneer.com/

Senge, P. M. (1990). *The fifth discipline: The art and practice of the learning organization*. Random House.

SGPA (2020). *Design trends for the K-12 campus*. https://www.sgpa.com/design-trends-for-the-k-12-campus/

SitelogiQ (2020). *How K-12 facilities impact student learning and health*. https://www.sitelogiq.com/blog/k12-facilities-impact-student-learning-health/

South Australia Department of Education (2020). *Education facilities design standards*. https://www.education.sa.gov.au/doc/design-standards

Soyka, S. (2017). How environmental education influenced the early stages of the green schools movement. *Green Schools Catalyst Quarterly, 1*, 10-19.

Stack, T. (2010). Professional development: Analyzing facilities leadership. *Today's Facility Manage*. http://www.todaysfacilitymanager.com/articles/professional-development-analyzing-facilities-leadership.php

Stadler-Aitmann, U. (2015). Learning environment: The influence of school and classroom space on education. In C. Rubie-Davies, J. M. Stephens, & P. Watson (Eds.). *The routledge international handbook of social psychology of the classroom* (pp. 547-571). https://www.researchgate.net/publication/282348767_Learning_Environment_The_Influence_of_School_and_Classroom_Space_on_Education

State of NSW and Office of Environment and Heritage (2018). *2018 Environmental Trust's EcoSchools Grants Program*. https://www.environment.nsw.gov.au/resources/grants/schools-application-guide-180220.pdf

Steelcase Education (2019). *Active learning spaces: Insights, applications and solutions.* https://www.steelcase.com/content/uploads/sites/10/2019/07/Active_Learning_Insights_EN.pdf

Tanner, C. K., & Langford, A. (2003). *The importance of interior design elements as they relate to student outcomes.* Carpet and Rug Institute. (ERIC Document Reproduction Service NO. ED478177)

Tanner, C. K., & Lackney, J. A. (2006). *Educational facilities planning: Leadership, architecture, and management.* Allyn and Bacon.

Taylor, A., & Enggass, K. (2009). *Linking architecture and education: Sustainable design of learning environments.* University of New Mexico Press.

Taylor, M. (2020, April 6). *K-12 facility management design trends.* Energy Services Media. https://energyservicesmedia.com/2020/04/10997/

TeachThought Staff (2015). *20 things educators need to know about learning spaces.* https://www.teachthought.com/pedagogy/20-things-educators-need-to-know-about-learning-spaces/

The American Heritage Dictionaries (2011). *The American Heritage Dictionary of the English Language* (5th ed.). Houghton Mifflin Harcourt Publishing Company.

The American Institute of Architects (2020a). *Reopening America: Strategies for safer schools.* The Author.

The American Institute of Architects (2020b). *AIA releases strategies and illustrations for reducing risk of COVID-19 in schools.* https://www.aia.org/press-releases/6304496-aia-releases-strategies-and-illustrations-

The American Institute of Architects (2020c). *Re-occupancy assessment tool.* The Author.

The Association of Physical Plant Administrators (2022, January 23). *Our story.* Leadership in Educational Facilities. https://www.appa.org/about/our-story/

The Center for Green Schools (2018a). *Green school buildings are better for teachers and students.* https://www.centerforgreenschools.org/green-schools-are-better-learning

The Center for Green School (2018b). *Green schools.* https://www.centerforgreenschools.org/green-schools

The Center for Green School (2018c). *Green schools for all in this generation.* https://www.centerforgreenschools.org/about

The Digital Education Institute of Institute for Information Industry (2019). *Build up smart campus.* https://www.iiiedu.org.tw/build-up-smart-campus/?lang=en

The Office of the Victorian Government Architect (2020). *Good design + education-Issue 6.* https://www.ovga.vic.gov.au/good-design-education-issue-6

The Organization for Economic Cooperation and Development (OECD) (2014). *Schooling for tomorrow—The starterpack: Futures thinking in action.* http://www.oecd.org/edu/school/schoolingfortomorrow-thestarterpackfuturesthinkingin-action.htm

The Organisation for Economic Co-operation and Development (OECD) (2018). *The future of education and skills: Education 2030.* https://www.oecd.org/education/2030/E2030%20Position%20Paper%20(05.04.2018).pdf

The Public Health Agency of Canada (2020). COVID-19 guidance for schools kindergarten to grade 12. *Government of Canada.* https://www.canada.ca/en/public-health/services/diseases/2019-novel-coronavirus-infection/health-professionals/guidance-schools-childcare-programs.html

The U.S. Green Building Council (2014a). *Green schools enhance learning.* The Center for Green Schools. http://centerforgreenschools.org/better-for-learning.aspx

The U.S. Green Building Council (2014b). *Green schools save money.* The Center for Green Schools. http://centerforgreenschools.org/cost-savings.aspx

The Washington State Department of Health (2020). *Tools to prepare for provision of in-person learning among K-12 students at public and private schools during the COVID-19 pandemic.* https://drive.google.com/file/d/1ZX3efFh6K0wE_WiBijmNEXh02ltptJHO/view

The Washington State Department of Health (2021). *K-12 COVID-19 requirements for summer 2021 and the 2021-2022 school year.* https://www.doh.wa.gov/Portals/1/Documents/1600/coronavirus/820-105-K12Schools2021-2022.pdf

Tse, H. M., Daniels, H., Stables, A., & Cox, S. (Eds.)(2019). *Designing buildings for the future of schooling: Contemporary visions for education.* Routledge.

U.S. Green Building Council (2017). *Green schools menu of options for state legislators.* https://www.centerforgreenschools.org/sites/default/files/resource-files/green-schools-menu-of-options-for-state-legislators-august-2017.pdf

U.S. Department of Energy (2003). *Energy smart choices and financial considerations for schools.* http://www.rebuild.org/attachments/SoluctionCenter/ASBO-Financial

U.S. Environment Protection Agency (2014). *High performance schools.* http://www.epa.gov/iaq/schooldesign/highperformance.html

U2B Staff (2019). *Rethinking school design for the future of learning.* https://u2b.com/2019/09/26/rethinking-school-design-for-the-future-of-learning/

Uline, C. L., Wolsey, T. D., Tschannen-Moran, M., & Lin, C. D. (2010). Improving the physical and social environment of school: A question of equity. *Journal of School Leadership, 20*(5), 597-632.

Uline, C., & Tschannen-Moran, M. (2008). The walls speak: The interplay of quality facilities, school climate, and student achievement. *Journal of Educational Administration, 46*(1), 55-73.

UNESCO (2022a). *Global monitoring of school closures caused by COVID-19.* https://en.unesco.org/covid19/educationresponse#schoolclosures

UNESCO (2022b). *Adverse consequences of school closures: More on UNESCO's COVID-19 education response.* https://en.unesco.org/covid19/educationresponse/consequences

UNICEF, WHO, IFRC (2020). *Interim Guidance for COVID-19 prevention and control in schools.* https://www.wfp.org/publications/interim-guidance-covid-19-prevention-and-control-schools

University of Pennsylvania (2014). *Paul Philippe Cretand Louis I. Kahn: Architecture and design.* file:///C:/Users/User/Desktop/chapter%2014.pdf

Vandiver, B. (2011). *The impact of school facilities on the learning environment* (Unpublished doctoral dissertation). Capella University, Minnesota.

Venturi, R. (1977). *Complexity and contradiction in architecture* (2nd ed.). The Museum of Modern Art.

Venturi, R. (1999)。建築中的複雜與矛盾（葉庭芬譯）。尚林。（原著出版於 1966）

Victoria Department of Education and Early Childhood Development (2013). *Building the education revolution.* http://www.education.vic.gov.au/about/programs/archive/Pages/ber.aspx

Walsh, N. P. (2020, March 18). *12 important modernist styles explained.* ArchDaily. https://www.archdaily.com/931129/12-important-modernist-styles-explained

Watkins, K. E., & Marsick, V. J. (1993). *Sculpting the learning organization: Lessons in the art and science of systemic change.* Jossey-Bass.

Watson, C. (2003). Review of building quality using post occupancy evaluation. *Journal of the Programme on Educational Building.* http://www.postoccupancyevaluation.com/publications/pdfs/POE%20OECD%20V4.pdf

Weinstein, C. S. (1979). The physical environment of the school: A review of the research. *Review of Educational Research, 49*(4), 577-610.

Wilson, G., & Randall, M. (2010). Implementing and evaluating a 'next generation learning space': A pilot study. In C. H. Steel, M. J. Keppell, P. Gerbic, & S. Housego (Eds.). *Curriculum, technology and transformation for an unknown future: Proceedings of ascilite* (pp. 1096-1100). University of Queensland.

Wisconsin Department of Public Instruction (2021). *Taking education outdoors: Learning landscape.* https://dpi.wi.gov/environmental-ed/toolkit/learning-landscape#physical-distancing

Xu, X., Li, D., Sun, M., Yang, S., Yu, S., Manogaran, G., Mastorakis, G., & Mavromoustakis, C. X. (2019). Research on key technologies of smart campus teaching platform based on 5G network. *IEEE Access, 7*, 20664-20675. https://doi.org/10.1109/ACCESS.2019.2894129.

Yang, B., Watkins, K. E., & Marsick, V. J. (2004). The construct of the learning organization: Imensions, measurement, and validation. *Human Resource Development Quarterly, 15*(1), 31-55.

Yarbrough, K. A. (2001). *The relationship of school design to academic achievement of elementary school children* (Unpublished doctoral dissertation). University of Georgia.

Zakaria, Z., Harapan, E., & Puspita, Y. (2020). The influence of learning facilities and motivation on student's achievement. *International Journal of Progressive Sciences and Technologies, 20*(2), 284-290. https://ijpsat.ijsht-journals.org/index.php/ijpsat/article/view/1826

國家圖書館出版品預行編目資料

教育設施規劃新視界／湯志民著. －－初
版.－－臺北市：五南圖書出版股份有限公
司, 2022.08
　　面；　公分
　ISBN 978-626-343-039-6（平裝）

1.CST: 校園規劃　2.CST: 學校建築
3.CST: 學校設備　4.CST: 空間設計

527.5　　　　　　　　　111010488

1I5N

教育設施規劃新視界

作　　者－ 湯志民

發 行 人－ 楊榮川

總 經 理－ 楊士清

總 編 輯－ 楊秀麗

副總編輯－ 黃文瓊

責任編輯－ 陳俐君、李敏華

封面圖案設計－ 吳珮青

封面設計－ 姚孝慈

出 版 者－ 五南圖書出版股份有限公司

地　　址：106臺北市大安區和平東路二段339號4樓

電　　話：(02)2705-5066　　傳　　真：(02)2706-6100

網　　址：https://www.wunan.com.tw

電子郵件：wunan@wunan.com.tw

劃撥帳號：01068953

戶　　名：五南圖書出版股份有限公司

法律顧問　林勝安律師事務所　林勝安律師

出版日期　2022年8月初版一刷

定　　價　新臺幣530元

經典永恆・名著常在

五十週年的獻禮——經典名著文庫

五南，五十年了，半個世紀，人生旅程的一大半，走過來了。
思索著，邁向百年的未來歷程，能為知識界、文化學術界作些什麼？
在速食文化的生態下，有什麼值得讓人雋永品味的？

歷代經典・當今名著，經過時間的洗禮，千錘百鍊，流傳至今，光芒耀人；
不僅使我們能領悟前人的智慧，同時也增深加廣我們思考的深度與視野。
我們決心投入巨資，有計畫的系統梳選，成立「經典名著文庫」，
希望收入古今中外思想性的、充滿睿智與獨見的經典、名著。
這是一項理想性的、永續性的巨大出版工程。
不在意讀者的眾寡，只考慮它的學術價值，力求完整展現先哲思想的軌跡；
為知識界開啟一片智慧之窗，營造一座百花綻放的世界文明公園，
任君遨遊、取菁吸蜜、嘉惠學子！